本成果获内蒙古大学"部省合建"
科研专项高端成果培育项目资助

内蒙古大学社会服务与社会治理现代化丛书

公益创投项目管理

理论与实务

吕霄红 刘强 主编

VENTURE PHILANTHROPY
PROJECT MANAGEMENT
THEORY AND PRACTICE

社会科学文献出版社
SOCIAL SCIENCES ACADEMIC PRESS (CHINA)

序　言

改革开放以来，我国社会组织建设取得了快速发展，社会组织成为政府和人民群众的桥梁和纽带，并在经济、政治、社会、文化、教育、科技等领域发挥独特而重要的作用。但社会组织发展与经济社会发展的新趋势、中国式现代化建设的新要求存在一定差距。公益创投可以在一定程度上弥补上述不足。投资主体为创业过程中的公益组织注资，帮助其成功创业。其中，资金投入很重要，管理方面的投入也很关键。对后者的关注，正是本书写作的源起。

公益创投是运用社会工作理念提升社区服务水平的一种尝试，是推进"五社联动"、培育壮大基层社会组织、满足社会转型中差异化和精细化需求的新路径，能在基层社会治理中发挥更大作用。

公益创投已取得一定成果。一是实施项目化管理，拓展社区服务内涵。通过运用专业方法解决法律咨询、心理抚慰、环境保护等问题，实现社区服务"项目化管理"和规范化操作。二是培育本土社会组织，锻炼社区工作者队伍。社区工作者带动社区社会组织承接具体项目，一批有热情、有能力、懂策划、熟民情的年轻社会工作者涌现出来，成为推动社区社会组织蓬勃发展的新生力量。一批热心居民参与其中，并初步形成了"社工+义工"联动机制。三是激发社会组织活力，深化"五社联动"机制。发挥社会组织作用，助力基层社会建设，多种形式探索公益创新，激发社会组织活力，丰富"五社联动"协作内涵，使社会组织的公众影响力不断扩大。

本书作者是内蒙古大学吕霄红副教授领衔的团队。他们在当地民政部门和基层政府的支持下，通过社区服务的长期实践，依托公益创投项目助力当地社会组织成长发展，通过项目投入引导这些社会组织走向成熟，把更好的服务提供给居民，实现社会组织和社区居民的双赢，为基层社会治理提供了丰富的实践案例。令人眼前一亮的是，吕霄红副教授及其团队以项目管理视角对他们完成的公益创投项目进行了全面深入的分析，对已有实践的总结上升到了理论层面和理性层次，为今后其他公益创投项目提供了良好参考与借鉴。我相信，本书能够给我国基层社会治理和社会组织发展贡献一些智慧。

复旦大学　顾东辉
2024 年 5 月 20 日

前 言

党的二十大报告提出，健全共建共治共享的社会治理制度，提升社会治理效能。社会组织是打造共建共治共享社会治理格局的重要力量，是社会协同、公众参与社会治理的重要载体，是提高社会治理社会化、专业化水平的重要渠道。

近年来，我国社会组织参与社会治理取得了显著成效，但也面临不少困境。比如在发展趋势上出现地区不平衡不协调现象；在具体运行过程中存在公信力不强、专业化程度较低、制度建设不健全、资金筹措能力不足和渠道较窄等问题。这在不同程度上影响了社会组织社会治理效能的发挥。

因此，有必要推动我国社会组织从注重数量增长、规模扩张向注重能力提升、作用发挥转型，从而发挥其在全面建设社会主义现代化国家新征程中的积极作用，这也意味着社会组织高质量发展从符合性质量转变为适用性质量、满意性质量。

在探索社会组织高质量发展的路径上，源于欧美的公益创投为我们提供了一个可以借鉴的方法——一种政府主导的将风险投资的理念融入公益项目运作中来培育有潜力的社会组织、提高社会效益的新模式。公益创投在增强社会组织自我"造血"能力、推动政社互动、增强社会组织话语权、创新社区服务供给方式、提高居民归属感和政府认同度等方面起到了积极作用。从宏观层面上讲，公益创投在实现社区治理创新、激发社会活力、加快社会组织发展中扮演了重要的角色。

随着我国公益创投事业的蓬勃发展，各地的公益创投都因地制宜地迈出了第一步，一些地区已经积累了二三十年的经验，学界对社会组织参与公益创投也进行了多维度的研究。本书主编在社会治理领域深耕多年，与地方政府和民政部门有数十年的合作经历，结合主编在社会工作专业领域的科研、教学和实践，本书对主编曾亲力亲为的公益创投项目进行了深入的反思。

为了切实提升居民幸福感、获得感，鼓励引导社会组织创新发展，完善社会公共服务体系，探索政府与社会力量合作的共赢机制，H 市于 2016 年开始筹备公益创投，2017 年深入研究实施公益创投的现实条件，并邀请第三方机构（主编主办的社工机构）撰写公益创投项目可行性报告，2018~2019 年市政府以公益种子项目为试点，资助了 23 个公益种子项目，此次服务取得了良好的效果并为公益创投的开展积累了宝贵经验。2019 年在 H 市民政局的大力支持下首届公益创投大赛拉开帷幕，政府以购买服务的形式委托社工机构参与此次公益创投项目，目的在于引入专业社会工作，创新公益创投项目管理理念和方法。此次公益创投以项目资金支持的方式，探索社会治理的新手段，坚持以政府治理为主导、居民需求为导向、改革创新为动力，增强资源整合能力，最大限度地为居民群众提供优质的社会服务，旨在重点培育一批具备专业知识和能力、具有公益热心、能够持续性开展项目的高质量社会组织。

从发起组织、发起时间来看，H 市首届公益创投大赛活动是内蒙古自治区先行先试的典范，在活动开展过程中也邀请了广东等地的督导对项目进行指导，因此，相关公益创投项目也能够在一定程度上代表我国现阶段公益创投的发展和探索状况。

主编在完成项目的三年后，沉下心来，仔细回顾和思索这次公益创投项目，试图回答以下问题：该项目的项目采购是如何进行的？项目的相关方是如何连接和互动的？影响项目进度的因素有哪些？项目开展过程中的风险是什么以及如何防范？社工机构（社会组织）的人力资源和服务质量又是如何把握的？

在这一系列问题的指引下，主编通过对项目管理的知识进行系统学习，发现公益创投作为一个项目，其规范和有效实施正是在项目管理的理论和实践框架下展开的。因此，主编通过研究内蒙古自治区 R 社工机构参与公益创投的实践过程，分析社工机构管理公益创投项目的现状、成效、遇到的问题以及解决路径，总结出可供参考的优化社工机构（社会组织）参与公益创投成效的建议和操作策略，促进社工机构（社会组织）提高创新能力与专业服务能力，适应本土化的专业社工机构（社会组织）高质量发展的要求，让社工机构（社会组织）发挥良好的社会效益，更好地提供社会服务。

本书的完成是集体智慧的结晶，主编为吕霄红和刘强，均为内蒙古大学社会工作专业教师，他们对全书的架构进行了设计，提供了相关的理论支撑和实务资料，各章撰写者为内蒙古大学社会工作专业教师和社会工作专业硕士研究生，具体情况如下。

第一章、第二章、第三章，吕霄红、刘强

第四章，2023级社会工作专业硕士研究生陈施夷、高研、魏文千、杨蕾、赵晓龙

第五章，2022级社会工作专业硕士研究生 吕恩瑶

第六章，2022级社会工作专业硕士研究生 许静

第七章，2022级社会工作专业硕士研究生 李巧玲

第八章，2023级社会工作专业硕士研究生 高研

第九章，2021级社会工作专业硕士研究生 潘文杰

第十章，2022级社会工作专业硕士研究生 孙正宇

第十一章，2021级社会工作专业硕士研究生 李学梅

第十二章，2022级社会工作专业硕士研究生 杨雨

第十三章，2021级社会工作专业硕士研究生 王丽茹

第十四章，刘强、吕霄红

最后，感谢内蒙古大学"部省合建"科研专项高端成果培育项目对本书出版的资助。感谢社会科学文献出版社群学分社社长谢蕊芬的持续支持，感谢曾经参与过研究案例（公益创投大赛活动）的政府方、社区工作人员、社会组织的负责人和参与人、广东省的督导人员、R社工机构的员工……

目 录

第一章 项目管理的发展和主要内容 ······························· 1
   一 项目管理的历史 ·· 1
   二 项目管理的概念及特征 ··· 7
   三 项目管理的主要内容 ·· 13

第二章 项目管理的方法 ·· 16
   一 项目管理的生命周期 ·· 16
   二 项目管理的十大知识领域 ······································ 21
   三 项目管理常用的工具和技术 ··································· 25

第三章 公益创投项目的概念与实践 ································ 34
   一 研究背景 ··· 34
   二 公益创投的内涵和实践 ··· 37
   三 公益创投项目的管理 ·· 49
   四 H 市公益创投项目概况 ··· 58
   五 研究方法 ··· 69

第四章 公益创投项目整合管理 ······································ 73
   一 理论基础和概念界定 ·· 74
   二 R 社工机构公益创投项目整合管理概况 ··················· 77

三　R社工机构公益创投项目整合管理问题分析 …………… 78
　　四　优化社工机构公益创投整合管理的对策 ……………… 80

第五章　公益创投项目范围管理 ………………………………… 81
　　一　项目范围管理的理论和概念 …………………………… 81
　　二　R社工机构公益创投项目范围管理概况 ……………… 82
　　三　R社工机构公益创投项目范围管理问题分析 ………… 87
　　四　优化社工机构公益创投范围管理的对策 ……………… 92

第六章　公益创投项目进度管理 ………………………………… 99
　　一　项目进度管理的理论和概念 …………………………… 99
　　二　R社工机构公益创投项目进度管理概况 ……………… 101
　　三　R社工机构公益创投项目进度管理问题分析 ………… 105
　　四　优化社工机构公益创投项目进度管理的对策 ………… 108

第七章　公益创投项目成本管理 ………………………………… 113
　　一　项目成本管理的理论和概念 …………………………… 113
　　二　R社工机构公益创投项目的成本管理 ………………… 115
　　三　R社工机构公益创投项目成本管理问题分析 ………… 122
　　四　优化社工机构公益创投项目成本管理的对策 ………… 126

第八章　公益创投项目质量管理 ………………………………… 132
　　一　项目质量管理的理论和概念 …………………………… 132
　　二　R社工机构公益创投项目质量管理概况 ……………… 134
　　三　R社工机构公益创投项目质量管理问题分析 ………… 139
　　四　优化社工机构公益创投项目质量管理的对策 ………… 142

第九章　公益创投项目人力资源管理 …………………………… 150
　　一　项目人力资源管理的理论和概念 ……………………… 150

二　R社工机构及其在公益创投项目中的人力资源管理现状………　153
　　三　R社工机构在公益创投项目中的人力资源管理问题…………　160
　　四　R社工机构在公益创投项目中人力资源管理问题的成因分析
　　　　……………………………………………………………………　164
　　五　优化社工机构公益创投项目人力资源管理的对策……………　170

第十章　公益创投项目沟通管理……………………………………　178
　　一　项目沟通管理的理论和概念……………………………………　178
　　二　R社工机构在公益创投项目中的沟通管理概况………………　184
　　三　R社工机构公益创投项目沟通管理问题分析…………………　190
　　四　优化社工机构公益创投项目沟通管理的对策…………………　196

第十一章　公益创投项目风险管理…………………………………　205
　　一　项目风险管理的理论和概念……………………………………　205
　　二　R社工机构参与公益创投项目风险管理概况…………………　209
　　三　R社工机构参与公益创投项目风险管理问题分析……………　215
　　四　优化社工机构公益创投项目风险管理的对策…………………　224

第十二章　公益创投项目采购管理…………………………………　233
　　一　项目采购管理的理论和概念……………………………………　233
　　二　R社工机构公益创投项目采购管理概述………………………　235
　　三　R社工机构公益创投项目采购管理问题分析…………………　239
　　四　优化社工机构公益创投项目采购管理的对策…………………　243

第十三章　公益创投项目相关方管理………………………………　247
　　一　项目相关方管理的理论和概念…………………………………　247
　　二　R社工机构公益创投项目相关方管理概述……………………　253
　　三　R社工机构公益创投项目相关方管理问题分析………………　262
　　四　优化社工机构公益创投项目相关方管理的对策………………　270

第十四章 项目管理视角下公益创投项目优化与质量提升 ………… 282
一 项目管理逐步融入公益创投项目 …………………………… 282
二 社会资本引入公益创投项目管理 …………………………… 283
三 数字赋能助力社工机构管理项目成本 ……………………… 287
四 支持型社会组织参与公益创投项目管理 …………………… 290

参考文献 …………………………………………………………… 297

后　记 ……………………………………………………………… 305

第一章　项目管理的发展和主要内容

一　项目管理的历史

(一) 项目管理的产生

项目管理的历史源远流长,根据不同阶段特征可以分为:以完成任务为目标的古代经验项目管理阶段;强调方法技术应用的近代科学项目管理阶段;项目管理知识体系形成,追求利益相关者满意的现代项目管理阶段。[①]

1. 古代经验项目管理阶段

项目管理作为一种对一次性工作进行有效管理的活动,起源可以追溯到古代,如埃及的金字塔、欧洲的古教堂、中国的长城和大运河等工程的修建。传统的项目管理多见于工程的实施、基础设施的建设。然而,当时的项目管理思想相对简单、不够系统,尚未形成系统的项目管理理论、技术与方法,主要依赖个人的才能与天赋进行项目管理。

2. 近现代科学项目管理阶段

20世纪初期,随着科学技术的发展和产业规模的扩大,人们开始有意识地探索科学的项目管理方法,在国防工业的推动下,近代项目管理开始逐渐形成。

20世纪40年代,项目管理主要应用于国防和军工项目。美国军方的原子弹研制项目"曼哈顿计划"被视为近代项目管理的萌芽。在"曼哈顿计

---

① 白思俊主编《现代项目管理:升级版》(第2版)上册,机械工业出版社,2019,第3~9页。

划"中，因为应用了系统工程的思路和方法，强调计划的协调与管理，注重进度计划的管控，用甘特图制订项目计划，大幅缩短了工程所需的时间。20世纪50年代到60年代，项目管理的核心方法——关键路径法（CPM）、计划评审技术（PERT）出现，在CPM与PERT方法的基础上，美国结合"矩阵式组织"的新型组织结构管理技术，实现了42万人参加、耗资400多亿美元的载人登月项目"阿波罗计划"。在这个阶段，着重强调项目管理技术与方法的应用，实现时间、成本、质量三大目标。

20世纪末期，随着信息时代和高新技术产业的快速发展，近代制造业经济下建立的管理方法不再适应新的环境，近代项目管理的重点在于制造过程的合理性和标准化，强调的是预测能力和重复性活动。而在信息经济时代中，事物的独特性取代了重复性过程，信息本身也是动态的、不断变化的，灵活性成了新秩序的代名词。项目管理成为实现灵活性的关键手段，并通过最大限度地利用内外部资源来提高中层管理人员的工作效率。

21世纪初期，互联网技术的发展及更新促进了项目管理思想的产生，形成了"一切皆项目"的概念。项目管理逐渐成为人们系统做事的一种方法，注重目标性和计划性也成为项目管理的一种思维模式。在此阶段，随着管理范围的不断扩大，应用的领域进一步增加，与其他学科的交叉渗透和相互促进不断增强，项目管理除了实现时间、成本、质量三大目标，还要面向市场和竞争，引入人本管理和柔性管理的思想。这一阶段最主要的标志是项目管理知识体系的形成，并以此为指导向全方位的项目管理方向发展，追求利益相关者的满意。

（二）项目管理的发展

1. 项目管理知识体系的发展

项目管理知识体系是描述项目管理专业知识总和的专业术语，是为了适应项目管理职业化而发展起来的。目前，世界上很多国家都已经开发或正在开发自己的项目管理知识体系。例如，美国项目管理协会（Project Management Institute，PMI）开发的《项目管理知识体系指南》（*A Guide to the Project Management Body of Knowledge*，PMBOK GUIDE），国际项目管理协会（International Project Management Association，IPMA）开发的ICB（IPMA

Competence Baseline）等。俄罗斯、澳大利亚等国家也在建立与完善自己的项目管理知识体系。

（1）PMBOK GUIDE

1996 年 PMBOK GUIDE 第 1 版正式发布，2017 年发布第 6 版。在这个版本以及之前的版本中，侧重于对项目管理的专业知识、方法、技术的介绍，将项目管理划分为不同知识领域和不同过程组，如图 1-1 所示。

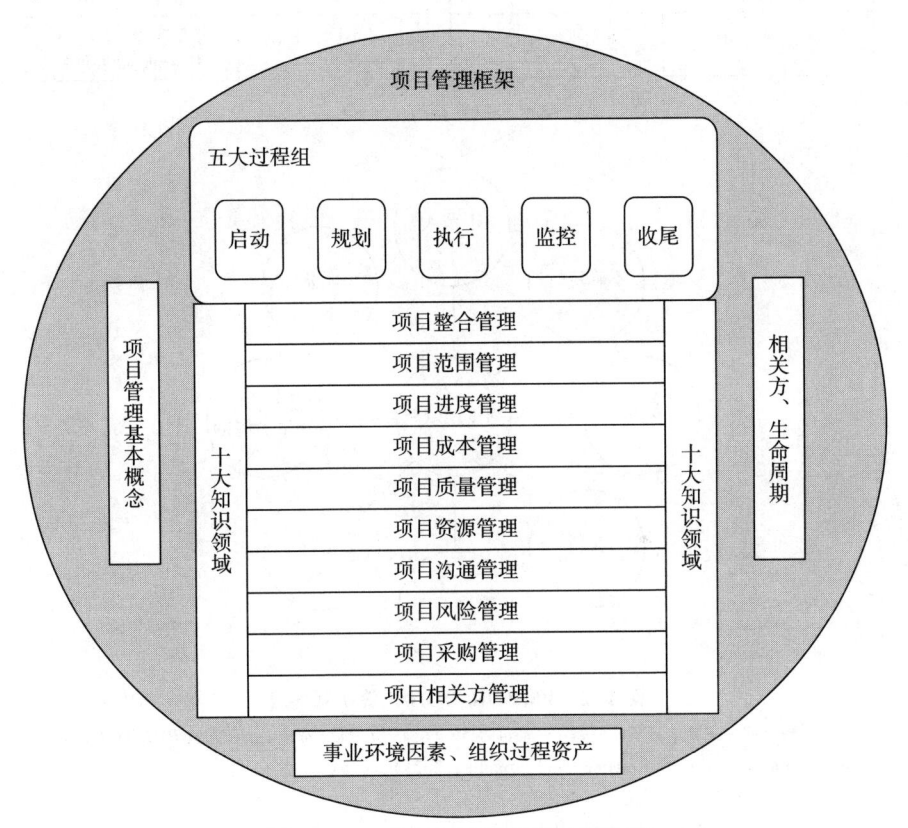

图 1-1 PMBOK GUIDE 第 6 版内容

资料来源：汪小金《项目管理方法论》（第 3 版），中国电力出版社，2020，第 11 页。

但是在 2021 年更新的第 7 版中，进行了一个颠覆式的改动，五大过程组进化为 12 项原则，十大知识领域进化为八大绩效领域，如图 1-2 所示。新版 PMBOK GUIDE 提出了从以成果为导向到以价值为导向，重视价值的交付的新思想，给所有的项目管理从业者提供了一部项目管理专业通用的词典，以便对项目管理进行讨论，并为项目管理从业者提供了一部参考书。

新版 PMBOK GUIDE 为项目管理从业者，尤其是具备一定项目管理经验者提供了更为广阔的进阶指南。

项目管理原则			
成为勤勉、尊重和关心他人的管家	营造协作的团队环境	有效地干系人参与	聚焦于价值
识别、评估和响应系统交互	展现领导力行为	根据环境进行裁剪	将质量融入过程和可交付物中
驾驭复杂性	优化风险应对	拥抱适应性和韧性	为实现预期的未来状态而驱动变革

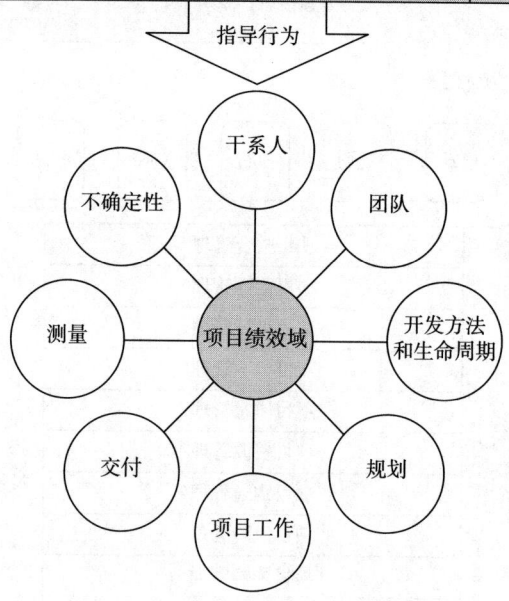

指导行为

项目绩效域：干系人、团队、开发方法和生命周期、规划、项目工作、交付、测量、不确定性

图 1-2 PMBOK GUIDE 第 7 版内容

资料来源：PMI, *A Guide to the Project Management Body of Knowledge*（*PMBOK Guide, Seventh Edition*）（Agile Practice Guide Bundle，2021），p.5。

（2）IPMA 开发的 ICB

1998 年 IPMA 确认了 IPMA 项目管理人员专业资质认证全球通用体系（ICB）的概念。在 ICB 3.0 中，专业的项目管理被划分为 46 个能力要素，包括项目管理的技术能力要素（20 个）、行业能力要素（15 个）以及环境能力要素（11 个）。2019 年更新至 4.0，包括环境能力要素（5 个）、行为能力要素（10 个）、技术能力要素（14 个），如表 1-1 所示。

表 1-1 ICB 项目管理能力要素

ICB 4.0		ICB 3.0	
1. 环境能力要素		1. 技术能力要素	
1.01 战略 1.02 治理、架构与过程 1.03 遵循的要求、标准与规则 1.04 权力与利益 1.05 文化与价值		1.01 成功的项目管理 1.03 项目需求与目标 1.05 质量 1.07 团队协作 1.09 项目结构 1.11 时间和项目阶段 1.13 成本和费用 1.15 变更 1.17 信息与文档 1.19 启动	1.02 利益相关方 1.04 风险与机会 1.06 项目组织 1.08 问题解决 1.10 范围与可交付成果 1.12 资源 1.14 采购与合同 1.16 控制与报告 1.18 沟通 1.20 收尾
2. 行为能力要素		2. 行为能力要素	
2.01 自我反思与自我管理 2.03 人际沟通 2.05 领导力 2.07 冲突与危机 2.09 谈判	2.02 诚信与可靠 2.04 关系与参与度 2.06 团队工作 2.08 谋略 2.10 结果导向	2.01 领导 2.03 自我控制 2.05 缓和 2.07 创造力 2.09 效率 2.11 谈判 2.13 可靠性 2.15 道德规范	2.02 承诺与动机 2.04 自信 2.06 开放 2.08 结果导向 2.10 协商 2.12 冲突与危机 2.14 价值评估
3. 技术能力要素		3. 环境能力要素	
3.01 项目策划/项目集群策划/项目组合策划 3.02 需求与目标/收益与目标/收益 3.03 范围 3.04 时间 3.05 组织与信息 3.06 质量 3.07 财务 3.08 资源 3.09 采购/采购与伙伴关系 3.10 计划与控制 3.11 风险与机会 3.12 利益相关方 3.13 变化与变革 3.14 选择与权衡		3.01 面向项目 3.02 面向项目集群 3.03 面向项目组合 3.04 项目、项目集群和项目组合的实施 3.05 长期性组织 3.06 运营 3.07 系统、产品和技术 3.08 人力资源管理 3.09 健康、保障、安全和环境 3.10 财务 3.11 法律	

资料来源：国际项目管理协会《个人项目管理能力基准——项目管理、项目集群管理和项目组合管理》(第 4 版)，中国优选法统筹法与经济数学研究会项目管理研究委员会译，中国电力出版社，2019，第 36 页。

2. 项目管理发展新趋势

项目管理在组织管理中扮演着越来越重要的角色。而项目管理本身，以及相应的支撑技术和服务也在不断演化，以更好地满足客户需求，实现项目目标。总的来说，项目管理的新兴实践和趋势，可以概括为以下五个方面：价值驱动型项目管理、新兴技术型项目管理、效率提升型项目管理、广泛参与型项目管理和敏捷适应型项目管理。①

第一，价值驱动型项目管理是指进行项目时必须关注创造有形或无形的商业价值给所属组织和利益相关方。项目管理工作不再是简单的独立行动。除了制订计划，必须事先搞清楚为何制订这个计划，还要在项目的实施过程中，特别是接近完成时，考虑如何利用所建设的成果获取效益。

第二，新兴技术型项目管理是指通过应用先进的技术手段，提高项目管理的效率和效果，例如，采用自动化的项目管理信息系统、可视化管理工具、社交网络平台、数字化技术和人工智能技术。2019年，PMI提出了"项目管理技商"的概念，强调项目管理人员需要具备适应、管理和整合多种技术（特别是新技术）的能力，以不断提升自身在项目管理领域的专业技术商业价值。

第三，效率提升型项目管理是指应该使用各种软方法（有别于硬技术）来提高项目管理的效率和效果。例如，采用知识管理方法，防止因信息和知识遗失而影响工作效率；采用精益管理方法，尽可能减少浪费；在买卖双方之间合理分担风险，使风险得到最有效的管理。

第四，广泛参与型项目管理的目标是引导尽可能多的项目相关方参与项目，并获得其支持。通过让相关方参与项目工作，可以更好地获取其对项目的支持。项目应被打造为相关方共同创造和分享利益的平台，以促使其主动参与项目。

第五，敏捷适应型项目管理采用快速迭代和功能渐增的方式开发项目产品，适用于需求不明确或易变，且可分阶段交付的项目。敏捷适应的核心是主动迅速地应对并引领变化。该方法在20世纪90年代起源于IT开发项目，已经在各行各业的项目中展示出强大的适应能力。敏捷适应型项目管理可以应用于任何项目，并根据不同情况进行调整。

---

① 汪小金：《项目管理方法论》（第3版），中国电力出版社，2020，第11页。

综合各个类型的项目管理知识体系来看，凭借其全球公认的标准、灵活可定制的特点，风险管理、干系人参与、项目绩效衡量和持续改进等优势，美国的 PMBOK GUIDE 成为全球项目管理领域的权威知识体系。它提供了一套完整的项目管理方法和工具，可以根据项目的特点和要求进行灵活调整和定制。项目管理者可以选择适合自己项目的管理过程和工具，使其更好地满足项目目标和需求。作为基于经验和最佳实践的体系，它可以适应不同类型和规模的项目，包括传统的瀑布式项目管理、敏捷适应型项目管理和混合型项目管理。

公益创投项目作为公益项目的一种，其非营利、赋能、公益等特点使之与其他领域项目管理不同，国内缺乏相应的研究体系。因此，本书以完整的、通用的美国 PMI 项目管理知识体系为框架，探讨在公益项目管理领域公益创投项目管理的具体实践。

二 项目管理的概念及特征

(一) 项目的定义

对于项目的定义和概念，不同的书籍或学者从不同的角度做出了解释。由于本书以 PMI 项目管理知识体系为框架，故参照 PMBOK GUIDE 中对"项目"的解释，即"项目是为创造独特的产品、服务或成果而进行的临时性工作"①。它指出了项目具有临时性、独特性和渐进明晰性的特点。

1. 临时性

项目具有明确的开始时间与结束时间。做项目，就是要在规定的时间内完成相应的工作，而不是持续不断地把工作进行下去。项目的临时性与项目工期的长短毫无关系。一个只进行 1 天的项目是临时的，一个要进行 10 年的项目也是临时的。

2. 独特性

开展项目是为了创造出相应的可交付成果，某些项目可交付成果和活动

---

① 美国项目管理协会：《项目管理知识体系指南（PMBOK 指南）》（第 6 版），电子工业出版社，2018，第 4 页。

中可能存在重复的元素，但这种重复并不会改变项目工作本质上的独特性。例如，即便采用相同或相似的材料，由相同或不同的团队来建设，但每个建筑项目仍具备独特性（例如位置、设计、环境、情况、参与项目的人员）。

3. 渐进明晰性

渐进明晰是指随着信息越来越详细具体、估算越来越准确，持续改进和细化项目管理计划。通过渐进明晰，项目的可操作性会大大提高，成功的可能性也会大大提高。诸如项目的目标、项目的计划以及项目产品的功能等，都是需要渐进明晰的。

（二）项目管理的含义

PMBOK GUIDE 将"项目管理"定义为："将知识、技能、工具和技术应用于项目活动，以满足项目要求。"① 书中列举了适用于大多数项目的49个项目管理过程，并将其归类为启动、规划、执行、监控和收尾五大过程组。每个过程使用相应的工具和技术将特定的输入转化为所需的输出。

什么是项目成功？传统的对于项目成功的定义是在范围、时间和成本的三重制约因素下完成项目，如图1-3所示。例如我们的项目是做鸡蛋饼，做一个普通的鸡蛋饼需要面粉、鸡蛋（范围），平均一分钟一个（时间），卖1.5元一个（成本）。此时客人要求加根火腿肠（范围增加），虽然最终盈利

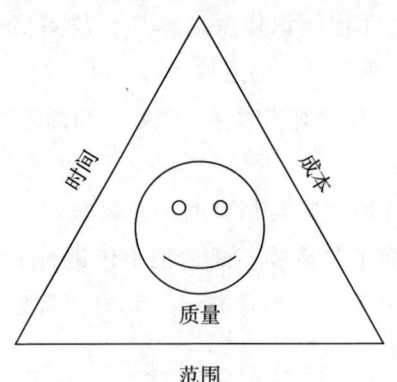

图1-3 项目管理的三重制约

资料来源：清辉项目管理课堂。

---

① 美国项目管理协会：《项目管理知识体系指南（PMBOK指南）》（第6版），电子工业出版社，2016，第10页。

增加（质量），却也增加了相应的制作时间、成本。也就是说，增加范围的代价是牺牲一定的时间和成本，成果的产出需要平衡好这三重制约因素。

现代对于项目成功的定义则是在竞争性制约因素下实现预期的商业价值。仅满足之前的三个制约因素已经不足以管理好一个项目了，现代的项目管理具有多重制约因素，分别为范围、进度、预算、质量、资源、风险，如图1-4所示。

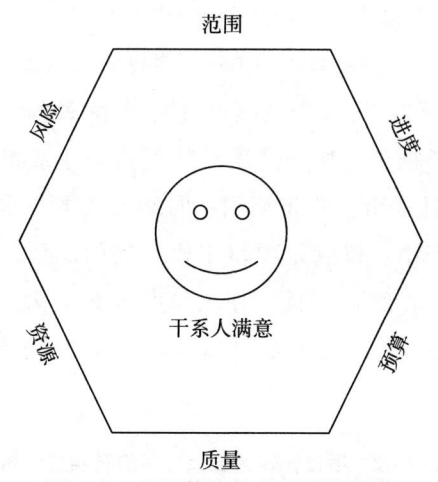

图 1-4　项目管理的多重制约因素

资料来源：清辉项目管理课堂。

与之前不同的是不仅将质量作为因素看待，更是将聚焦目标从质量变成干系人的满意程度。将以物为本转为以人为本，毕竟在项目中，项目要求是项目相关的干系人定的，不同干系人所关注的重点也是不同的，要在众多干系人中找出重要干系人，使他们对项目满意，才能最大限度地将项目做成功。

1. 项目管理理论

作为一种新的工作方法论，项目管理不仅是一系列的计划与控制技术，而且是一系列的工作理念，还是一种独特的管理哲学。21世纪，每个组织都需要不同程度地采用项目管理方法。项目管理就是将知识、技能、工具与技术应用于项目活动以满足项目要求，通过合理运用与整合特定项目所需的项目管理过程得以实现。① 到目前为止，项目管理的重要性已经在各

---

① 美国项目管理协会：《项目管理知识体系指南（PMBOK 指南）》（第 6 版），电子工业出版社，2018，第 10 页。

个领域凸显出来，尤其是项目进度管理，它可以为组织创造价值。将项目进度管理知识运用到社工机构的公益创投大赛中，这无疑是一种提高社工机构自身服务能力，规范管理过程的有效尝试。

项目管理是一种以项目为对象的系统管理方法，通过一个临时性的专门的柔性组织，在有限的资源约束下，运用系统的观点、方法和理论，对项目进行高效率的计划、组织、指导和控制，以实现从项目开始到项目结束全过程的动态管理和项目目标的综合协调与优化。因此，在一个项目中，清楚识别有哪些部分、哪些阶段，对一个项目的有效管理十分重要。在PMBOK GUIDE（第6版）中，三大核心目标、五大过程组和十大知识领域构成了项目管理的核心框架。特别是项目管理将企业或组织所从事的项目管理工作划分为五大过程组，并将范围、时间、成本、质量、沟通等要素融入项目的生命周期当中，以满足项目工作开展的需要。在现代项目管理知识理论当中，五大过程组是项目管理工作的框架结构，所有的工作都围绕着每一个过程或阶段性任务而实施。① 总体可以归纳为项目管理的五大过程组，如表1-2所示。

表1-2 项目管理的五大过程组及相应任务

阶段	任务目标
启动	开始一个新的目标或任务
规划	为达到相关目标要求而制定方案的过程
执行	严格按照计划或者方案、进度来进行工作的过程
监控	监督实施的过程，以发现问题并及时纠偏
收尾	执行项目的交付工作，并完成项目的评价与总结

资料来源：美国项目管理协会：《项目管理知识体系指南（PMBOK指南）》（第6版），电子工业出版社，2018，第23页。

项目管理五大过程组的关系如图1-5所示。

2. 关于项目管理的研究

关于项目管理的研究主要有项目管理的发展研究、项目管理的知识体系研究和项目管理的实际运用研究。

---

① 美国项目管理协会：《项目管理知识体系指南（PMBOK指南）》（第6版），电子工业出版社，2018，第18页。

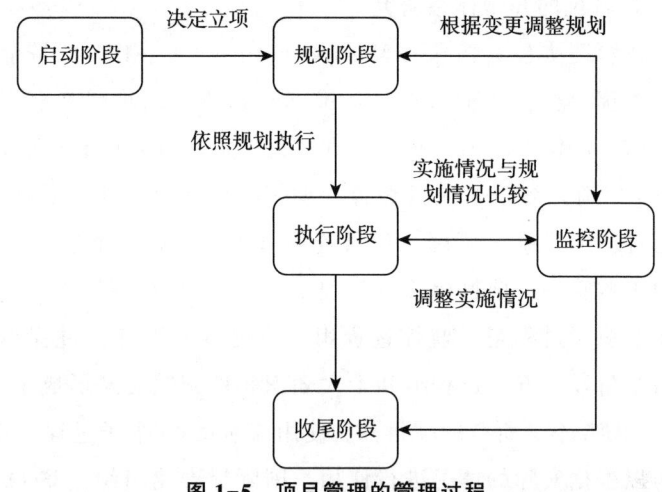

图 1-5　项目管理的管理过程

（1）项目管理的发展研究

"项目管理"这一概念源于美国军方研制原子弹的"曼哈顿计划"，是第二次世界大战的产物。20世纪50年代后期关键路径法（CPM）和计划评审技术（PERT）的应用以及60年代的载人登月项目"阿波罗计划"对项目管理方法的沿用，促使项目管理逐渐形成体系。在这以后，欧美一些学者开始将项目管理作为科学系统地进行研究。1965年以欧洲为主体的国际项目管理协会（International Project Management Association，IPMA）成立，它侧重于实践研究。1969年美国项目管理协会（Project Management Institute，PMI）创建，它侧重于知识性研究。这两个机构是项目管理的两大组织体系，它们定期召开会议和研究探讨，在项目管理研究中有着举足轻重的地位，推动西方发达国家的项目管理走向科学化、体系化。我国对项目管理进行系统研究和行业实践起步较晚。20世纪80年代初我国学者才开始接触项目管理方法。[①] 起初是由一些国外专家和回国的学者在一些培训班或讲习班上介绍项目管理。随后我国开始组建中国项目管理协会、开展高校培训等，项目管理在我国逐渐被发展和本土化，收到了很好的效果。但是，我国目前的项目管理与国际水平相比仍有较大差距，在实践方面只是在建筑业等行业有较大的影响力。

---

① 毕星、翟丽主编《项目管理》，复旦大学出版社，2000，第12页。

（2）项目管理的知识体系研究

美国项目管理协会（Project Management Institute，PMI）是全球影响力最大的项目管理协会，在项目管理标准和知识体系的构建、推广方面做出了巨大的贡献。PMI 制定了《项目管理知识体系指南》（以下简称《PMI 指南》）。《PMI 指南》涵盖了项目整合管理、项目范围管理、项目进度管理、项目成本管理、项目质量管理、项目资源管理、项目沟通管理、项目风险管理、项目采购管理、项目相关方管理十大知识领域，制定了启动过程组、规划过程组、执行过程组、监控过程组、收尾过程组五大过程组，也是项目管理的五个阶段。五大过程组和十大知识领域交织交叉形成了 49 个子过程（要素），但并不是所有的项目都会使用或涉及 49 个子过程（要素），不同的项目可以根据实际的情况进行使用。国际标准化组织（ISO）在《PMI 指南》的基础上，进一步构建了标准项目管理体系，认为项目管理体系一般包括综合管理、范围管理、时间管理、成本管理、人力资源管理、质量管理、沟通管理、风险管理、采购管理、干系人管理等 10 个项目管理单元。本书针对 R 社工机构公益创投项目管理体系的优化以 PMI 的项目管理知识体系为基本模板和参照，吸收借鉴我国学者有关项目管理体系的研究成果，坚持问题导向，结合 R 社工机构实际对项目管理进行优化。

（3）项目管理的实际运用研究

20 世纪 70~80 年代项目管理迅速传遍了世界各国。它从美国最初的军事项目和宇航项目管理，很快扩展到各种类型的民用项目管理。随着 20 世纪 90 年代以后经济全球化、集团化发展，项目管理的应用领域进一步扩大，尤其是在新兴产业中得到了迅速发展，比如软件、金融、医药等。现代项目管理的任务已不仅仅是执行项目，还要开发项目、经营项目，以及为经营项目或其他成果准备必要的条件。胡振华和聂艳辉认为现代项目管理发展呈现新的特点：项目管理理论、方法、手段的科学化；项目管理的全球化；项目管理的多元化；项目管理的标准化和规范化；项目管理的社会化和专业化。[①]

---

① 胡振华、聂艳辉：《项目管理发展的历程、特点及对策》，《中南工业大学学报》（社会科学版）2002 年第 3 期。

三　项目管理的主要内容

在发展领域，"项目"、"项目集"和"项目组合"这几个术语经常被使用，并且常常互换使用。由于这些术语没有一致而准确的定义，项目经理的角色和职责可能不明确，常常会被误解。前面讨论过项目管理的定义和要素，现在我们再来看一看项目集管理和项目组合管理。

（一）项目集管理

项目集是指一组相关的项目和活动（有时候称为"项目集的组成部分"），通过协调管理比单独管理每一个项目可获得更大的影响。换句话说，整体（项目集的效益）大于其组成部分（项目、活动和任务）的总和。发展和人道主义组织常常将项目纳入项目集中进行管理，这样，项目交付的成果可以满足更广泛的需求，使他们所工作的社区获得倍增的效益。

大部分项目集是通过国家层面进行管理的，由一个项目集经理在项目主任、项目集部门负责人（Head of Programs）或者类似角色的领导下进行管理。有些项目集是以全球范围内完成交付为目的的，这些项目集更可能在地区或者总部层面进行管理。并不是所有的发展和人道主义组织都有明确的管理等级，很多组织是职责共担的扁平的管理结构，在这种情况下，项目集的管理职责则由一个明确的团队共同承担。

与项目不同的是，项目集通常采取集中式管理，以协调项目集内的多个项目，从而实现这个项目集的整体战略目标和效益。在发展和人道主义领域，这一方法尤其重要，因为通过项目集来对项目进行管理，非政府组织可以获得规模经济效益，实现递增式发展，这是分开单独管理每一个项目所不可能实现的。在发展领域，项目集管理特别重要，因为通过项目集来对项目进行管理，有可能获得单独管理每一个项目所不可能实现的变革（或效益）。影响项目集形成的潜在因素包括以下几个。

一是地理区域。项目集内不同项目的团队经常在同一地区或全国各地开展项目时互相支持，项目集经理的核心关注点之一是如何整合利用在相同地区的多个项目的资源，以实现单独利用每一个项目的资源所不能实现的更大效用。最常见的情况是项目集在同一个国家开展，但项目集在多个国家或全球范围内开展的情况也越来越普遍。

二是多领域项目干预（介入）。项目通常是在某个特定领域、在相对较短的时间周期内开展，而项目集常常跨领域合作，而且项目集工作周期较长。

三是目标。一个组织通过协作的项目集来管理多个项目的目标与目的，更有潜力实现更高层面的战略目标。

四是资金。单一组织通常可以管理多个由同一机构资助的项目。在这种情况下，这些项目可以由一个项目集协同管理，这样也有机会形成规模效应。

五是目标群体。组织在不同领域（比如卫生、水资源、教育等）开展的项目，目标群体经常会有重合，采用基于项目集的方法来协同管理这些项目，组织能够通过共同指标、共享资源和流程将它们整合起来，这样也使得社区可以持续地评估组织是否正在进行干预（介入）。

六是管理。各个项目的工作人员侧重于执行在其项目范围内对产出和成果能直接做出贡献的活动，然而，在项目集层面上，管理人员则着重应对协调项目所面临的挑战、最大限度地发挥多个项目资源的作用，以及扩大项目集的影响力。

（二）项目组合管理

在大多数组织里，项目资源往往有限，总是存在各个部门相互竞争资源的情况。项目组合管理有助于协调项目集和各个项目，使它们目标一致，尽可能符合整体战略和目标。这涉及根据资源的供给与需求情况，确定优先次序，衡量机会和风险，争取达到组织的整体目标。考虑到项目组合的复杂性及其战略重点，项目组合通常是由一位项目主任来管理，在地区或者全球层面，由一个高级执行团队来管理。

尽管了解与项目组合管理相关的问题并不是项目集经理的职责，但非常重要。鉴于需要对有限的资源进行竞争，项目集经理和他们的团队应能够证明他们的项目集与项目有助于实现组织的远景目标；支持组织的战略实施；能为组织的项目集、项目组合做出贡献。

项目组合管理监督多个项目和项目集的绩效。项目组合管理不涉及日常的项目任务,而是侧重于围绕组织的战略目标,管理所有工作的总体情况。项目组合管理的工作针对是否终止或者变更某个项目或者项目集做出高层面决策,以调整优化正在进行的项目的战略,并完成组织的使命。

项目、项目组合、项目集的定义及特征如表1-3所示。

表1-3 项目、项目组合、项目集的定义及特征

名称	含义	特征
项目	项目经理负责协调为交付一个或者多个产出而建立的临时结构	1. 管理与协调 2. 交付产出 3. 时间、成本、范围 4. 注重适合目的的产出,满足要求,促使实现效益 5. 注重项目风险 6. 管理与交付物有关的问题 7. 为成功提交交付物和执行活动制订计划
项目组合	项目组合经理是高层领导,全面问责一个组织达到战略目标和目的所需变革的投资	1. 为整个组织确定长期的远景目标 2. 提供全局概念和组织远见 3. 确定政策、标准、优先性和计划 4. 了解跨组织问题 5. 管理高层战略性风险 6. 做出艰难的决定 7. 全方位了解领域的相关信息(内部和外部) 8. 能够同时监督各种项目集、项目和其他活动
项目集	项目集经理协调、指导和监督一系列相关项目的执行(通常是持续多年的)情况,以交付符合组织战略目标的成果	1. 在项目集范围内确定和明确战略与远景目标 2. 推动所有层面利益相关方的参与 3. 管理战略和运行风险 4. 了解与解决项目之间的问题 5. 注重质量与成果 6. 确保交付可测量的效益和影响

第二章 项目管理的方法

一 项目管理的生命周期

（一）项目生命周期理论

项目生命周期是指从立项到结项的所有阶段。[①] 本书主要采用中国（双法）项目管理研究委员会对于项目生命周期的阐述，它在国际项目管理界广泛认可的项目生命周期理论的基础上，结合中国现实情况提出具有中国特色的项目生命周期理论，将项目生命周期分为四个阶段，[②] 如图 2-1 所示。

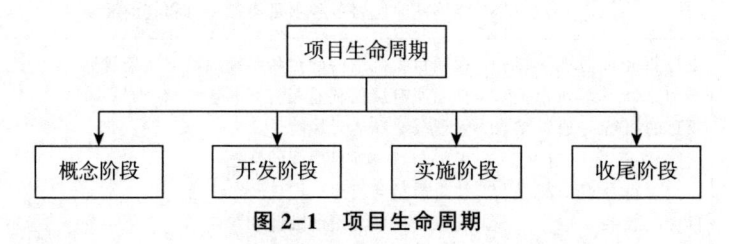

```
                  项目生命周期
        ┌──────────┬──────────┬──────────┐
     概念阶段    开发阶段    实施阶段    收尾阶段
```

图 2-1 项目生命周期

项目生命周期的第一阶段是概念（Conceive）阶段，也是项目决策阶段。这一阶段的目标是制定项目目标，主要的工作包括策划项目方案以及完成项目可行性报告等，其阶段性可交付的成果通常为制定好的项目章程。

项目生命周期的第二阶段是开发（Develop）阶段。这一阶段的目标是编制项目计划，主要的工作是制定项目十大知识领域的规划，包括项目相

[①] 屠梅曾主编《项目管理》，上海人民出版社，2006，第 3 页。
[②] 中国（双法）项目管理研究委员会：《中国项目管理知识体系（C-PMBOK 2006）》（修订版），电子工业出版社，2008，第 65 页。

关方、时间、风险以及人力资源等方面，其阶段性可交付的成果是各领域项目计划或策划书。

项目生命周期的第三阶段是实施（Execute）阶段。这一阶段的目标是实施项目计划，主要工作是围绕项目计划书完成预定的各项活动，对项目进行管理、监控，其阶段性可交付成果就是项目的最终成果。

项目生命周期的第四阶段是收尾（Finish）阶段。这一阶段的目标是评估项目目标的达成程度，主要工作包括项目资料验收等，其阶段性可交付成果主要是项目验收报告。

然而，项目生命周期各阶段的时间以及需要完成的工作量不尽相同，具体的项目各阶段持续时间以及要完成的工作量需要视项目具体情况而定，具体情况如图2-2所示。

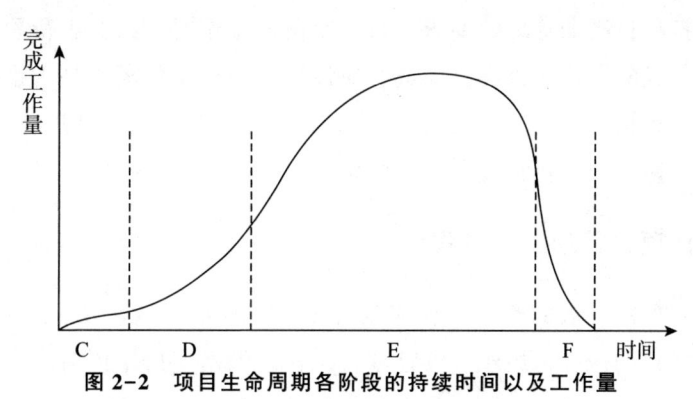

图2-2 项目生命周期各阶段的持续时间以及工作量

资料来源：姚玉玲、马万里主编《项目管理》，中国计量出版社，2005，第5页。

图2-2仅是一个通用模型，C代表概念阶段、D代表开发阶段、E代表实施阶段、F代表收尾阶段，仅代表通常情况下一般项目各阶段持续时间长短以及工作量大小。由图2-2可知，项目概念阶段持续的时间相对较短，完成的工作量也较少；开发阶段持续时间较长，工作量也增加了；实施阶段通常是项目生命周期中涉及内容最多、持续时间最长的阶段；收尾阶段持续时间较短，工作量减少了许多，直至项目解散。

四种项目生命周期如下。

- 预测型（瀑布型）：从高确定性的需求获益，项目活动通常以顺序的方式进行，需要详细的计划，了解要交付什么以及怎样交付。

- 敏捷型（适应型/变更驱动型）：在敏捷环境中，团队预料需求会发生变更。迭代和增量方法能够提供反馈，以便制订项目下一部分的计划。不过在敏捷型项目中，增量交付会发现隐藏或误解的需求。
- 迭代型：通过连续的原型或概念验证来改进产品或成果。每一个新的原型都能带来新的反馈和团队见解，然后根据这些见解对活动进行返工。迭代有利于识别和减少项目的不确定性。
- 增量型：少量可交付物的频繁交付。

项目生命周期理论旨在通过把项目划分成若干个阶段，规定每个阶段应该完成的工作、应该提交的可交付成果，以及应该达到的验收标准，以便于开展阶段管控和阶段评审，并通过阶段管控和阶段评审来确保项目最终成功。按项目周期管理的要求，每一个阶段结束时，都要进行阶段评审，考察应该完成的工作是否都已完成，应该提交的可交付成果是否都已提交，从而决定能否把本阶段正式关闭。阶段评审有利于及时发现并经济有效地解决问题，防止项目执行发生重大偏离。

（二）项目管理五大过程组

按项目所需开展的管理工作来划分项目周期的不同阶段，这样可以使我们按照一定的流程来组织、管理项目工作。根据《PMI 指南》，项目的生命周期共包括 5 个部分，因为每个部分都会包含至少两个相对独立又相互联系的过程，所以又称"过程组"，分别为启动过程组、规划过程组、执行过程组、监控过程组、收尾过程组。

1. 启动过程组

"启动"是项目开始的标志，确立项目的初步目标、预算及时段，形成项目章程。章程可以通过文字或者口头协议的方式表述。[①]"启动"有自上而下和自下而上两种方式。

自上而下是指组织的管理层认为有某种需要，指定以项目形式介入。这种方式多出现在组织参与或者被邀请参与项目投标、项目创投等工作中。

---

① 项目臭皮匠：《项目百子柜——一本社工写给同行者的工具书》，中国社会出版社，2017，第 12 页。

由于提出者多非一线人员，这种自上而下的方式有可能会忽略真正的需要，而产生无意义的项目。

自下而上是指一线人员发现一些未被满足的需要，产生对项目的构想，于是向上级提出以项目形式介入。这种方式较能回应真正的需要，但必须获得管理层的支持，否则会难以付诸实施。

启动过程组标志着定义一个新项目或一个新阶段。本过程组的目的是保证干系人期望与项目目的的一致性，让干系人明确项目范围和目标，明白他们在项目各阶段中的参与方式，实现他们的期望。

2. 规划过程组

"规划"是对项目回应的问题制定一个切实、可行的方案的过程。主要包括三个方面的工作。

第一，确定项目范围。向相关方收集信息，界定项目回应的问题和服务群体，确定服务范围，设定目标。

第二，设计项目内容。针对预定目标，设计内容，规划进度，分配责任。

第三，完成项目方案。完成人力资源、预算、监测与评估、风险管理等工作事项，最终形成一个切实、可行的项目方案。

规划过程组的目的是制定用于指导项目实施的项目管理计划和项目文件。

该过程组的作用是为成功完成项目或阶段确定战略、战术、行动方案及路线。

3. 执行过程组

"执行"是通过调动人力、资金等资源，以完成预定的各项工作。主要工作包括：按照项目方案开展工作，必要时进行修订，以便更有效地达成目标；与相关方建立关系，保持良好沟通；与人力资源有关的工作，包括组建团队、培养团队以及破解与人事管理相关的各种难题。

执行过程组需要按照项目管理计划来协调人员与资源，管理干系人期望，以及整合并实施项目活动。执行的结果可能引发计划更新和基准重建，执行的偏差可能影响项目管理计划或项目文件，需要加以仔细分析，并制定适当的管理应对措施。项目的大部分预算将花费在执行过程组中。

4. 监控过程组

"监控"是监测与控制两个过程的统称，其主要任务是定期跟踪、审查和调整项目的实施情况。如果发现实际情况与原方案出现偏差，便需寻找原因，必要时进行修正和改进。具体工作包括：监测项目的预算、进度及表现，即是否有超支、延误，或者所提供的服务是否偏离预定目标等；控制项目的变更事项，必要时采取纠正措施。

监控过程组的作用是定期对项目绩效进行测量和分析，从而识别与项目管理计划的偏差，控制变更，建议纠正措施、制定预防措施等。

5. 收尾过程组

"收尾"是项目结束的标志，是向出资方交付项目成果的过程。虽然逻辑上交付是发生在收尾阶段，但成功交付的关键是在规划阶段已经对需要交付的要求有所规定，明确评估指标与方法，以及交付的明细安排。需要完成的工作有：评估项目成效；进行结算；书写总结；通知相关方项目将/已结束；带领团队成员从服务经验中学习、反思，完成资料管理、存档、成果展示等工作。

项目管理十大知识领域在各过程组需要完成的工作任务如表2-1所示。

表2-1 项目管理十大知识领域在各过程组需要完成的工作

领域	启动	规划	执行	监控	收尾
整合管理	建立项目章程	制定项目管理方案	指导与管理项目工作	监控项目工作 实施整体变更控制	结束项目
范围管理		规划范围管理 收集需求 界定范围 创建工作分解结构		确认范围 控制范围	
进度管理		规划进度管理 定义活动 排列活动顺序 估算活动资源 估算活动持续时间 制订进度计划		控制进度	
成本管理		规划成本管理 估算成本 预算成本		控制成本	

续表

领域	启动	规划	执行	监控	收尾
质量管理		规划质量管理	管理质量	控制质量	
资源管理		规划人力资源管理	组建团队 建设团队 管理团队		
沟通管理		规划沟通管理	管理沟通	监督沟通	
风险管理		规划风险管理 识别风险 定性风险分析 定量风险分析 规划风险应对		控制风险	
采购管理		规划采购管理	实施采购	控制采购	结束采购
相关方管理	识别相关方	规划相关方管理	管理相关方参与	控制相关方参与	

资料来源：美国项目管理协会《项目管理知识体系指南（PMBOK 指南）》（第 6 版），电子工业出版社，2018，第 25 页。

二 项目管理的十大知识领域

项目管理知识领域是管理各种项目时需普遍使用的专业知识领域。每个知识领域都是项目管理中的一个特定主题，以及与该主题相关的一组过程。项目管理的十大知识领域适用于大多数项目。某类特定项目可能需要额外的知识领域。这十大知识领域包括：项目整合管理、项目范围管理、项目进度管理、项目成本管理、项目质量管理、项目资源管理、项目沟通管理、项目风险管理、项目采购管理和项目相关方管理。

项目管理十大知识领域的基本含义如下。

第一，项目整合管理。项目整合管理包括对隶属项目管理过程组的各种过程和项目管理活动进行识别、定义、组合、统一和协调。在项目管理中，整合兼具统一、合并、沟通和建立联系的性质，这些行动应该贯穿项目始终。

项目管理过程组的各个过程之间经常反复发生联系。例如，在项目早期，规划过程组为执行过程组提供书面的项目管理计划；之后，随着项目的进展，规划过程组还将根据变更情况，更新项目管理计划。

第二，项目范围管理。项目范围管理包括确保项目做且只做所需的全部工作，以成功完成项目的各个过程。项目范围管理主要在于定义和控制哪些工作应该包括在项目内，哪些不应该包括在项目内。

确认范围是正式验收已完成的项目可交付成果的过程。因此，相关方需要在规划阶段早期介入（有时需要在启动阶段就介入），对可交付成果的质量提出意见，以便监控过程组能够据此评估绩效并提出必要的变更建议。

第三，项目进度管理。项目进度管理包括管理项目按时完成所需的各个过程。其作用是保证在规定时间内完成项目。

在小型项目中，定义活动、排列活动顺序、估算活动持续时间及制定进度模型等过程之间的联系非常密切，以至于可视为一个过程，能够由一个人在较短时间内完成。因为每个过程所用的工具和技术各不相同。在可能的情况下，应在整个项目期间保持项目详细进度计划的灵活性，使其可以随着知识的获得、对风险理解的加深，以及增值活动的设计而调整。

第四，项目成本管理。项目成本管理包括为使项目在批准的预算内完成而对成本进行规划、估算、预算、筹措、管理和控制的各个过程，从而确保项目在批准的预算内完工。

项目成本管理重点关注完成项目活动所需资源的成本，但同时也应考虑项目决策对项目产品服务或成果的使用成本、维护成本和支持成本的影响。成本管理的另一个方面是认识到不同的相关方会在不同的时间，用不同的方法测算项目成本。在很多组织中，预测和分析项目产品的财务效益是在项目之外进行的，但对于有些项目，如固定资产投资项目，可在项目成本管理中进行这项预测和分析工作。

第五，项目质量管理。项目质量管理包括把组织的质量政策应用于规划管理、控制项目和产品质量要求，以实现相关方目标的各个过程。此外，项目质量管理以执行组织的名义支持过程的持续改进活动。

项目质量管理需要兼顾项目管理与项目可交付成果两个方面，无论项目的可交付成果具有何种特性，它都适用。质量的测量方法和技术则需专门针对项目所产生的可交付成果类型而定。

第六，项目资源管理。项目资源管理包括识别、获取和管理所需资源以成功完成项目的各个过程，这些过程有助于确保项目经理和项目团队在正确的时间和地点使用正确的资源。

尽管项目团队成员被分派了特定的角色和职责，但让他们全员参与项目规划和决策仍是有益的。团队成员参与规划阶段，既可以使他们为项目规划工作贡献专业技能，又可以增强他们对项目的责任感。

第七，项目沟通管理。项目沟通管理包括通过开发沟通文件，以及执行用于有效交换信息的各种活动，来确保项目及其相关方的信息需求得以满足的各个过程。项目沟通管理由两个部分组成：第一部分是制定策略，确保沟通对相关方行之有效；第二部分是执行必要活动，以落实沟通策略。

为了成功管理与相关方的项目关系，沟通既包括制定策略和计划，以便创建合适的沟通文件和开展合适的沟通活动，也包括运用相关技能来提升计划和即兴沟通的效果。

第八，项目风险管理。项目风险管理包括规划风险管理、识别风险、开展风险分析、规划风险应对、实施风险应对和监督风险的各个过程。项目风险管理的目标在于提高正面风险的概率和（或）影响，降低负面风险的概率和（或）影响，从而提高项目成功的可能性。

项目风险管理旨在识别和管理未被其他项目管理过程所管理的风险。如果不妥善管理，这些风险有可能导致项目偏离计划，无法达成既定的项目目标。因此，项目风险管理的效果直接关乎项目成功与否。

第九，项目采购管理。项目采购管理包括从项目团队外部采购或获取所需产品、服务和成果的各个过程。项目采购管理包括编制和管理协议所需的管理和控制过程，例如，合同和订购单，被授权采购项目所需货物的人员可以是项目团队、管理层或组织采购部的成员。

项目采购管理过程涉及用协议来描述买卖双方之间的关系。合同签署的方法和合同本身应体现可交付成果或所需人力投入的简单性或复杂性，其书写形式也应符合当地、所在国或国际法中关于合同签署的规定。合同应明确说明预期的可交付成果，合同中未规定的任何事项不具有法律强制力。开展国际合作的项目经理应牢记，无论合同规定如何详尽，文化和当地法律对合同及其可执行性均有影响。

第十，项目相关方管理。项目相关方管理包括用于开展下列工作的各个过程：识别能够影响项目或会受项目影响的人员、团体或组织，分析相关方对项目的期望和影响，制定合适的管理策略来有效调动相关方参与项目决策和执行。用这些过程分析相关方期望，评估它们对项目或受项目影响的程度，以及制定策略来有效引导相关方支持项目决策、规划和执行。这些过程能够支持项目团队的工作。

每个项目都有相关方，它们会受项目的积极或消极影响，或者能对项目施加积极或消极的影响。有些相关方影响项目工作或成果的能力有限，而有些相关方可能对项目及其期望成果有重大影响。团队开始组建之后，要尽早识别相关方并引导相关方参与。

在这十大知识领域中，整合管理是项目管理的指导思想，要求通过协调项目中的全部要素来实现项目范围、进度、成本和质量的综合最优。范围管理、进度管理、成本管理、质量管理和风险管理，旨在确定项目的范围、进度、成本和质量目标，并用合理的方法去实现。资源管理、采购管理、沟通管理和相关方管理，则是要根据项目目标确定所需的内外部资源，并通过协调管理这些资源来确保项目目标的实现。

项目管理十大知识领域的关系如图2-3所示。

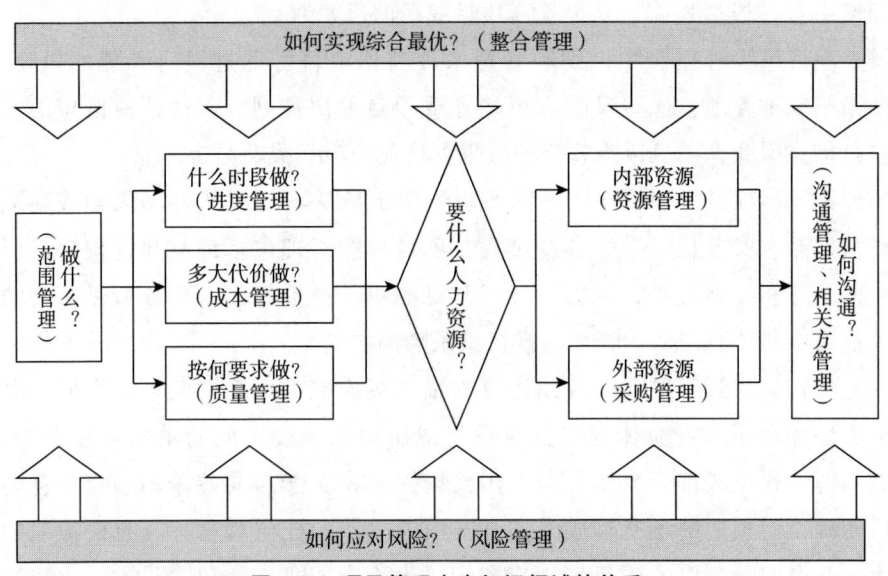

图2-3 项目管理十大知识领域的关系

资料来源：清晖项目管理课堂。

三 项目管理常用的工具和技术

无论是定性还是定量，选用一种高标准的项目管理工具，意味着变数越小，结果的确定性越大。本书整理了几种常见的工具和技术，每个项目经理都应该对此有所了解，以便有效掌控项目并引导成员成功交付。下面先了解一些项目管理工具和技术。

1. 甘特图

甘特图是最重要的项目管理工具之一，它具有多种多样的用途。甘特图可以在项目的各个阶段使用，来进行项目规划、项目调度和项目过程跟踪。

甘特图有助于创建项目流程的时间线（见图2-4）。在项目管理软件中使用在线甘特图规划项目，只需要添加工作事项和截止日期就能自动创建交互式的项目计划，也可以根据需要调整项目进度，并通过在时间线上点击和拖动工作事项来完成待办事项。工作事项之间可以关联起来，这样就不会造成工作阻塞或瓶颈。项目经理可以设置规则，自动通知每个工作的截止日期，以保持项目的正常进行。当团队成员更新他们的状态时，工作事项管理和资源管理信息会立即同步在整个视图中，保证每个成员都能够浏览和关注相同的页面信息。

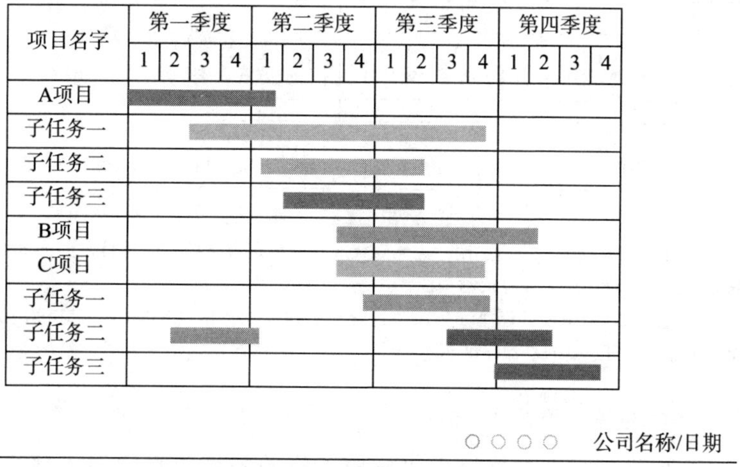

图 2-4 甘特图示例

2. 工作分解结构

工作分解结构（WBS）是一种把项目范围和项目可交付成果逐步划分为更小、更便于管理的组成部分的技术；工作包是 WBS 最底层的工作，可对其成本和持续时间进行估算和管理。分解的程度取决于所需的控制程度，以实现对项目的高效管理；工作包的详细程度则因项目规模和复杂程度而异。要把整个项目工作分解为工作包，通常需要开展以下活动：

第一，识别和分析可交付成果及相关工作；

第二，确定 WBS 和编排方法；

第三，自上而下逐层细化分解；

第四，为 WBS 组成部分制定和分配标识编码；

第五，核实可交付成果分解的程度是否恰当。

图 2-5 显示了某工作分解结构的一部分，其中若干分支已经向下分解到工作包层次。

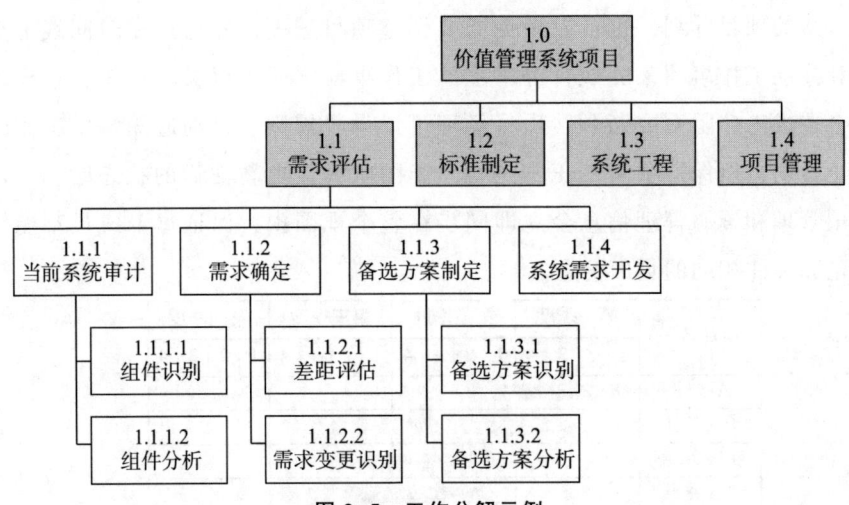

图 2-5 工作分解示例

说明：WBS 仅为了说明之用。它无意代表任何特定项目的整体项目范围，也不意味着这是对此类项目组织工作分解结构的唯一方法。

资料来源：美国项目管理协会《项目管理知识体系指南（PMBOK 指南）》（第 6 版），电子工业出版社，2018，第 158 页。

3. 风险矩阵

风险矩阵是每个项目经理都应该了解的关键项目管理工具之一。它是一种简单的工具，可以帮助判断项目潜在风险的可能性和严重性。通过这种评估风险的方式，我们可以提前预知风险对项目的影响。这使得项目经理能够为风险制定响应优先级，如果风险在项目中变成一个真正的问题，也能够确定响应的方式。因此，无论选择什么项目管理技术，在计划项目时都应该使用风险矩阵、风险日志或其他风险管理工具。

项目经理需要了解的风险类型有很多。常见的风险包括战略风险、运营风险、财务风险、技术风险和外部风险。另外，并非所有的风险都是坏的。有些风险可以被利用，对项目产生积极的影响。

风险矩阵图在行列交叉的位置展示因素、原因和目标之间的关系强弱。通常用同心圆表示关系密切，用圆表示有关系，用三角形表示可能有关系。

常见的矩阵图可以合并为六类，即L型、T型、X型、Y型、C型和屋顶型。具体如图2-6所示。

在本过程中，这些图形有助于识别对项目成功至关重要的质量标准指标。

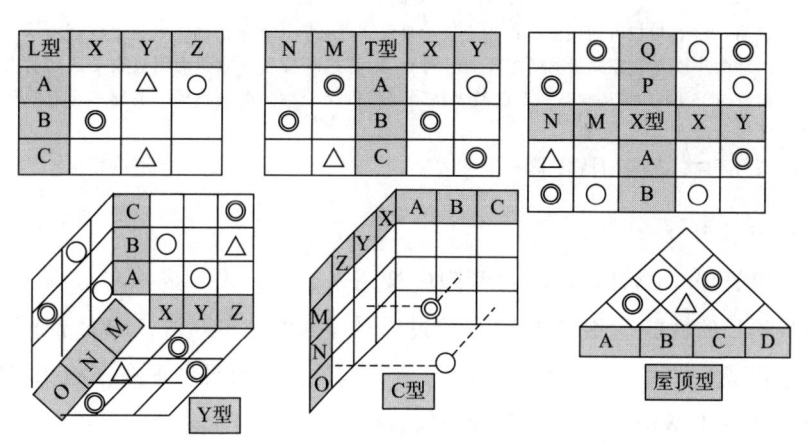

图 2-6 风险矩阵模型

资料来源：清辉项目管理课堂。

4. 关键路径方法

关键路径方法（CPM）是项目管理技术的基石。CPM涉及使用网络图、工作分解结构（WBS）和甘特图。CPM主要利用管理工具来创建项目时间线并确定关键路径，即项目中活动时间最长的路径。关键路径中的活动被称为关键任务，在项目进度安排中，这些任务具有最高的优先级。因此，我们可以知道哪些任务对项目至关重要,以及哪些任务有可调整的时间,可以在不延长项目时间线的情况下进行延后。有了这些信息,我们就能确定完成项目所需的最短时间。

并非所有的项目管理工具都能自动过滤出关键路径。但是,在线甘特图可以通过点击来找出关键路径,节省团队宝贵的时间。一旦项目进度计划制订完成,就可以在甘特图上设置基线。这样可以比较实际进度与计划的工作节奏,帮助团队保持在正确的轨道上。

关键路径分析如图 2-7 所示。

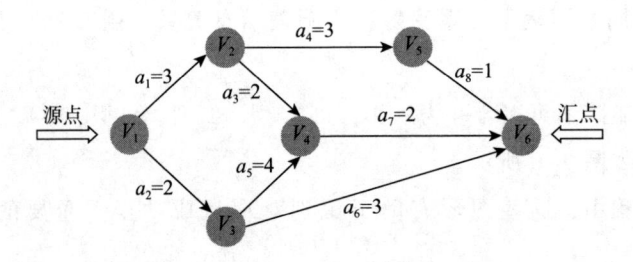

图 2-7 关键路径分析

说明:1. 在带权有向图中,以顶点表示事件,以有向边表示活动,以边上权值表示完成该活动的开销(如完成活动所需要的时间),则称这种带权有向图为用边表示活动的网络,简称 AOE 网;2. 从源点到汇点最大路径长度的路径称为关键路径,关键路径上的活动为关键活动。

资料来源:清晖项目管理课堂。

5. 挣值管理

挣值管理(EVM)在项目管理中被用来整合进度、成本和范围,以此来衡量项目的性能(见图 2-8)。通过查看计划值和实际值,EVM 能够帮助团队进行成本预测,让项目经理更好地管理项目。项目经理在实施 EVM 时会使用到诸如 WBS、甘特图和项目仪表板等工具。

它通常被用来控制项目成本。其他好处也包括将未知因素减少为可量化的因素、将当前项目状态与项目基线进行比较和基准测试。它还为项目和项目集提供更高维度的洞察。

6. 干系人权力/利益矩阵

干系人权力/利益矩阵是根据干系人权力的大小以及利益对其进行分类(见图 2-9)。这个矩阵指明了项目需要建立的与各干系人之间关系的种类。

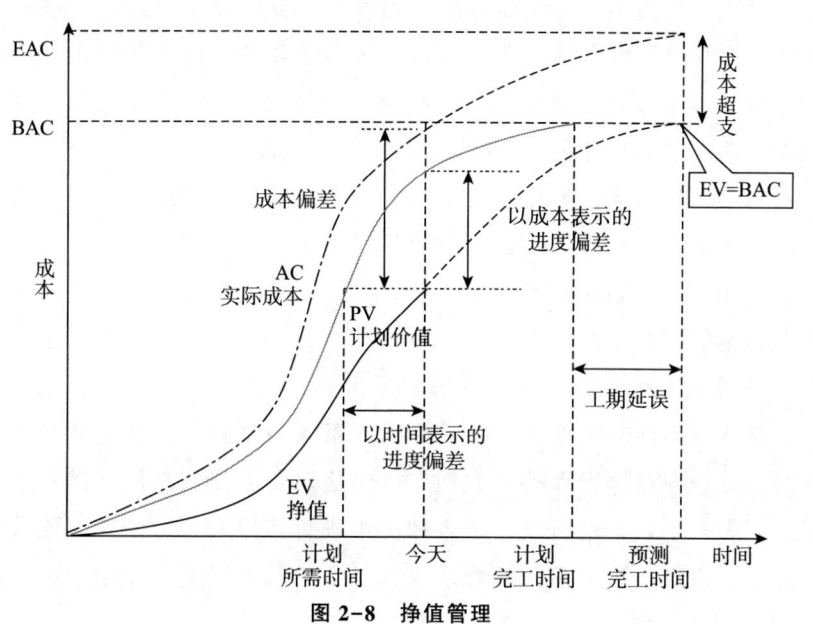

图 2-8　挣值管理

说明：EAC 为完工估计，BAC 为完工预算。
资料来源：清晖项目管理课堂。

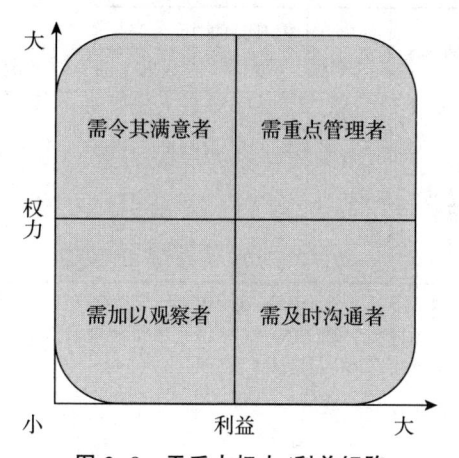

图 2-9　干系人权力/利益矩阵

资料来源：汪小金《项目管理方法论》（第 3 版），中国电力出版社，2020，第 227 页。

权力大，利益大：必须密切管理的关系（must manage closely），动用最多资源保持深入沟通，时刻满足需求。例如，项目出资人、项目发起人、用户。

权力大，利益小：商业模式设计和客户开发中需重点运营，避免成为阻碍者，争取迁移到双高象限。项目执行中需要满足他们的需求，令他们满意（keep satisfied），避免细节打扰他们。例如，监管关心合规；内部高管只关心项目结果和里程碑，对具体细节不感兴趣。

权力小，利益大：不能改变项目，但能提供很多帮助。需要保持沟通（keep informed）。例如，开发项目的程序员等项目实施者。

权力小，利益小：外围支持人员，在不影响项目的前提下可以花最小的力气对他们进行监督。

7. 干系人策略矩阵

干系人联系活动的首要目标是确保干系人与项目目标、商业利益、项目主体活动、项目原则保持一致性。这包括建立工作联系以促进对项目的支持，以及对干系人的行动、语言和决策进行监控。项目经理应该关注主要干系人，以防止对干系人的管理工作付出的精力过多，而影响项目的其他主要方面。干系人策略矩阵如表2-2所示。

表2-2 干系人策略矩阵

干系人姓名	与项目的关系	影响力等级	对项目的支持度	资源					
				人力	资金	原料	设备	知识	决策
Sue Williams	发起人	H	⇧	×				×	×
Ajit Verjarni	职能经理	H	⇩	×	×				×
Steve Cross	软件供应商	L	□	×			×	×	
Lynda Donovan	核心项目成员	M	⇧					×	

注：影响力指标：L=小或没有，M=中等，H=较大。忠诚度指标：⇧=高，□=中立，⇩=低。
资料来源：拉斯·J. 马蒂内利、德拉甘·Z. 米洛舍维奇《项目管理工具箱》（第2版），陈丽兰、王丽珍译，电子工业出版社，2017，第433页。

8. 沟通模型

沟通模型可以是最基本的线性（发送方和接收方）沟通过程，也可以是增加了反馈元素（发送方、接收方和反馈）、更具互动性的沟通过程（见图2-10）。沟通模型将沟通描述为一个过程，并由发送方和接收方两方参与；其重点是确保信息送达，而非信息理解。

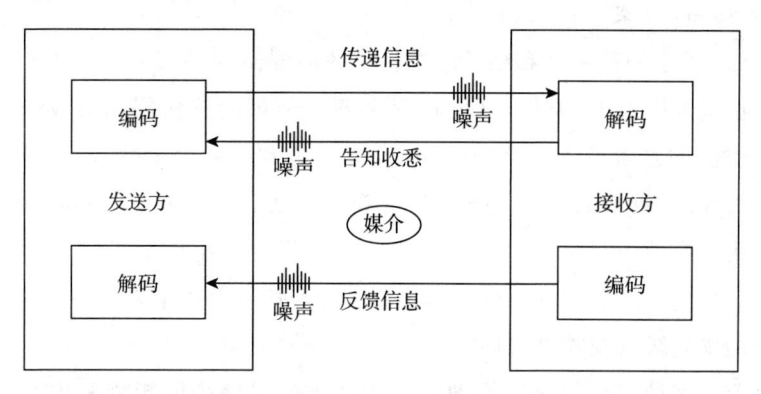

图 2-10 沟通模型

资料来源：美国项目管理协会《项目管理知识体系指南（PMBOK 指南）》(第 6 版)，电子工业出版社，2018，第 373 页。

9. 采购工作说明书

依据项目范围基准，采购工作说明书仅对将要包含在相关合同中的那一部分项目范围进行定义。采购工作说明书要充分详细地描述拟采购的产品、服务或成果，以便潜在卖方确定是否有能力提供此类产品、服务或成果。根据采购品的性质、买方的需求或拟采用的合同形式，采购工作说明书的详细程度会有较大不同。采购工作说明书模板如表 2-3 所示。

表 2-3 采购工作说明书模板

项目名称		日期： 年 月 日
××项目采购工作说明书		
项目目标		
采购物资（服务）		
交付地点		
物资（服务）的供应周期		
所需技术支持		
技术标准		
验收标准		
其他要求		
审核人：		编制人：

10. Scrum 框架（PDCA）

Scrum 基于经验主义和精益思维，是敏捷框架的一部分，本质上是交互式的。在这个框架中，整个开发过程由若干个短的迭代周期组成，比较适用于小团队的产品管理过程或者开发、交付和持续支持复杂产品，通过"Scrum 会议"或"30 天的 sprints"来确定任务的优先级。Scrum Master 一般是被用来帮助项目经理，而不是作为项目经理。小团队可以独立地专注于特定的任务，然后与 Scrum Master 会面，评估进度或结果，并重新确定积压任务的优先级（见图 2-11）。

目前，多种多样的项目管理工具和技术方法使团队规划和项目过程管理变得更加简单和有效。这些工具和技术方法可以应用于任何领域或行业的项目。当与项目管理软件工具配合使用时，它们可以更好地提高效率，节省时间并降低成本。

第二章 项目管理的方法

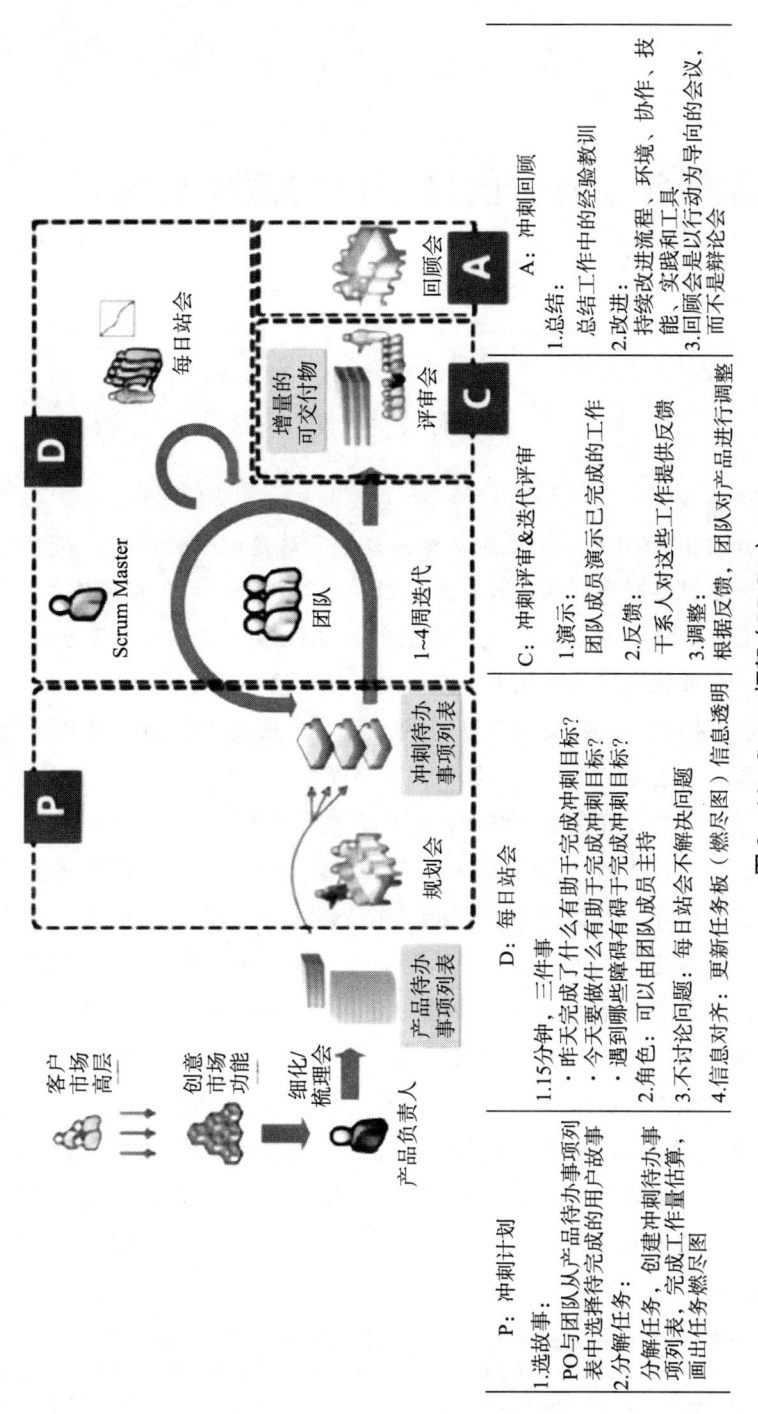

P：冲刺计划
1. 选故事：
PO与团队从产品待办事项列表中选择待完成的用户故事。
2. 分解任务：
分解任务，创建冲刺待办事项列表，完成工作量估算，画出任务燃尽图。

D：每日站会
1. 15分钟，三件事：
- 昨天完成了什么有助于完成冲刺目标？
- 今天要做什么有助于完成冲刺目标？
- 遇到哪些障碍有碍于完成冲刺目标？
2. 角色：可以由团队成员轮于完成冲刺目标主持
3. 不讨论问题：每日站会不解决问题
4. 信息对齐：更新任务板（燃尽图）信息透明

C：冲刺评审&迭代评审
1. 演示：
团队成员演示已完成的工作
2. 反馈：
干系人对这些工作提供反馈
3. 调整：
根据反馈，团队对产品进行调整

A：冲刺回顾
1. 总结：
总结工作中的经验教训
2. 改进：
持续改进流程、环境、协作、技能、实践和工具
3. 回顾会是以行动为导向的会议，而不是辩论会

图2-11 Scrum框架（PDCA）

资料来源：清晖项目管理课堂。

第三章　公益创投项目的概念与实践

一　研究背景

改革开放40多年以来，我国逐渐从社会管理走向社会治理。在社会治理中，社区是直接联系群众、服务群众以及进行社会治理的最基本的单元。但是，随着经济社会的发展，人民生活的矛盾也发生了变化。基于此，我们需要进一步增强社区治理能力，推动实现社会治理现代化。

当前，我国已进入社会主义新时代，踏上全面建设社会主义现代化国家的新征程。"社会工作""社会组织"等词多次出现在《政府工作报告》中，凸显了社会工作和社会组织在创新社会基层治理中的重要性。

党的二十大报告指出，要加强新经济组织、新社会组织及新就业群体党的建设，要引导、支持有意愿有能力的企业、社会组织和个人参与公益慈善事业，从而建设人人有责、人人尽责、人人享有的社会治理共同体。[①] 近年来，社会组织开始作为社会治理的重要主体与政府共同承担公共服务的重任，为实现以"增强社会发展活力，提高社会治理水平"和"改进社会治理方式，激发社会组织活力"为核心的社会治理目标而努力。

2023年《政府工作报告》指出，过去五年我国在加强和创新社会治理、推动市域社会治理现代化方面取得较大成就，基层治理得到完善，社区服务得到优化。基于此成效，下一步发展"要提升社会治理效能，扎实推进

---

① 《习近平：高举中国特色社会主义伟大旗帜　为全面建设社会主义现代化国家而团结奋斗——在中国共产党第二十次全国代表大会上的报告》，中国政府网，2022年10月25日，http://www.gov.cn/xinwen/2022-10/25/content_5721685.htm，最后访问日期：2023年4月17日。

服务型政府的建设,提高行政的效率和公信力"。与此同时,《政府工作报告》也明确指出,社会工作是社会组织发展的主要力量之一,各地社会组织在发展中要充分吸纳社会工作人才、发挥社会工作力量。2023年3月,中共中央、国务院印发的《党和国家机构改革方案》提出,组建中央社会工作部以打开基层治理的新局面。由此可见,党和国家高度重视社会工作和社会组织在社会治理中的独特作用,这为两者的发展提供了崭新的时代机遇。

在上述政策的支持和推动下,近年来,我国的社会组织得到了迅猛发展,影响力越来越大,促进了社会发展和社会转型。但是,当前社会组织却受到自主能力不足、专业能力不足、人才和资金不足等多种因素的制约,普遍存在规模小、资金少、运营压力大等问题。

在此背景之下,源于欧美的公益创投为缓解我国社会组织的发展困境提供了一个可参照的路径。① 公益创投是面向社会组织的创新培育方式,其做法是通过创意投标、项目运作、第三方评估等方式,发展和培育社会组织,增强其专业能力和规范治理能力,推进社会发育和成长。公益创投活动的实施以人为本,致力于满足服务对象多样化、个性化的服务需求,弥补了社会组织在资金和能力建设上的不足,它是一种新型的公益合作关系和慈善投资模式,其重要特点是资助者与社会组织的长期合作性和参与性。资助者与受资助者不再是单一的捐赠关系,强调的是资助者与受资助者建立长期的、深入的合作伙伴关系,达到互利共赢局面——合作伙伴能够更快地发展,资助者能够高效实现最初设定的社会目标。通过公益创投,能够有效推动政府购买公共服务理念的提升,建立政府和社会组织合作共赢的新机制,创新社会治理。公益创投为承接政府转变职能的社会组织赋能,在孵化培育社会组织、提高社会治理水平、充分发挥社会力量、促进社区居民广泛参与、形成共商共建共享的新格局方面有着独特的优势,是创新社区治理、构建现代社会服务体系、巩固党的执政基础的机制和手段。

事实上,我国对公益创投引入较晚。2006年,新公益伙伴作为第一个具有公益创投性质的社会组织在香港成立。同年,上海浦东非营利组织发

---

① 许丽娜、魏范青:《公益创投项目运作的实践与思考——以江苏省L市为例》,《湖北行政学院学报》2020年第3期。

展中心在上海市成立，为初创期的社会组织提供帮助，培养社会公益人才，促进社会组织的发展。在这之后，公益创投在我国迅速发展，成为政府购买社会服务的新模式，弥补了科层制下政府提供公共服务的不足，逐渐成为社会服务中不可替代的重要力量，在很大程度上缓解了专业社工机构发展的困难，使公益资源得到了优化，促进了社工机构的能力建设与本土化发展。公益创投的发展，为政府购买公共服务、推动社工机构的可持续发展提供了新的途径。

2023年《政府工作报告》指出，要提升社会治理效能，扎实推进服务型政府的建设，提高行政效率和公信力。[①] 政府购买社会组织服务，将有利于发挥社会组织在提供服务、增强凝聚力、提供社会支持等方面的功能，更有利于政府、社会组织、社会公众共同参与的多元治理模式的建构。通过提升社会组织在提供服务方面的专业化、组织化与职业化，将那些信誉好、服务专业、运作规范的社会组织作为公共服务的提供者，实现政府、社会组织、公民（消费者）的共赢。政府购买社会组织服务可以与社区建设结合起来，设置专业性的岗位让专业人才承担相应工作。让社区工作人员从行政性事务中解放出来，投身于居民服务，也是政府职能转变的体现。

从2013年开始，上海、重庆、广州等城市先后启动了公益创投项目活动，在保证社会平稳发展、满足人民综合性需求、培育提升社会组织能力、发挥社会治理功能等领域都起到了积极有效的推动作用。公益创投活动主要依据创意思想、项目开展、第三方平台打分等过程进一步推动公益相关社会组织的创建和优化，并保证其在服务方面具有规范性、科学性和专业性，从而在根本上保证社会组织的积极发展；通过将福彩公益金的用途及内容加以创新和完善，保证效率的最优化，并促进和谐社会的发展。

2011年，中央组织部、中央政法委、民政部等18个部门联合发布了《关于加强社会工作专业人才队伍建设的意见》。该意见明确提出了社会工作专业人才在解决社会问题、应对社会风险、促进社会和谐、推动社会发展方面的重要基础性作用。社会工作专业人才走上了职业化道路，将成为

---

① 《政府工作报告——2023年3月5日在第十四届全国人民代表大会第一次会议上》，中国政府网，2023年3月14日，http://www.gov.cn/zhuanti/2023lhzfgzbg/index.htm，最后访问日期：2023年4月17日。

社会组织的主力军。社会组织、市场、政府都是社会建设的主体，做好社会建设，必须正确处理好政府、市场和社会组织三者之间的关系。加强政府与社会组织之间的分工协作以及不同社会组织之间的相互配合，是有效配置社会资源、促进社会协调、化解社会矛盾的有效途径。[①] 内蒙古自治区民政厅立足于当前内蒙古社会治理现状和社会组织的实际发展状况，采用政府购买的方式，积极推动社会组织的创建，提升内蒙古地区社会组织的整体水平，为当地社会组织实现"共建共治共享"目标提供帮助。以公益创投项目的模式带动社会组织发展，进一步创新了政府购买模式。故此，公益创投项目对于社会组织的发展具有重要意义。

考虑到公益创投作为新兴事物引入我国的时间较短，到目前为止仍然缺少本土化的理论支撑，尤其缺乏从项目管理的视角来探讨公益创投的发展的研究。基于此，本书通过研究内蒙古自治区 R 社工机构参与公益创投的实践过程，分析社工机构实施公益创投项目管理的现状、成效、遇到的问题以及解决方案，总结出可供参考的优化社工机构参与公益创投成效的建议，促进社工机构提高创新能力与专业服务能力，满足本土化的专业社工机构发展的要求，让社工机构发挥良好的社会效益，更好地提供公共服务。

二 公益创投的内涵和实践

（一）公益创投的含义及界定

公益创投（Venture Philanthropy）起源于欧美，作为一个概念是舶来品，源于风险投资（Venture Capital）实践领域，最早由慈善家洛克菲勒于 1969 年在美国国会的一次听证会上提出。公益创投在当时还是一种较新的事物，学界没有给出明确的定义，以下几种概念被交替使用，比如"公益风险投资""战略性慈善""高度参与性慈善""有效性慈善""慈善投资"。

公益创投是一种新型的公益资本投入方式，它为处于发展初期的公益

[①] 李学会、周伦：《论政府购买社会组织服务与社会管理创新》，《北京城市学院学报》2012 年第 2 期。

组织提供起步费用。此外，它也对组织进行管理和技术协助，并与受资方形成长期稳定的合作关系，实现提升能力和创新模式的目标。具体来说，公益创投就是把经济生活中的"风险投资"或"创业投资"的理念延伸到公益社会组织的培育发展之中，它是一种创新型的社会公益发展理念和模式①，通过提供资金、管理和技术给公益组织，注重资方与受资方的合作关系，从而助力公益组织的发展②，此外公益创投还需运用风险投资的方法和理念，从而推动非营利组织的有效发展③。

基于此，国内外学者对公益创投提出了不同的概念界定。美国的学者将公益创投的概念界定为：为社会企业提供融资服务的新型融资模式，与传统投资相同，公益创投关注高效的、以市场为导向的价值创造。④ 欧洲公益创投协会（EVPN）认为，公益创投是将风险投资的工具用于公益慈善事业，为社会组织提供资金和非资金支持，以提高其社会效应的方法。⑤

国内有学者比较了商业创投和公益创投的区别后，提出了公益创投的概念，吴新叶认为，"所谓公益创投，是指为了公共利益而对公益组织提供资金支持的社会融资工具及其方式"。⑥ 冯元指出，"公益创投是指针对初创期的中小型社会组织，与其建立合作伙伴关系，为其提供资金、管理和技术等服务支持，帮助其提高发展与服务能力"。⑦ 李学会认为，公益创投模式是政府购买社会组织公共服务的新的探索，有助于社会组织的培育和发展，具有资金来源广、参与主体多、项目实施周期短等特点。⑧ 崔光胜和耿静则把经济生活中的"风险投资"或"创业投资"的理念延伸到公益社会组织的培育发展之中，认为公益创投是一种创新性的社会公益发展理念

---

① 冯元、岳耀蒙：《我国公益创投发展的基本模式、意义与路径》，《南京航空航天大学学报》（社会科学版）2013 年第 4 期。
② 许宝君：《社区居民自治项目的运作机制及绩效检视——基于湖北四届社区公益创投（项目）的分析》，《求实》2020 年第 1 期。
③ 宋程成：《从公益创投到创造性治理——基于江南县实践的制度分析》，《公共管理学报》2021 年第 1 期。
④ 李阳、龙治铭：《国外公益创投及社会企业研究述评》，《中国物价》2015 年第 1 期。
⑤ 刘维：《何谓公益创投》，《中国社会工作》2017 年第 7 期。
⑥ 吴新叶：《政府主导下的大城市公益创投：运转困境及其解决》，《上海行政学院学报》2017 年第 3 期。
⑦ 冯元：《我国公益创投发展模式与路径探讨》，《商业时代》2014 年第 17 期。
⑧ 李学会：《公益创投：政府购买社会组织公共服务的实践与探索》，《社会工作》2013 年第 3 期。

和模式。① 李志强和原珂在李学会研究的基础上，将公益创投看作一种新型的公益伙伴关系和慈善投资模式，认为公益创投对社区社会组织的培育有明显提升作用。② 韩寒认为公益创投是把企业创投的办法用于公益事业的一种探索，公益创投可以同时兼顾经济效益和社会效益。③

有的学者从不同的学科领域出发界定公益创投，李学会从政府购买社会服务的角度，认为公益创投是政府购买社会服务的实践活动，其主要目的在于增强社会组织的问题解决能力和服务能力④；汪忠等从福利经济学角度，认为公益创投是对资源的重新配置及调整⑤。刘新玲、吴丛珊认为公益创投是一种创新型资助方式，它有助于促进风险投资并增强社会组织可持续发展能力。⑥ 冯元、岳耀蒙认为公益创投有利于创新政府购买社会服务，并充分整合政府公共服务购买过程中购买者、消费者和生产者之间的关系，实现社会多元主体的多方互动。⑦ 赵旭、吴清薇认为，公益创投是一种通过社区公益服务项目进行资金注入和运作的危机治理载体，通过为社区当中的社会组织提供资金、管理和技术等多方支持，进一步解决社区治理结构分散化和碎片化的问题。⑧

综上所述，学者从不同的理论和实践视角对公益创投的概念做了不同的解释。基于本书中公益创投的特点，笔者更认同学者李学会的观点，公益创投是政府以向第三方购买公共服务的方式培育社会组织和激发社会组织活力。综合以上观点并结合本书研究重点——政府主导型公益创投，本

---

① 崔光胜、耿静：《公益创投：政府购买社会服务的新载体——以湖北省公益创投实践为例》，《湖北社会科学》2015年第1期。
② 李志强、原珂：《类共同体模式：社区公益创投组织分类治理及推进路径》，《湖湘论坛》2021年第6期。
③ 韩寒：《公益创投开启企业公益新路径》，《社团管理研究》2009年第9期。
④ 李学会：《公益创投：政府购买社会组织公共服务的实践与探索》，《社会工作》2013年第3期。
⑤ 汪忠、朱昶阳、曾德明、肖敏、黄圆：《从福利经济学视角看公益创投对社会福利的影响》，《财经理论与实践》2011年第1期。
⑥ 刘新玲、吴丛珊：《公益创投的含义、性质与构成要素》，《福建行政学院学报》2011年第4期。
⑦ 冯元、岳耀蒙：《我国公益创投发展的基本模式、意义与路径》，《南京航空航天大学学报》（社会科学版）2013年第4期。
⑧ 赵旭、吴清薇：《社区公益微创投的存在与发展逻辑探析》，《现代商贸工业》2018年第31期。

书对公益创投的定义为：公益创投是一种政府主导的将风险投资的理念融入公益项目运作中培育有潜力的社会组织、提高社会效益的新模式。

（二）作为实践的公益创投发展

洛克菲勒在提出"公益创投"之后，将其视作采用风险手段投资于非主流社会事业的投资形式。但是，20世纪60年代的美国由于不当的财政政策与货币政策遭遇通货膨胀，致使经济衰退严重，出现经济大萧条，在这种背景下提出的"公益创投"并未受到重视。直到20世纪90年代以后，随着互联网的发展，公益创投快速崛起。[1] 公益创投实践作为"一种将经济领域中风险投资理念应用到公益领域，以投资思维全面支持公益组织的能力发展，提升其社会影响力的新型资助方式"，成为欧美国家推动公益组织管理创新和发展的重要方式。[2] 当时一些私募基金会使用商业风投的方法，通过评估公益组织的社会效益来决定是否资助，同时还提供战略管理等非资金手段支持其发展。[3]

20世纪末，美、英、意等发达国家的政府纷纷涉足公益创投，政府也开始成为出资者。美国是公益创投的发祥地，相较于其他地区，美国的公益创投具有较长的发展时间，有很多社会组织执行和推动经验，也积累了很多公益创投的案例。由于美国历史发展特征和各种社会影响因素，美国学术界对公益创投的研究主要集中在社会影响力方面。[4] 公益创投在美国的发展有以下突出特点：一是包容风险且支持社会创新；二是支持不同的社会组织探索创新公益创投新模式，目的在于助力社会组织能力建设，破除社会组织发展障碍；三是受到支持的社会组织不仅能获得资金支持，还能获得技术、管理等方面的指导；四是公益创投模式更注重系统整体地处理问题。[5]

欧洲对公益创投的概念从2000年开始有零星的讨论。20世纪90年代

---

[1] 苗大雷、周贝：《行政吸纳项目：公益创投的运行机制及成效分析——基于"花样年华"公益创投大赛的案例研究》，《新视野》2022年第5期。
[2] 曹蓉、吕林芳、卢洁：《公益创投研究综述》，《劳动保障世界》2019年第17期。
[3] 刘维：《何谓公益创投》，《中国社会工作》2017年第7期。
[4] 孙逍、曹雪：《公益创投研究综述》，《中国管理信息化》2018年第5期。
[5] 朱照南、马季：《公益创投的美国经验》，《中国社会组织》2016年第2期。

末，公益创投传入英国，在英国慈善事业领域产生较大影响，随后很快整个欧洲大陆将公益创投作为主要方式来发展慈善事业，将公益创投作为其新型资助方式。

罗伯·约翰（Rob John）在研究欧洲公益创投时将其分为四个发展阶段：1997年之前为沉寂期，其特点是正式开展的公益创投项目零星，不成气候；1997~2002年为启动期，其特点是公益创投组织处于初创和投资准备阶段，初见雏形；2003~2008年为增长期，其特点是逐步进入正规化；2009年至今，为公益创投蓬勃发展期。① 在此期间，欧洲公益创投的实际运行呈现三种模式：直接参与并支持社会组织管理；投资公益创投机构或与它们共同投资；建立或合伙建立一个独立的公益创投机构。随着发展阶段的不断推进与发展模式的不断完善，欧洲公益创投的成熟度也越来越高。

2003年，卡里顿（Cariton）对公益创投进行详细介绍后，加上桥屋信托在实务方面的推动，公益创投开始在欧洲获得广泛关注，② 逐渐有赶超美国之势，创造了众多的理论与实践成果。依照风险投资对社会组织的介入程度，结合相关案例可以发现欧洲公益创投的实践运行模式主要有以下三种：第一种是直接参与并支持社会组织管理，这种模式的特征是提供资金者高度参与社会组织内部管理；第二种是投资公益创投机构，这种模式的特征是可以按照自身需求和实际状况选择公益创投机构，与其建立一种长期合作关系，在避免风险的基础上减少管理支出；第三种是建立一个独立的公益创投机构，这一模式带来便利的同时可以创造更大的社会效益。③ 由此可见，欧洲公益创投主要有以下两个特点，一是公益创投机构组织形式多样，二是更加重视对风险投资工具的运用，它不仅可以解决资金不可持续的问题，还可以更高效地激励投资对象。

相较于欧洲国家，中国公益创投项目起步不算太晚。回顾我国公益创投的发展，可大体分为两个阶段：第一个阶段是2006~2011年，在这个阶

---

① 施从美：《公益创投：来自欧洲的社会组织管理创新及启示》，《国外社会科学》2016年第6期。
② 陈佳卿：《社会工作机构参与公益创投的实务研究》，硕士学位论文，贵州大学社会工作系，2021，第5页。
③ 施从美：《公益创投：来自欧洲的社会组织管理创新及启示》，《国外社会科学》2016年第6期。

段大多由非营利组织和大型企业来牵头我国公益创投的实践；第二个阶段是2012年至今，这个阶段主要由政府来牵头，自2012年以来中央及地方政府发布了一系列政策文件加快推进政府向社会力量购买公共服务的改革，地方政府依据当地发展条件开始积极探索公益创投的实践策略，拓展为老服务、助残服务、青少年服务、扶贫济困等涉及民生的公益服务项目。①

在我国，公益创投实践始于2006年，香港的新公益伙伴（NPP）在国内成立了第一个公益创投基金会，这是我国最早的公益创投实践，借助风险投资和企业创新精神提升社会组织建设能力，促进其成长，翌年，新公益伙伴与中国红十字会合作注册了"NPP公益创投基金"，被视为我国首个公益创投基金，尽管公益创投最早的出资方是基金会，但后来的经费主要来自政府。2006年，上海浦东非营利组织发展中心成立，将"企业孵化"的理念应用到社会组织领域，创建了"公益孵化器"模式，为社会组织提供场地、资金、资源、能力培训的全方位服务。2007年，联想集团启动了公益创投计划，资助初创和中小型的公益组织创业，对其综合性能力建设及员工志愿者培训等进行全方位协助。2009年，上海联合恩派公益组织发展中心举办了第一届上海社区公益创投大赛，利用福利彩票公益金资助和扶持符合"扶老、助残、救孤、济困"宗旨的公益项目和公益组织。同年，由深圳市民政局主办，深圳市社会公益基金会承办的"深圳市公益项目大赛"以建设"和谐深圳"为目标，向全社会征集、评选公益创意项目和公益实施项目，借此带动爱心企业和个人的积极参与，进一步推动公益慈善事业的可持续发展。2011年，苏州、东莞等地也进行了类似的公益创投项目试验。2012年，南京成立了中国内地首个公益创投协会，是国内第一家采用政府主导模式的协会，形成了市级财政资金、福利彩票公益金、慈善公益金共同参与的公益创投基金。② 2012年，在中国慈展会组委会和深圳市政府的大力支持下，"深圳市公益项目大赛"升级为"中国公益慈善项目大赛"，为全社会公益创新创业项目提供国家级平台支持。随后，我国天津、

---

① 刘建娥：《政府驱动视域下公益创投项目评估及地方实践》，《福建论坛》（人文社会科学版）2020年第7期。

② 刘新玲、吴丛珊：《公益创投的含义、性质与构成要素》，《福建行政学院学报》2011年第4期；许小玲：《"扎根"与"生根"：公益创投本土实践的反思与前瞻》，《社会工作》2015年第4期。

武汉、南京、广州、北京等地的公益创投实践迅速发展，在推动政府公共服务购买和促进社会组织发展方面起到了重要作用。

近年来，各地积极倡导推进治理创新，切实转变政府职能，而政府购买服务是转变政府职能、提高社会治理水平的重要途径。因为政府直接提供服务的方式往往缺乏效率且耗费大量时间和精力，所以社会组织参与和补充公共服务的重要性日渐突出。因此，倡导政府购买服务是提高公共财政使用效率、提升公共服务水平的重要措施。① 2013 年，国务院办公厅印发的《国务院办公厅关于政府向社会力量购买服务的指导意见》明确规定，政府向社会力量购买服务是创新公共服务提供方式的重要途径，它将部分公共服务按照一定程序交给具备资质的社会力量承担。这是在国家层面首次明确推广政府购买服务。2019 年，财政部审议通过了《政府购买服务管理办法》，以部门规章的形式约束纠正近几年政府购买服务中的不良行为。②

但随着发展的加快，我国公益创投存在的问题也逐渐显露出来。一方面，地区发展状况不均衡。在广东、上海等经济发达的沿海地区运行时间较长、经验丰富，但在青海、内蒙古等经济不发达的西北地区实践经验不足。另一方面，缺乏项目标准化的有效运作。作为政府购买服务项目的一种，服务专业化、管理效率化和提高资源的利用效率是项目良好运作的重要表现。但我国政府购买服务项目的管理还不成熟，公益创投实践也缺乏标准化。伴随着服务型政府的建立和公共服务社会化的推进，政府为了满足居民多样化需求，急需向有能力且符合资质条件的社会组织购买服务，但是国内社会组织普遍存在规模较小、专业人才少以及缺乏资金支持等问题。③

(三) 公益创投的实践模式

在公益创投的实践模式方面，国外的分类更为细致，在强调企业和基金会发挥主体作用的同时，也注重社区和家庭在公益创投中的作用，政府

---

① 李学会、周伦：《论政府购买社会组织服务与社会管理创新》，《北京城市学院学报》2012 年第 2 期。
② 汪鸿波：《政府购买公共服务背景下社会工作机构的发展》，《社会工作》2013 年第 5 期。
③ 毕彭钰、姚宇：《近十年国内公益创投研究综述》，《改革与开放》2018 年第 9 期。

在其中扮演的角色不太重要,而我国的大多数实践模式则是在以政府为主体的前提下,寻求其他多元化的创投方式,无论是五模式法还是四模式法,在创投主体方面都围绕着政府、企业和社会组织这三个重要主体。

国外对于公益创投实践模式的研究主要根据公益创投组成主体、投资对象、参与方式进行分类。首先,根据公益创投组成主体可划分为五种模式:一是社会基金会和企业基金运行模式;二是企业家联合组织运行模式;三是社区基金运行模式;四是家庭基金运行模式;五是合作伙伴创投基金运行模式。[1] 其次,根据投资对象可划分为三种模式:一是投资于私营小型机构的模式;二是投资于公益性社会企业的模式;三是投资于社会组织的模式。[2] 最后,根据参与方式可划分为两种模式:一是为社会组织仅提供经济性扶持,参与程度不深;二是对公益创投机构投资,投资内容包括资金、实物、人才以及技术。[3]

对于国内研究而言,冯元和岳耀蒙从孵化培育、社区项目、校园项目、企业参与和政府主导这五个角度出发,提出了培育社会组织模式、社区公益项目模式、校园公益创投模式、企业公益创投模式、以政府为主体的创投模式这五种模式。[4] 岳金柱从孵化培育、评估、伙伴关系和投资重点群体这四个角度出发,提出了孵化社会组织模式、效益评估模式、合作伙伴模式、重点投入模式这四种模式。[5] 万军和李筱婧则进一步缩小分析视角,直接从企业和政府两个角度出发,提出了企业推动模式和政府拉动模式这两种模式。[6] 然而,这都是关于公益创投模式的较为笼统的研究,缺乏具体针对国内不同地区间公益创投模式的比较性研究,刘学彬就此从资助主体、运行机制、监督评估这三个角度比较了广州模式和南京模式,并提出了三点建议,即拓宽筹资渠道、评选承办单位作为运行主体、聘用

---

[1] Scarlata, M., Alemany, L., "Deal Structuring in Philanthropic Venture Capital Investments: Financing Instrument Valuation and Covenants," *Journal of Business Ethics* 2 (2010): 121–145.
[2] Sastre-Castillo, M. A., Peris-Ortiz, M., Danvila-Del Valle, I., "What Is Different about the Profile of the Social Entrepreneur?" *Nonprofit Management and Leadership* 4 (2015): 349–368.
[3] Cummings, M. A., Hehenberger, L., "A Guide to Venture Philanthropy: For Venture Capital and Private Equity Investors," *European Venture Philanthropy Association* 6 (2011): 143–157.
[4] 冯元、岳耀蒙:《我国公益创投发展的基本模式、意义与路径》,《南京航空航天大学学报》(社会科学版) 2013 年第 4 期。
[5] 岳金柱:《"公益创投":社会组织培育发展的创新模式》,《社团管理研究》2010 年第 4 期。
[6] 万军、李筱婧:《公益创投撬动公益事业新时代》,《中国党政干部论坛》2010 年第 5 期。

专业评估组织进行评估。① 与此类似，陈雅丽进一步将研究视角缩小到粤港澳大湾区的公益创投模式比较，分别从运作主体、评估方法、资金渠道、运行机制、退出程序这五个角度进行比较分析，并提出了具体的对策建议。② 韩蕾和葛洲将公益创投模式分为市场化主导模式和公益创投主导模式，并且还将单一市场化模式与公益创投模式进行对比分析，找出各自的不足之处。③ 曹蓉等通过主体分类法将公益创投分为三种模式，即以政府为主体的多方合作模式、企业投资主体模式和基金会投资主体模式。④ 可以看出，虽然国内学者对公益创投有多种实践模式分类，但其主要划分依据都是主办方和运行方式，因此上述多种实践模式并未有本质区别。

综上所述，我国的公益创投按照主体可分为政府主导多方合作模式、企业主导模式、基金会投资主导模式。政府主导多方合作模式在中国推广得最为广泛，政府主要负责提供资金支持公益创投项目，由第三方机构承接项目并提供服务，各省份的公益创投大赛都是政府主导多方合作模式下公益创投的具体表现。企业主导模式是由某个企业独立运作、专注于特定领域并将公益活动与其品牌挂钩，比较典型的有南都集团出资的南都基金会以及联想集团的公益创投计划。基金会投资主导模式即由基金会机构运作公益创投活动，为其提供资金以及管理方法，典型的有 NPP 公益创投基金、上海公益事业发展基金会。

（四）公益创投与社会工作

进入 21 世纪以来，我国在探索如何借助社会组织助力创新基层社会治理上已经取得了一定成就，政府向社会力量购买服务推动基层社会治理的举措已经得到社会各界普遍认可。在政府职能下放转移以创新基层社会治理的探索实践中，我们不断积累经验并进行改进创新，明确了"通过将一部分职能转移给社会组织等专业社会力量，以期为有需要的人提供更专业的服务"这一可行路径。"公益创投"便是在此过程中逐渐进

---

① 刘学彬：《资助主体、运行机制及监督评估——广州、南京公益创投模式比较研究》，《四川行政学院学报》2019 年第 5 期。
② 陈雅丽：《粤港澳大湾区公益创投模式的比较研究》，《社会科学家》2022 年第 1 期。
③ 韩蕾、葛洲：《社会工作公益创投模式研究》，《党政论坛》2017 年第 6 期。
④ 曹蓉、吕林芳、卢洁：《公益创投研究综述》，《劳动保障世界》2019 年第 17 期。

入大众视野并被大多数人所接受，成为当下创新基层社会治理的主要方式的。

近些年的《政府工作报告》不断强调社会工作是社会组织发展的主要力量之一，各地政府要通过政府购买服务、成立社会组织促进会和颁布优惠政策等方式，大力推动社会工作发挥专业优势，积极参与社会组织孵化培育活动。中共中央、国务院印发了《党和国家机构改革方案》，要求建立中央社会工作部，负责指导社会工作人才队伍建设以及拟订社会工作政策等工作，[①] 这一举措有利于激发社会工作承接政府购买服务的活力，提高社会工作参与公益创投的积极性。从社会工作专业整体发展来看，参与公益创投一方面是对各地社工机构承接政府购买服务的肯定，另一方面也给社会工作发展后劲不足的中西部地区带来了好消息。[②] 另外，社工机构在承接政府购买服务时有着得天独厚的专业优势，这主要体现在以下两个方面：首先，社工机构属于非营利的社会工作服务机构，拥有专业的社会工作人才，通过专业的社会工作方法为有需要的困难群体提供服务；其次，政府购买的公益创投项目多为社会服务类，主要服务对象包括妇女、老人、残疾人、儿童、青少年等弱势人群，这与社工机构的服务人群、服务范围和服务领域不谋而合。

社工机构相对于其他的社会组织而言，发扬了社会工作专业助人自助的价值观念和专业的助人手段，解困、济难、帮助服务对象回归正常生活，贯彻落实政府相关政策。组织架构成熟、项目服务专业、有一定资源链接能力的社工机构符合支持型社会组织的基本特征，能作为承接公益创投项目的支持型社会组织，负责参与创投组织项目的审核、培训指导、评估管理等运营工作。

社会工作与公益创投的结合有着丰富的实践和研究成果，我国在社会工作参与公益创投方面的研究，主要以不同区域的具体公益创投项目为例，从社会工作参与公益创投的模式、社会工作参与公益创投存在的问题、公

---

① 《中共中央 国务院印发〈党和国家机构改革方案〉》，"新华网"微信公众号，2023年3月16日，https://news.cctv.com/2023/03/16/ARTILtFH8nh1E6DFDkLsqaEK230316.shtml，最后访问日期：2023年4月24日。

② 林顺利：《论政府购买公共服务背景下社会工作机构能力建设的五个基本问题》，《社会工作》2014年第3期。

益创投对社工机构的影响、社工机构运营公益创投项目方式等方面展开。

1. 社会工作参与公益创投的模式

近年来，社会工作参与公益创投多以社工机构为载体，联合政府、企业和其他社会组织，形成了各具特色的模式。广州市将社工机构、政府以及市场三方力量相结合，逐渐形成了独特的"1+1+1>3"模式；南京市面向义工志愿者组织以及社工机构征集公益创投项目；中山市的公益创投是政府提供资金组建公益创投平台，市民和企业通过认捐方式资助参与项目，社工机构规划实施项目三方合作的方式开展公益创投，并形成了独特的"全民公益1+1+1"模式；[1]湖北省的公益创投由湖北省民政厅主办、研究中心和社工机构共同参与，形成了政府、专业研究机构和社工机构相互合作的模式。

2. 社会工作参与公益创投存在的问题

随着公益创投的发展，社会工作在参与过程中出现的问题也引起了学者的重视。社会工作参与公益创投的问题，主要集中在以下两点：一是在社工机构参与公益创投过程中的督导问题，二是社工机构参与公益创投过程中出现的伦理问题。[2]冒颖异认为社会工作参与公益创投存在伦理问题主要有以下几方面原因：一是我国公益创投的实践模式多以政府主导为主，导致公益创投具有时间局限性，政府无法连续且固定投入资金，社会工作在参与过程中也无法摆脱时间周期的限制，可能会导致服务的完整性得不到保证，无法长期为服务对象提供服务，进而影响服务效果，降低服务对象的满意度；二是社工角色定位出现冲突，在项目运营过程，社工不仅要完成一般的工作任务，还要进行项目服务管理，一人身兼两职，影响社工对自身身份的认知，进而减弱了服务质量与成效。[3]顾江霞认为社会工作参与公益创投出现督导问题的主要原因是公益创投涉及众多相关方，包括机构、社工以及服务对象等不同群体，涉及主体较多可能会出现督导者与被督导者之间缺乏有效沟通、督导环节不规范等情况，导致督导者无法及时

---

[1] 周如南、王蓝、伍碧怡、丘铭然、梅叶清：《公益创投的本土实践与模式创新——基于广州、佛山和中山三地的比较研究》，《经济社会体制比较》2017年第5期。

[2] 陈佳卿：《社会工作机构参与公益创投的实务研究》，硕士学位论文，贵州大学社会工作系，2021，第8页。

[3] 冒颖异：《公益创投项目运作过程中社工遭遇的伦理冲突》，《法制与社会》2018年第12期。

给予有针对性的指导。①

3. 公益创投对社工机构的影响

社会工作参与公益创投主要通过社工机构这一载体,社会工作者会采用合适的社会工作服务方法对公益创投项目进行科学管理并提供专业服务。国内学者在公益创投对社工机构影响方面的研究开始较晚且研究成果较少,2013年才开始有相关零星研究。直到2017年,一些较早开展公益创投项目的地区的实践活动开始逐渐成为各地学者研究公益创投对社工机构成长与发展影响的具体案例。通过梳理文献可知,国内学者关于公益创投对社工机构的影响研究主要集中在以下两个方面:一方面社工机构在参与公益创投项目时,通过前期的需求调研精准确定服务人群,中期的评估考核监督项目实施状况及时给予理论和方法层面的指导,后期的评估验收检验服务成效等一系列过程,在实践中不断提升自身服务能力,探索了社工机构参与公益创投项目的实践路径;另一方面公益创投在客观上促进了社工机构的专业化发展,主要体现为在项目策划中使用科学的管理理念指导社会工作实践,在项目实施过程中全程参与并及时链接资源开展社会工作方法专项培训,在项目评估中引入专业的第三方机构进行督导以评估服务成效,比如,学者张军文认为公益创投可以提供资金保障从而为社工机构消除后顾之忧、提供技术支持从而为社工机构注入活力、提供管理投入从而为社工机构创新模式。②

总而言之,公益创投对社工机构的影响研究主要聚焦于六个方面,即社工机构的能力提升、资源整合、本土化发展、专业化发展、品牌效应和话语权。由此可见,随着公益创投的发展,我国社会工作机构的能力得到建构、资源得到优化配置、本土化逐步成型、专业化水平得以提升、项目承接的品牌效应得以凸显以及相关政策制定的话语权逐步增强。

4. 社工机构运营公益创投项目方式研究

在社工机构如何更好地运营公益创投项目方面,我国学者提出了不同意见,主要分歧在于是否从提高社工机构自身能力方面运营公益创投项目。比如,韩蕾和葛洲主张完善社工机构介入公益创投项目的路径,探索出以

---

① 顾江霞:《社会工作本土化过程中的督导关系分析——基于东莞H镇督导项目实践的经验》,《社会福利》(理论版)2012年第8期。
② 张军文:《公益创投与社会组织发展》,《中国社会组织》2017年第2期。

志愿者组织为主体的社区服务道路，大胆尝试公益创投模式，发展"三社联动"，将政府的"他治"、市场主体的"自治"与社工机构的"互治"相结合，充分发挥三方主体的作用，实现"1+1+1>3"的效果。① 与之相反，李敏主张社工机构增强自身专业能力，认为社工机构专业人才的匮乏是制约公益创投项目的运行与发展的因素之一，因此主张厘清社会工作者角色，强化社会工作者的角色认同，重视社会工作专业人才队伍的建设与发展，同时强调应该构建社区、社会组织和社会工作者三者的互助合作关系，拓宽资源获取渠道，完善项目评估体系，以此来促进公益创投更好发展。②

由上述可知，学界关于社工机构参与公益创投的讨论日益增多。随着公益创投正式进入"政府参与"阶段，由政府主导的公益创投模式开始迅速在上海、南京、苏州、杭州等地推广，作为一种新型的政府购买公共服务的方式，一方面促进了政府部门的"去行政化"改革，另一方面推动了社工机构的发展，缓解了专业社工机构发展动力不足的困难，使公益资源得到优化，促进了社工机构的能力建设与本土化发展，为社工机构开展精准服务和创新服务提供了可能。但是社工机构在承接政府购买服务时，社会工作服务项目的复杂性和特殊性决定了它需要一些更专业、更科学的项目管理方法，但是目前学术界关于社会工作项目管理的研究仍处于探索阶段。董明伟综合不同学者的观点，提出需要运用项目管理的理念和方法对专业社会工作服务项目进行系统化管理。③ 将项目管理理念引入社会工作意义重大，运用专业的管理方法对社会工作服务项目进行管理有利于提升社会工作服务管理效率、增强社工机构资源整合能力。

三 公益创投项目的管理

(一) 公益项目管理的发展现状

中国公益慈善的责任在过去完全是由政府承担的，相关主体包括政府

---

① 韩蕾、葛洲：《社会工作公益创投模式研究》，《党政论坛》2017年第6期。
② 李敏：《社会工作介入公益创投项目的路径探析》，《新西部》(理论版) 2015年第23期。
③ 董明伟主编《社会工作项目管理》，中国商务出版社，2022，第137页。

主办的慈善总会、基金会和具有官方背景的公益组织两类,这些慈善公益组织是中国现代慈善事业的重要组成部分。改革开放以来,中国社会经历了重大变革,人们对公共服务的要求不断提升。我国在社会变迁时期迎来了经济、政治、意识的同时转变,尤其是公益慈善理念的巨大提升,使得公众对于社会公益也提出了新的要求。[①] 据统计,截至2023年12月31日,我国境内正常运作的基金会共有9711家,基金会数量在过去的12年逐年上涨,类型涉及社会服务、文化、卫生等多个方面。[②]

近年来,公益创投在国内发展如火如荼,对其项目管理的研究也逐年增加。李维安等认为公益项目其实就是慈善组织使用社会大众捐赠的主要体现。[③] 他们也发现,在实施公益项目时,无论是个人还是机构的参与者,都会通过福利程度来衡量项目的价值,外部参与者更倾向于社会福利的增加,而机构参与者更注重自身价值的提高。郝创等认为,公益事业其实是一个国家在发展中不可或缺的部分,公益事业的成长也是社会发展进步或人民生活水平提升的标志。[④] 但公益项目的改革还没有进一步形成,以至于有很多因素制约着公益项目的持续发展,因此进行公益项目的分类改革是有必要的。刘艺认为对项目进行有效管理对于公益慈善组织的生存与发展起着至关重要的作用,面对特殊的服务对象群体、面对有限的公益资源,如何确保服务项目达到预期目的、如何向资助机构展示项目成效及如何改善项目的实施方案,成为社会服务组织迫切关注的问题。[⑤] 刘鑫认为管理是一种系统的科学体系,公益创投项目作为特殊的项目形式,具有公益性、投资少且投资主体单一、短期性、评估导向性和参与式管理等特性。[⑥] 支慧

[①] 彭茜:《试论当今中国社会转型时期的伦理道德——以"归真堂活取熊胆"事件为视角》,《商情》2012年第15期。

[②] 刘艺:《我国公益慈善项目的运作路径及其管理》,硕士学位论文,南京大学社会工作系,2013,第7页。

[③] 李维安、姜广省、卢建词:《捐赠者会在意慈善组织的公益项目吗——基于理性选择理论的实证研究》,《南开管理评论》2017年第4期。

[④] 郝创、赵军彦、王娜:《基于公益项目管理与监督模式的探索与研究》,《现代商业》2018年第34期。

[⑤] 刘艺:《我国公益慈善项目的运作路径及其管理》,硕士学位论文,南京大学社会工作系,2013,第9页。

[⑥] 刘鑫:《公益创投项目管理研究:理论与案例》,硕士学位论文,苏州大学社会工作系,2015,第12页。

从实现公益创投转为政府购买公共服务的角度出发，从我国政府购买公共服务的实际情况入手，通过对"能量驿站——单亲母子增能项目"全过程的分析，探讨公益创投转为政府购买公共服务的策略和建议，研究和分析可能的实现路径。[1] 荣贵扬认为在公益创投背景下，"枢纽型"社会组织开展项目管理的过程，既是对自身的挑战，也是提高内部组织能力的过程。[2] 总体来说，公益创投项目管理作为一种科学、高效的管理方法，正在受到大众的欢迎与追捧，在今后的发展道路上也必将有更多的学者加入对这一主题的探讨与研究。

近年来，面对我国社会组织普遍存在的资金支持短缺、发展能力薄弱、管理运作混乱等现实问题，各地纷纷借助公益创投理念和实践模式来创新本地社会组织培育与发展方式。其主要做法是通过创建社会组织培育基地、开展社会公益创意创业大赛、探索政府公共服务购买等方式，整合政策、资金、技术、管理服务资源，积极发展公益服务项目，培育社会组织和人才，提升社会组织发展能力。

第一，关于公益创投项目管理规范化的研究。刘鑫认为，目前我国公益创投项目本身存在一些管理不善、套取投资金等不良现象，在发展公益创投的同时，也需要科学规范公益创投项目管理，促进公益创投项目的良性持续发展；而理想化的公益创投项目管理应该是遵循项目管理五大阶段发展，遵循公益性、实际、参与式管理、能力建设的原则，以项目负责人为首的项目团队成员在外部环境和限定条件影响下，为实现项目产出，对项目初始、项目计划、项目执行、项目结束等复杂的管理过程进行科学组织、有效计划和全程监督。[3]

第二，关于公益创投项目管理评估的研究。何志宇认为，在公益创投项目管理中，评估必须是贯穿项目始终的，是保障人、财、物使用恰当，促进项目目标实现的重要手段。而评估主体一般由民政局相关负责人，公

---

[1] 支慧：《公益创投项目转为政府购买公共服务项目实例研究——以"能量驿站—单亲母子增能项目"为例》，硕士学位论文，苏州大学社会工作系，2013，第9页。
[2] 荣贵扬：《公益创投背景下"枢纽型"社会组织项目管理问题研究——以EP组织为例》硕士学位论文，天津理工大学社会工作系，2020，第30页。
[3] 刘鑫：《公益创投项目管理研究：理论与案例》，硕士学位论文，苏州大学社会工作系，2015，第16页。

益基金会负责人、优秀社会组织负责人、社会、经济、财务、审计、法律、公共管理等领域的相关专家、评估中心工作人员、会计师事务所工作人员等组成，评估方法主要由自我总结、资料收集分析、实地评估、评估总结组成，评估内容一般分为项目过程和项目结果两个方面，各个地方组织将整个公益创投项目划分为多个维度，并将多个维度量化为分数，对整个公益创投项目进行打分。[①] 姜继红和王永奎以山东省青岛市李沧区政府所进行的基层社会治理、公益创投项目为例，对政府购买、社会组织实施的公益创投项目的中期评估进行了阐述，即以民管局为核心，对外招聘专家，将整个公益创投项目量化为6个一级指标和13个二级指标，最后通过专家组的判断，形成中期评估报告。在以青岛市李沧区为样本的调研中，发现这类政府购买、社会组织实施的公益创投项目存在社会组织实施项目的思路还不够清晰、执行中面对情况的变化缺乏有效的应对措施与沟通、工作中规范性薄弱、不大重视宣传工作的问题。最终，两位学者一致认为在公益创投项目管理之中，项目中期评估有着至关重要的作用，可以全面优化最终可交付成果和社会组织的专业水平。[②]

第三，关于公益创投管理的政策制度环境，从全国范围内来看，目前并没有统一的关于公益创投实施的指导意见以及相关政策，主要还是根据政府购买服务的指导意见，如《国务院办公厅关于政府向社会力量购买服务的指导意见》（国办发〔2013〕96号）。从地方性来看，有地方民政局制定了相关公益创投的实施办法和意见，如2012年南京市出台了《南京市公益创投实施意见（试行）》、2010年上海市出台了《上海市民政局关于进一步规范上海社区公益创投活动的通知》等。2016年6月17日，天津市出台了《天津市社会组织公益创投规程》，这是由政府、社工机构等多方面的力量编制的全国首部地方性标准，该规程虽然并没有规定公益创投项目质量控制的相关标准，但对公益创投的各个流程做了严格的规定，也是过程质量控制的一种，旨在通过规范流程，进一步提升项目服务质量。广州市出台了《广州市社会组织公益创投项目管理办法》，该管理办法明确规

---

① 何志宇：《公益创投项目的评估管理》，《中国社会工作》2017年第7期。
② 姜继红、王永奎：《创新政府购买社会组织服务项目管理制度——青岛市李沧区委托第三方实施公益创投项目中期评估》，《中国社会组织》2014年第13期。

定了社会工作机构公益创投的宗旨、公益创投的资助范围、项目资助额度、明确了人员费用支出比例、明确了绩效评估制度。

近年来，中国社会组织以公益项目形式开展的活动越来越多，项目的组织与管理成了社会组织的必备技能之一。长期以来由于各方面的因素，我国虽然开展了众多公益项目，但开展的项目评估较少，即使有也存在很多不足的地方。

（二）非营利组织项目管理的必要性

非营利组织承担了部分社会职能，弥补了市场和政府的缺失，在加强社会文明建设和经济建设中发挥着自己独特的作用。但是公益项目的预期成果不达标严重影响了非营利组织的声誉和建立宗旨。针对上述问题研究非营利组织公益项目运营问题，对我国非营利组织的发展和社会进步具有非常重要的实际指导意义。项目管理是国际上公认的先进的管理科学，在国外得到了普遍应用，创造了很多成功的先例。总的来说，项目管理是运用科学的方法，为满足项目的要求与期望，开展各种计划、组织、领导、控制等方面的活动。现阶段我国应用项目管理解决项目运营过程中的问题尚不熟练，在项目管理过程中存在形式化的问题，没能把项目管理同实际的生产情况结合起来，因此研究非营利组织公益项目管理问题对项目管理在我国的发展具有一定的应用价值。通过上文描述可知，研究公益项目管理对我国非营利组织的发展、社会经济的发展与文明的建设以及对项目管理在我国的应用都有非常重要的实际意义。

目前，项目管理已经突破了军事领域和商业领域，进一步延伸到社会领域，事实上，社会组织更多依靠项目生存和发展，也正因如此，项目管理才逐渐兴起并受到社会组织的重视。[①] 针对公益项目管理，目前的研究主要聚焦于非营利组织实施项目管理的必要性上。

金罗兰在《我国非营利组织与项目管理》一文中，分析探讨了我国非营利组织为何要实施项目管理、项目管理的特点，以及如何在非营利组织中建立高效的项目管理体制，提高非营利组织的竞争力，适应新环境的变

---

① 王令玉：《项目管理模式下社会组织发展探析——以上海Z协会为例》，硕士学位论文，华东理工大学社会学系，2010，第6页。

化。他认为，非营利组织开始参与一些公共事务的建设及公共服务的提供，但是能力不足的现状制约了其发展，改变这种现状、提高核心竞争力的一个方法即实现项目管理。然而实现项目管理，政府要推动解决非营利组织面临的四个问题即"政社不分"、"经费不足"、"能力不足"和"法制的缺陷"。只有这四个问题得到妥善解决，非营利组织才能借助项目管理的力量实现发展。[1]

冯冬梅在《我国非营利组织的项目管理问题探讨》一文中指出，目前中国的非营利组织还存在一些不足，主要表现在非营利组织的规模比较小、资金筹措能力比较低、社会公信度和影响力也比较低，因而整体能力不强；而国外成熟的非营利组织以项目的方式开展各种活动，项目管理充斥在非营利组织运作的每一天。此外，冯冬梅还提出了中国非营利组织在项目管理中需要注意的几点问题，即做好利益相关者的管理、确定综合性的项目评估标准、灵活地进行项目管理及注意项目风险管理等。[2]

管理大师彼得·德鲁克在 *Managing the Nonprofit Organization: Practices and Principles* 一书中一再强调，非营利机构比任何机构都更需要学习运用管理之道。由于项目管理强调对运行成本的精确估算和严格控制、对实施过程的仔细推算和谨慎遵守、对执行质量的详细规定和认真评估，因此在提高管理效率、实现组织目标方面有着独特的优势。可以说，实施高效的项目管理，是我国非营利组织提高自身竞争力，适应新环境变化的重要途径。[3]

非营利组织的发展引起了社会各界的全面关注，公益项目随之增多并逐渐走进社会大众的生活，且其产生的影响也越来越多地受到社会的关注。因此，项目管理者为保障项目实施的社会效果而更加重视项目管理，并在此基础上更加关注对风险的管理和监控。[4]

(三) 公益项目管理存在的问题

虽然目前项目管理已被应用到公益项目的管理中，但在运用过程中也

---

[1] 金罗兰：《我国非营利组织与项目管理》，《北京工商大学学报》（社会科学版）2005年第6期。
[2] 冯冬梅：《我国非营利组织的项目管理问题探讨》，《中山大学学报论丛》2007年第4期。
[3] Peter, F. D., *Managing the Nonprofit Organization: Practices and Principles* (Oxford: Butterworth Heinemanan. Ltd. 1990).
[4] 周静：《大型公益项目的风险管理与监控》，《法制与社会》2017年第25期。

出现了一些问题。康笑雨等对公益项目管理发展现状进行梳理和分析，针对公益项目信息不透明、公益项目权责模糊等问题，从内部管理完善与外部监督激励两方面给出不同的对策建议。[1] 郝创等认为目前我国公益项目的运营与监管存在管办双方职责不清晰、监管方式不明确等问题，使得公益项目尤其是新诞生的公益项目难以长期运营下去。[2] 唐德龙和张丽运用项目管理的相关理论，以上海真爱梦想公益基金会为分析对象，围绕项目设计与甄选、项目实施、资源整合、过程控制和项目评估等问题，深入分析非公募基金会的项目管理模式，总结出标准化的设计、透明化的运作、多元化的参与、持续化的跟踪管理等专业经验。[3] 马骏认为现阶段我国非营利组织的公益项目管理存在一些问题，比如拖延工期、可行性评估不过关、过程管理不到位等。[4] 陈美冰认为非营利组织不仅开展的项目越来越多，而且与国际的合作以及活动的规模也在不断地扩大，但目前我国非营利组织在提供社会保障型的公益项目运作上与国外组织相比仍存在较大的差距。[5] 刘艺认为我国慈善公益事业正进入迅速发展的阶段，公益慈善项目在内容、种类、覆盖范围等维度都有了很大程度的进步与改善，但同时公益慈善项目在运作与管理方面仍旧存在诸多问题与弊端。[6]

郑光基于已有研究的成果，对比各种公益创投项目运作模式，构建公益创投项目运行的基本框架，结合青岛汇丰银行主导发起的 EX 项目的实际情况，总结项目设计及运行的经验和不足。[7] 鲜玉芳认为公益创投实践在我国取得成绩的同时，其项目的服务质量仍然存在一些问题。在政府层面，

---

[1] 康笑雨、刘蓓琳、李茜：《公益项目信息管理现状及对策》，《经济研究导刊》2022年第28期。
[2] 郝创、赵军彦、王娜：《基于公益项目管理与监督模式的探索与研究》，《现代商业》2018年第34期。
[3] 唐德龙、张丽：《基于过程视角的非公募基金会项目管理模式研究——以上海真爱梦想公益基金会为分析对象》，《北京科技大学学报》（社会科学版）2014年第2期。
[4] 马骏：《非营利性组织的公益项目管理研究》，硕士学位论文，武汉工程大学管理学系，2016，第16页。
[5] 陈美冰：《中国非营利组织的保障型公益项目运作与管理机制研究——以国际小母牛组织中国项目为例》，硕士学位论文，武汉科技大学管理学系，2011，第1页。
[6] 刘艺：《我国公益慈善项目的运作路径及其管理》，硕士学位论文，南京大学社会学系，2013，第1页。
[7] 郑光：《公益创投项目市场化运作模式研究——基于 EX 项目实践的分析》，硕士学位论文，湖北师范大学社会学系，2018，第7页。

相关法律法规不健全、缺乏专门的政策文件，以及缺乏公益创投项目统一的质量标准体系等。① 宋雪莹和李炜煜从社会资本的视角对公益创投过程管理进行分析，发现存在政社间地位不平等、项目管理团队专业化程度不高和完善的社会支持网络尚未形成等问题，并提出相应的解决对策。② 在目前公益创投背景下，"枢纽型"社会组织在项目管理上存在对服务主体的支持能力欠缺、对政府的服务不完善等问题。"枢纽型"社会组织自身的发展也面临不少挑战，体现在自我管理机制不完善、评估流程的把握程度不够、组织内部的自我支持方面有欠缺、组织外部的社会支持不足等。③

关于公益项目和公益创投项目管理，已有很多值得参考的研究文献，给予笔者许多的写作灵感。前人不仅从公益项目发展现状及特性、公益项目发展中存在的问题方面展开了论述，还从公益创投项目管理发展现状，以及公益创投项目目前存在的问题与不足之处展开了相关的研究。笔者发现，尽管目前许多社工机构已经将项目管理运用到公益创投中来，但是几乎没有人将此作为专门的研究对象展开论述。

（四）公益项目管理的成效和必要性

在公益创投成效研究方面，国外学者分别从公益创投的成效、提高公益创投成效以及公益创投发挥作用方式等方面进行分析。比如，外国学者莱茨（Letts）等通过借鉴商业风险投资的方法，针对公益创投基金会模式中的资金有效使用率低和资金缩短等问题，聚焦于资金使用效率的提升，重点做好公益创投的监督、管理和评估工作，以促使社会组织的项目更有计划性和规范性，从而提升社会组织的资源整合和可持续发展能力。④ 哈芬迈尔（Hafenmayer）从公益创投的作用发挥出发，认为公益创投能够为社会组织的能力建设、技术支持、过程督导及全面评估等提供针对性、多元化

---

① 鲜玉芳：《政府主导模式下公益创投项目质量控制研究——以"益+"融合项目为例》，硕士学位论文，南京师范大学社会学系，2020，第1页。
② 宋雪莹、李炜煜：《社会资本视角下公益创投过程管理存在的问题及对策》，《开封教育学院学报》2019年第4期。
③ 荣贵扬：《公益创投背景下"枢纽型"社会组织项目管理问题研究——以EP组织为例》，硕士学位论文，天津理工大学社会学系，2020，第1页。
④ Letts, C. W., Ryan, W. P., Grossman, A. S., "Virtuous Capital: What Foundations Can Learn from Venture Capitalists," *Harvard Business Review* 75 (1997): 36-44.

支持，从而提升资金的使用效率。①

　　学者在研究中国扶贫基金会项目运行效率时，针对基金会层面提出要优化公益项目管理。项目管理能够对项目的开展情况、活动记录、项目收支、服务对象的反馈等方面进行跟踪，发现公益项目工作中的不足，及时进行调整，保证服务的质量和效果，促进各不同类型项目的专业化发展。②邓国胜指出，虽然非营利组织开展的项目是公益性事业，但也必须有效利用稀缺资源，对项目结果负责，故而非营利组织不仅要引进项目的形式，更要引进管理的技术与手段，尤其是评估方法。③

　　Metry 和 Wallin 认为大型公益项目全寿命周期过程包含四个阶段，第一阶段是前期决策——启动阶段，第二阶段是开发——设计阶段，第三阶段是执行——施工阶段，第四阶段是投入使用——营运阶段。④ 这种思想基本和项目管理的思想异曲同工，只是项目管理会把各个阶段细分，然后再进行定量化的分析。

　　因此，我们有必要在政府购买公共服务新模式中提出加强公益创投项目的常态化管理。一是建立完整的项目管理制度，对公益项目的征集、认购、跟踪和评估建立一套系统的标准，提高公益创投项目设立的科学性和规范性；二是积极探索开发公益创投服务平台，利用互联网技术开展宣传推介、项目合作、业务咨询、专业支持等业务，推进公共服务项目的产业化。⑤ 科学、严格和规范的项目管理是任何项目顺利实施、完成项目目标、取得项目成果的基本保障。科学有效的项目管理机制和完备的项目管理规章制度是项目取得成功的重要因素。我国政府部门、项目单位和各社会组织可以借鉴"能量驿站"项目的管理模式，研究摸索出一套适合各方运作并且符合自己项目情况的管理机制，并在项目管理实践中不断加以完善，这对增强项

---

① Hafenmayer, W., "Venture Philanthropy: Approach, Features, and Challenges," *Trusts & Trustees* 19 (2013): 535-541.
② 吴雨童:《中国扶贫基金会及其公益项目运行效率研究——基于财务视角》，硕士学位论文，新疆财经大学会计学系，2022，第 49 页。
③ 邓国胜:《中国公益项目评估的兴起及其问题》，《学会》2009 年第 11 期。
④ Metry, A. A., Wallin, L. E., "LCA-Atool for Marketing Clean Products," *Journal of Clean Technology and Environmental Science* 32 (1991): 205-213.
⑤ 郑钦:《公益创投：政府购买公共服务的新模式——以浙江宁波为例》，《领导科学》2017 年第 32 期。

目管理的规范化和科学化，提高项目管理的现代化水平有重要意义。①

大型公益风险的应对策略，反映了项目管理者对整个项目的把控能力和即时反应能力、项目决策者的决策能力，以及项目执行者的执行能力。根据项目风险类型，项目管理者、决策者、执行者都应有所作为，并共同推动项目发展。② 公益创投作为一种新兴模式，在国内外得到了广泛实践，在一定程度上解决了非营利组织资金难的问题。由于世界各地的经济、社会情况不同，社会服务的环境及内容不同，公益创投运作的方法和形式也不同，目前对公益创投运行还没有统一标准。但毫无疑问，相关学者都提出要加强公益创投项目的管理，共同推动项目的健康、科学和有效实施。

四　H市公益创投项目概况

（一）项目实施背景

近年来，内蒙古自治区H市的社会组织数量呈现井喷式增长。截至2018年底，全市共有社会组织1600多家。这些社会组织包括民办非企业单位、社会团体和基金会，这些社会组织在全市创新社会治理中发挥了重要且积极的作用。为了加强和创新社会治理、鼓励社会力量参与社会管理和公共服务、培育和发展社会组织、提升社会组织服务能力、满足城乡居民多样化需求、促进社会公益事业的发展，在学习和借鉴国内外已有工作经验的基础上，H市于2016年就开始探索公益创投的做法，最初采用政府（H市民政局）向第三方力量购买服务、由社会组织提供服务的方式进行，交由H市社会组织创新服务基地组织开展。通过调查研究及培训学习，社会组织孵化培训基地即R社工机构撰写了公益创投项目可行性报告。2017年，H市社会组织创新服务基地着手准备公益创投活动。为更好地运作公益创投项目，H市社会组织创新服务基地列支专项经费，先期小额资助社会组织开展微型项目——公益种子项目，共资助23家社会组织，取得可喜可贺

---

① 支慧：《公益创投项目转为政府购买公共服务项目实例研究——以"能量驿站—单亲母子增能项目"为例》，硕士学位论文，苏州大学社会学系，2013，第29页。
② 周静：《大型公益项目的风险管理与监控》，《法制与社会》2017年第25期。

的成果，为开展 H 市公益创投活动积累了宝贵的经验。

2019 年 8 月，根据 H 市民政局关于社会组织创新服务基地运营服务项目工作要求，为进一步培育扶持 H 市社会组织发展，激发社会组织参加公益服务活力，通过项目支持发挥示范引领作用，推动社会组织专业化服务，促进公益事业发展，构建共建共治共享社会治理发展格局，H 市开始正式面向全市社会组织征集公益创投项目，即举办 H 市首届社会组织公益创投大赛。公益创投主要以满足社区治理与服务需求为目标，以居民满足感和获得感为指标，聚焦民生问题、践行民主程序、贴合本土化要求，满足居民的多样化需求。此次公益创投大赛从前期筹备到公益种子项目积累经验再到正式实施，时间长达 3 年。

此次公益创投大赛旨在培育孵化 H 市社会组织，推动社会组织发展壮大，重在考察项目的社会效益性、可行性以及创意性，要求项目接地气、确保成效、具有可复制性。公益创投大赛遵循"扶老、助残、救孤、济困"的原则，让有能力且项目可行性和创新性较高、预期社会效益良好的公益性社会组织获得更多的资助，有效满足和解决社会公共服务需求和问题。H 市民政局通过购买服务的方式委托 R 社工机构作为公益创投项目的承办单位，对公益创投项目的党组织建设、战略规划、人力资源管理、项目管理、财务管理、信息技术管理等进行全方位辅导，从专业化、规范化、规模化多维度增强社会组织的服务能力，促进社会组织高质量快速成长，以培育一批有专业技术、有专业能力且可持续提供高质量服务的社会组织。

在 R 社工机构的精心筹备下，经过前期的项目征集、初选和答辩，进入大赛评审环节，入选的 30 家社会组织对其报送的公益项目进行路演，并由评委现场打分。最终，经过项目申报、评估、答辩等环节，H 市民政局在众多公益项目中筛选出 15 个具有可行性、创新性、预期社会效益良好的精品公益项目给予资金支持推进实施，并在项目运营过程中进行全程跟踪指导，从而提升社会组织专业化能力，引导各类社会组织有序参与政府社会服务和管理。这些公益创投项目将以 H 市的所有人群（以老年群体为主）为服务群体，在为老服务、助残服务、儿童青少年服务、济困服务、社区服务等方面做出贡献。

在项目的管理方面，H 市民政局通过购买服务的方式委托第三方机构——R社工机构作为承办方参与此次公益创投，对入围此次公益创投大赛的项目给予范围规划、进度管理，以及服务能力管理等方面的全方位培训与辅导，从规范化、科学化、客观化以及专业化等多维度提升社会组织服务能力（见图3-1）。

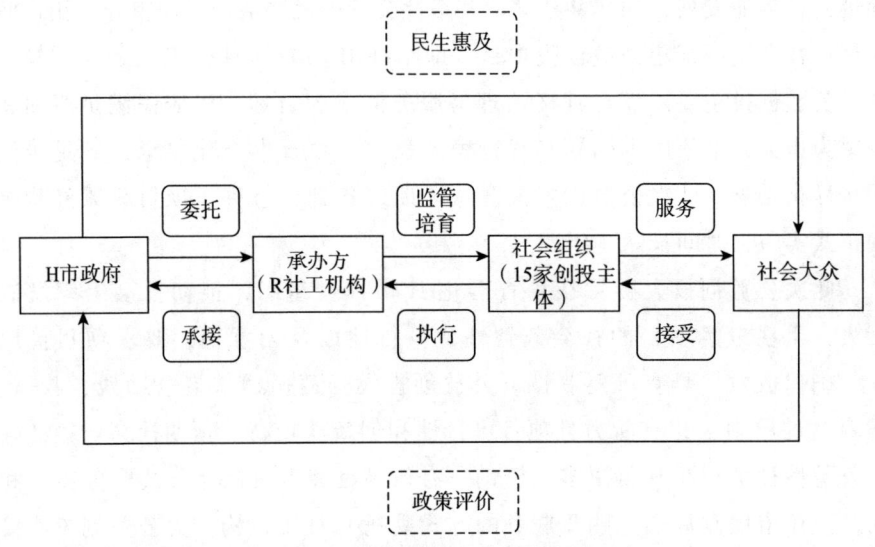

图3-1 公益创投各主体的功能及互动

综上所述，此次公益创投大赛旨在通过创意投标、项目运作、第三方评估等方式，培育和发展公益性社会组织，促进其规范治理、提升专业服务能力，推进社会组织发育和成长；创新、延伸福彩公益金使用方式，提高使用效率，提升福彩公益形象，满足社区和居民群众多样化、个性化的服务需求，促进社会和谐。

（二）R社工机构的情况

R社工机构在2017年承接了H市"三社联动"社区服务模式项目，顺利开展了社会组织孵化基地培育项目、公益创投项目等子项目，项目负责人推出了《"三社联动"社区实务模式——以呼和浩特市为例》、《社区评估实务模式——资源与需求评估》和《"三社联动"政策下的地方社区实践——以呼和浩特市为例》三本书，作为整个"三社联动"项目的研究成果。本书就是以R社工机构"三社联动"项目中的公益创投子项目为研究案例，在"三社联动"背景下对公益创投的项目管理进行分析与讨论。

R社工机构成立于2014年12月,是登记注册于H市民政局的一家非营利性的综合社会服务机构。机构秉承社会公平、公正、参与、互助的理念,以"育优质社会组织""赋专业行动力""促可持续公益发展"为使命,将"聚焦公益发展""提升专业能力""共享优质资源""感知公益未来"作为愿景,致力于为本地区提供专业社会服务和政策支持。机构的核心团队由高校教师等多领域专业人才组成。其中,社会工作师2名,助理社会工作师多名,国家二级心理咨询师1名,会计师2名,拥有中华人民共和国律师执业证书者2名。服务领域包括社会工作理论研究、政策咨询、人才培训、社会工作专业评估与督导等。

在H市政府及相关部门的支持和引导下,团队积极响应民族地区发展的政策和精神,开展社会工作领域专业服务,探索创新社会发展模式,形成了一支专注社会工作服务、集实践与理论研究于一体的专业团队,对H市社会发展产生了积极的影响和示范作用。截至2018年12月,仅在政府项目方面,共承接项目35个,得到资金支持近800万元,在理论研究和模式探索上取得了突出的成绩。

R社工机构作为支持型社工机构,主要负责此次公益创投大赛的组织、策划以及对入围此次公益创投大赛的项目给予战略规划、财务管理、风险管理以及服务管理等方面的全方位培训与辅导,从规范化、科学化、客观化以及专业化等多维度发展H市公共服务,推进H市社会组织能力建设。R社工机构需具体完成以下几个方面的工作。

一是掌握项目需求。R社工机构通过运用社会工作专业方法进行项目前期调研,针对政府福彩公益金规定的服务人群开展社区居民需求和资源评估,准确把握受益群体情况,罗列符合实际的服务清单。

二是制定公益创投管理办法。R社工机构应该明确公益创投大赛的宗旨,清晰界定公益创投项目相关方之间的权利、义务,并制定具体实施与监管办法。

三是建设项目服务信息平台。R社工机构需要开发H市社会工作服务管理信息平台,通过信息化手段同步监管项目实施情况,适时指导项目运行,及时发现项目风险,做到项目监管,提高项目管理效率。

四是组建公益创投工作服务团队。R社工机构组织成立公益创投项目管理团队,从项目服务、财务监督、人员培训、专业督导以及档案管理等方面制定相应制度与管理办法；组建专家服务团队，制定项目管理暂行办法与实施指导手册，开展项目评审会、评估会、培训会、研讨会，对项目目标及实施过程进行指导，减少项目风险，确保项目收获良好效果。

五是制定项目运作方案。R社工机构根据创投管理暂行办法制定项目宣传、培训、督导、评估、试点经验推广等整体运作方案，提交主办方审核，根据指导意见开展工作。

（三）服务群体和领域

本次公益创投大赛从初选到入围，最终有15个项目获得项目资助，资助金额达到75万元，资助社会组织15家，完成项目15个，累计服务超7000人次。入围的15个项目包括6个儿童青少年项目、3个助残服务项目、6个为老服务项目（见表3-1）。服务覆盖失能、半失能老人，外来务工子女，留守儿童，残障青少年及其家长，困境青少年等多个群体；服务领域覆盖职业重建、心理健康、生活服务、慢性病管理、自我防护、帮教、隔代教育等。

表3-1　H市首届公益创投大赛服务群体和领域一览

服务类别	项目名称	服务人群	服务领域
为老服务	爱与陪伴——老人心灵呵护项目	独居老人	陪伴服务
	危急时刻，伤病自救施救——空巢老人生命安全守护项目	空巢老人	自我防护
	温暖送到家，关爱在身边项目	失能、半失能老人	生活服务
	健康生活方式干预老年人慢性病项目	慢性病老人	慢性病管理
	暖心驿站——长者关爱互相支持小组项目	老年人	文化娱乐
	报春晖——农村失能半失能老人服务项目	失能、半失能老人	生活服务
儿童青少年服务	童享蓝天缤纷童年——为30名外来务工人员子女建立社会支持网络服务活动	外来务工子女	资源链接
	走进"来自星星的你"用"七色阳光"温暖孩子们的世界项目	孤独症青少年	康复训练
	阳光童年快乐成长项目	青少年	青少年成长
	关爱心理·快乐成长项目	外来务工子女	心理健康
	隔代抚养的留守儿童之亲子教育项目	留守儿童及家长	隔代教育
	向阳花——困境未成年人关爱服务项目	困境青少年	帮教

续表

服务类别	项目名称	服务人群	服务领域
助残服务	助力青年职业重建梦	智力障碍青少年	职业重建
	小蜗牛创业项目	智力残障人士	职业重建
	让爱来，让碍走——为贫困家庭残障儿童提供引导式教育服务项目	残障青少年及其家长	康复教育

资料来源：根据 R 社工机构资料整理。

（四）项目建设目标

首先，创新社会组织发展方式。改变传统的政府与社会组织之间由于资金依赖造成的权力关系，形成资金提供方与服务提供方的合作伙伴关系；改变传统的社会组织培育方式，通过项目制方式，提升社会组织服务社会的能力。健全公共服务新体系，探索 H 市政府与社会力量合作新机制，探索社会服务新内容满足 H 市人民群众日益多元和个性化的需要。

其次，激发社会组织发展活力。鼓励社会组织创新项目内容和社会服务方式，紧随时代变化和社会需要；通过竞争淘汰、退出等机制提升社会组织积极性，规范社会组织行为。提升社会组织创新能力，通过创投项目的设计与执行，提升 H 市社会组织服务社会的能力。

最后，促进社会组织参与社会治理。引导社会组织关注社会需要，解决社会问题，将服务传递到有需要的服务对象手中，提升服务对象福祉；通过不断提供服务，提升社会组织在政府和社会民众中的认可度和接纳度，从而使社会组织真正成为社会治理的多元主体，形成共建共治共享的社会治理格局；引导社会组织参与 H 市基层社会治理，打造共建共治共享新格局。

（五）项目工作重点

H 市首届公益创投大赛希望能够以项目资金支持的方式，重点培育一批具备专业知识和能力、具有公益热心、能够持续开展项目的高质量社会组织。

工作重点主要为：首先，通过小额资助和公益创投形成不少于 15 个服务项目，从为老服务、助残服务、社区服务、儿童青少年服务以及济困服务这五个领域提供公益服务；其次，建立多方参与的社会组织培育机制，以服务促培育、以培育促创新、以创新促服务；再次，参与公益创投的社会组织共同致力于试点示范社区养老、社区家庭、社区残疾儿童三大服务体系的建设，打造 H 市"三社联动"社区服务样板；最后，以公益创投模式培育一批社会组织，打造 H 市社区服务核心团队。

项目可交付成果包括：第一，通过公益创投形成不少于 5 个社区养老项目，5 个家庭服务项目，4 个助残项目，1 个济困项目；第二，项目服务受益对象覆盖 H 市四区，试点区域内居民对服务满意度不低于 95%；第三，生成"三社联动"社区服务工作量表及服务开发、管理、验收标准，建立 H 市"三社联动"社区服务模式；第四，建立首支 H 市"三社联动"社区服务核心团队。

（六）公益创投项目的流程

R 社工机构作为公益创投项目的承办单位，其主要负责公益创投项目的具体运行工作。H 市公益创投项目的运行流程共分为四个阶段：项目征集阶段、项目申请与立项阶段、项目执行与督导阶段、项目结项阶段、举办研讨会分享经验阶段。

1. 项目征集阶段

公益创投项目征集要求申报项目要在需求调查的基础之上进行，必须经过调查设计、数据收集和处理等过程。此外还要确定项目主体及申请主体资质，由组织主体根据前期做的需求调查的结果、整体预算等确定资助项目范围。对申请主体的资质考察主要包括是否合法、场地设备和人员服务能力情况、规章制度完整性以及组织是否坚持非营利性等。然后确定项目创投的资助标准和需要资助的组织数量，确定创投项目的重要时间节点，比如，项目申请时间范围、执行周期、结项评估的时间和范围等，最后就是将征集方案通过各种宣传渠道发布出去。H 市民政局及承办单位对符合资格的公益组织进行了为期三个月的培训及筛选，最终选出公益创投项目承办方——R 社工机构。

项目征集阶段大概持续一个月，主要工作为发布公告、项目申报、专题培训及汇总审查。

发布公告：大概持续一个月，H 市民政局通过电视、媒体、新闻发布会等形式向社会发布公益创投大赛信息,进行广泛宣传,以公开征集公益创投项目书。

项目申报:社会组织需通过 H 市民政局网站或承办方单位网站的通知公告栏下载项目申请材料,填报后在规定时间前发送至官方邮箱或递交至指定地点。

专题培训:承办单位对申请公益创投项目的机构进行"如何写项目书"的专题培训。

汇总审查:承办单位对申报项目的社会组织提交的项目书及其他资料进行汇总审查,对社会组织的机构资格进行认定,并根据相关要求对社会组织进行初审,通过初审确定需要进行书面评审的项目。

在这个阶段,H 市的 33 家社会组织参加了会议,R 社工机构详细讲解了公益创投的相关内容、项目书的撰写方法以及项目资金使用规范等,共征集到 33 个项目。

2. 项目申请与立项阶段

符合项目征集方案要求的社会组织可以将制作的公益创投项目书报送组织主体。申请书应至少包括申请组织的基本信息、公益创投项目的主要内容、计划与目标等。H 市关于项目书的初步筛选是组织主体自主完成的,考察的指标主要包括提交材料的完整性、申请主体是否符合要求、项目内容与规划是否规范合理以及资金预算是否合理。在这一过程中,组织主体针对送交的项目进行优化,优化一方面是为了让活动更具公益性和可行性,另一方面是为了能让社会组织在开展公益活动的过程中更好地成长。社会组织在完成优化之后重新报送组织主体,由评审专家进行最终评审。参与项目评审的专家应由 5 人及以上单数组成,包括专家学者、管理部门代表、社会组织代表等。根据评审结果确定资助金额然后进行评审结果的公示,若无异议,由社会组织和组织主体签订协议,协议经双方盖章后生效。

2019 年 7~8 月,进入公益创投项目立项阶段。在这期间 R 社工机构主要负责以下内容。一是发布项目征集通知,确定通知需要完善的内容、项目书需要完善的部分。二是收集项目书,R 社工机构主要负责收集和辅导编写项目书。三是项目初选,初选团队由 R 社工机构负责组建,团队由社会工作资深专家、高校教师以及公益人士组成,选出了 30 个基本合格项目,其后又有20个项目进入复选，对进入复选的项目给出立项意见并提出优化方案。四是项目答辩，R社工机构依据实地考察表，实地评估2家社会组织。五是评审会，H市首届公益创投大赛于8月13日正式开幕，R社工机构负责举办项目路演评审会，评审小组由公益行业资深人士、高校教师、大众评委、第三方组织共同组成，波兰社会经济平衡基金会理事长作为中欧民间互换项目的欧方交换人员也作为特邀嘉宾参与评审小组。在评审现场，评审小组结合此次社会组织公益创投的需求和重点，分别从项目的内容创意、发展可持续性、项目资金计划等方面进行综合评价，现场进行打分并公布入选项目名单，最终15个项目成功入选。六是签订合同，与入围的15个项目签订合同（见图3-2）。8月14日上午，举办项目设计与执行培训会，讲解项目的逻辑模式、档案管理和服务评估等内容。下午，主办单位与项目承接单位签订合同。

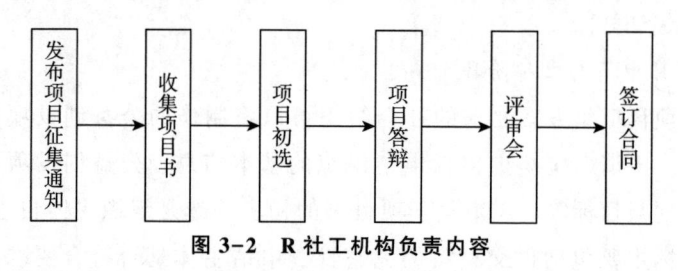

发布项目征集通知 → 收集项目书 → 项目初选 → 项目答辩 → 评审会 → 签订合同

图3-2　R社工机构负责内容

3. 项目执行与督导阶段

在项目的执行过程中需要注意资金的拨付与管理，资金的使用和管理需要更加小心以免出现纰漏。社会组织在项目执行的过程中应严格按照项目协议书的内容进行操作，合理安排进度确保项目按期完成，同时要做好痕迹管理为日后的总结评估留好材料。项目执行过程中的监督指导包括：承接主体内部监督，组织主体跟踪督导、社会公众监督。在项目的执行过程中有可能出现项目的变更与终止，如承接主体违法违规或者承接主体因自身问题导致无法达成目标的项目等。

2019年9月至2020年2月，进入项目执行与督导阶段。该阶段R社工机构的主要工作可以分为三部分（见图3-3）。

首先，拨付项目经费。通过专家评审得出最终入围项目之后，R社工机构需要把具体项目情况的估算成本作为资金拨付的依据，从而通过拨付资金对项目进行资助。签订合同后，拨付50%的资金，通过中期评估后，拨付30%的资金，通过末期评估后，拨付剩下20%的资金。

```
拨付项目经费
    ↓
督促项目实施
    ↓
  组织评估
```

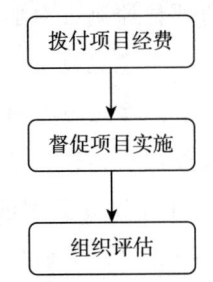

图3-3 项目执行与督导阶段工作流程

其次，督促项目实施。获得资助的项目根据项目申请表的内容，在了解服务对象需求后充分利用内外部资源开展活动，由R社工机构督促项目负责人按照进度表开展服务。15个项目各自得到资金扶持并正式实施后，R社工机构聘请专业督导对项目的开展状况进行督查，并且针对项目服务过程中遇到的项目管理、宣传、社会工作实务技巧等方面的问题进行帮助和指导，以督促项目在规定时间内保质保量地完成预期服务目标。

最后，组织评估。当公益创投项目临近结束时，R社工机构对项目运行情况、服务开展情况、项目服务满意度情况和财务管理情况等进行评估，考察项目的整体实施效果。在评估原则上，主要包括客观性原则、真实性原则、证据为本原则、以评促进原则、回避监督原则和保密尊重原则，以这六个原则为准绳对15个项目进行评估。

4. 项目结项阶段

公益创投项目结项时需要向组织主体提交结项报告，结项报告是项目承接主体向组织主体出具的关于项目执行情况的重要凭证。结项报告需要包括过程记录和结果说明、结算报告、社会满意度和社会影响报告以及项目承接组织的自评报告，在H市实际进行的公益创投项目中，能够严格按照要求出具以上报告的并不多，大部分的社会组织将社会满意度和社会影响报告以及执行过程记录以新闻稿的形式呈现出来。对于承接主体提交的结项报告，组织主体要进行完整性以及一致性的核对。完整性是看材料是否齐全，一致性是看实际执行的项目活动与项目协议书上的内容是否一致。最后，对项目进行专家评审，结项时的专家评审跟项目申请时的专家评审在人员构成要求上是一致的，评审专家根据服务效果对项目进行评价并予以公示。

公益创投项目结束后，R社工机构邀请第三方评估机构成立公益创投项目评估小组，依据机构制定的评估原则，对服务项目进行结项评估。末期评估分为项目自评汇报、评估小组意见反馈、财务资料查阅、互动个案访谈、项目总结等环节。在评估中，首先由项目实施负责人进行服务项目成果展示，而后评估专家查阅服务资料，针对项目执行情况与服务疑惑，评估专家与项目实施负责人和项目财务负责人进行一对一访谈和互动答疑，并就其今后的项目管理提出指导建议，促使各社会组织负责人更好地总结与梳理项目。

5. 举办研讨会分享经验阶段

R社工机构在公益创投项目结束之际还举办了研讨会，旨在通过探讨公益创投项目为社会组织发展带来的有益经验与思考，拓展社会组织未来全面发展的提升空间，同时培育孵化H市有潜力的社会组织，并围绕广大群众的需求积极开展社会服务。会上表彰了7个优秀项目，且优秀项目代表在档案管理、人力资源管理、财务管理等方面做了经验分享。

（七）项目的成效分析

1. *活动数据*

在整个公益创投项目中，R社工机构以及各社会组织开展活动情况如下：个案服务1203人次、开小组135次、活动188场次、探访504人次、咨询25次，累计服务7000余人次（见图3-4）。

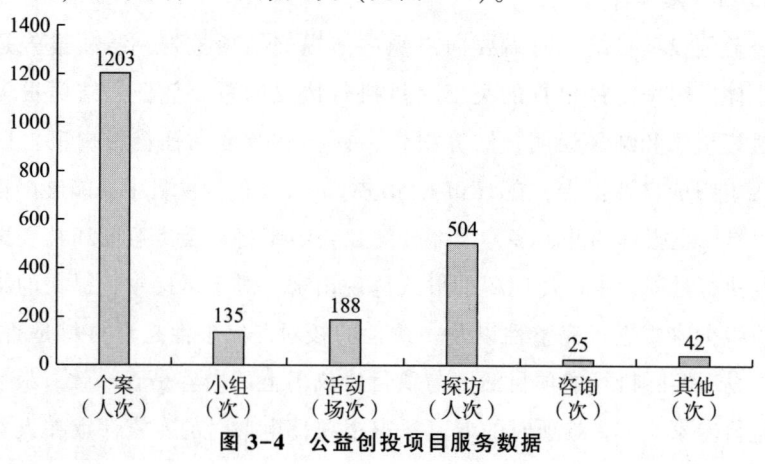

图3-4 公益创投项目服务数据

2. 社会影响力

此次公益创投大赛共被公众媒体宣传报道150余次，多次被主流官方媒体报道采访，如《雷蒙公益》、《北方新报》、《呼和浩特晚报》、头条等。其社会影响力主要体现在以下两方面。一方面在公益创投项目推进过程中，促进了H市政府部门及基层自治组织参与到服务中，比如隔代抚养的留守儿童之亲子教育项目联动了妇联及学校；向阳花——困境未成年人关爱服务项目联动了检察院及学校；暖心驿站——长者关爱互相支持小组项目联动了社区。另一方面促进了多元服务项目的发展，满足了服务对象的不同需要，比如在6个老年人服务项目中，服务内容涉及照顾需求、安全需求、社会交往需求等方面，为社会服务的设计与开发提供了一定的借鉴，促进了社会服务多元化发展。

3. 督导与培训

在督导与培训方面，R社工机构主要做了如下工作。聘请1支专家团队，负责指导和管理整体项目，专家团队被分成3个小组，包括监测组、督导组和评估组，负责对项目进行全程监控。督导组负责每个月对每个项目至少进行一次督导，每月每个项目至少安排一次个别督导，同时所负责的3个项目每月至少安排一次小组督导；批阅受督导项目文书，包括项目计划书、督导记录/报告、中期及末期评估报告；负责督导项目内的所有社会工作内容；向受督导者传达工作要求；协助受督导者做好评估工作、服务质量优化与监管；向项目总顾问与督导行政反映受督导项目的工作情况及问题；每月31日提交本月督导记录统计表；每月督导不少于4次，其中个别督导不少于3次、小组督导不少于1次，每月对15个公益创投项目进行个性化督导，累计督导次数90次。组织多次专题培训，涉及财务、人力、项目管理、项目技术等内容，切实为公益创投项目提供了有力的管理与技术支持（见图3-5）。

五 研究方法

（一）文献法

本书的研究运用了文献法中的二次分析方式收集相关资料。为给本书培训分支图：

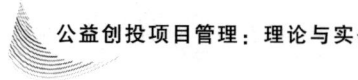

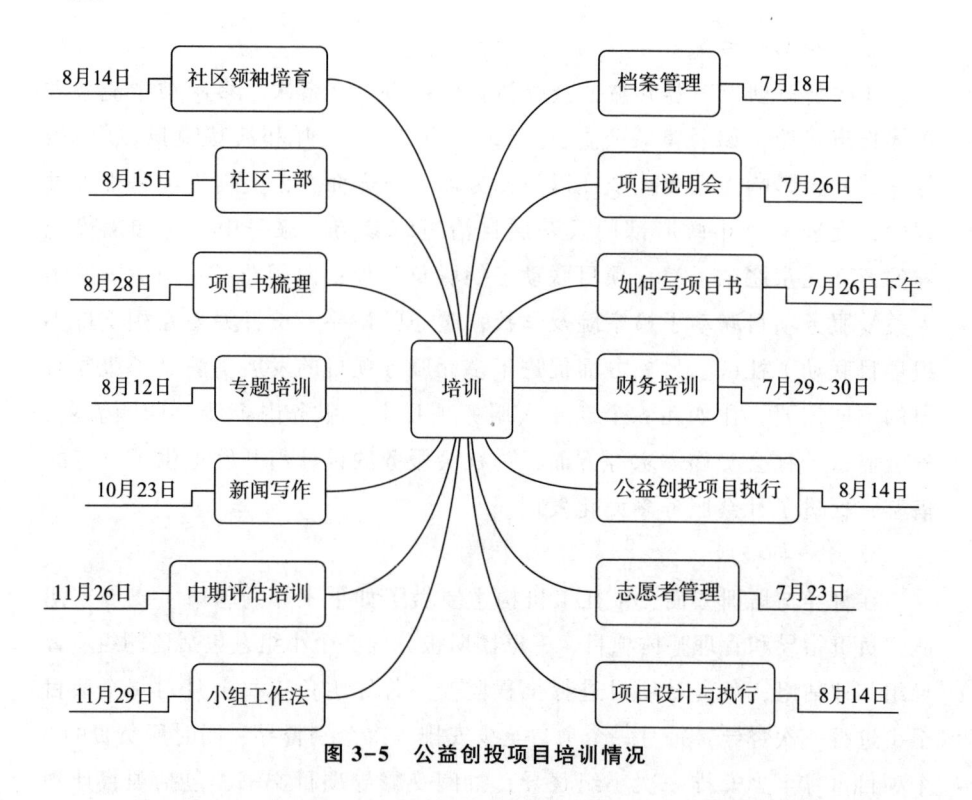

- 社区领袖培育 —— 8月14日
- 社区干部 —— 8月15日
- 项目书梳理 —— 8月28日
- 专题培训 —— 8月12日
- 新闻写作 —— 10月23日
- 中期评估培训 —— 11月26日
- 小组工作法 —— 11月29日
- 档案管理 —— 7月18日
- 项目说明会 —— 7月26日
- 如何写项目书 —— 7月26日下午
- 财务培训 —— 7月29~30日
- 公益创投项目执行 —— 8月14日
- 志愿者管理 —— 7月23日
- 项目设计与执行 —— 8月14日

图 3-5 公益创投项目培训情况

所作研究——社工机构参与 H 市首届公益创投大赛——提供参考，笔者针对这一主题收集、查阅、研究梳理了目前知网、万方数据库、图书资源中关于公益创投、项目管理、项目范围管理理论等的相关材料。通过收集并阅读国内外学者发表的学术著作、优秀论文、期刊文献等资料，深入了解项目管理和公益创投在我国的发展。

除此之外，针对本书研究的 R 社工机构如何参与公益创投大赛，笔者也对已有的材料进行了系统梳理。文献来源大致可以分为两类：一是图书馆书籍和知网等数据资源；二是 R 社工机构参与公益创投的项目书和服务记录等一手资料。通过对资料进行整理和分析，笔者全面了解了 R 社工机构参与公益创投项目管理的实际情况，并以此为研究的重要基础性资料。通过对文献资料的分析和总结，笔者得出结论，针对不足之处提出对策，为研究打下了坚实的基础。

本书还运用了现存统计资料分析法，利用 R 社工机构开展 H 市首届公益创投大赛的资料，比如 H 市首届公益创投大赛各项目的培训记录和活动开展记录等,来分析 R 社工机构在 H 市首届公益创投大赛中相关方管理的成效及不足之处。

(二) 问卷法

问卷法是研究者为获得目标数据,通过设定需要了解事项的问卷向指定群体发放,通过该群体对需要了解事项的回答获取相关信息的方式,是目前使用最便捷、最广泛的一种社会调查方法。本书通过运用该方法收集相关资料,分析 R 社工机构在承办 H 市首届公益创投大赛中的管理问题,问卷共分为两大部分,第一部分是个人基本情况与机构人力情况,第二部分是机构管理情况,共发放问卷 12 份,回收问卷 12 份。

(三) 实地研究法

在本书中,笔者通过参与 R 社工机构对项目进行的评估,运用参与式观察的方式,收集相关资料,同时运用半结构式访谈的方式,将项目的全体成员作为访谈对象,进行资料收集。在半结构式访谈中,笔者对访谈的结构具有一定的控制作用,但同时也允许受访者积极参与。通常,访谈者事先备有一个粗线条的访谈提纲,根据自己的研究设计对受访者提出问题。但是,访谈提纲主要作为一种提示,访谈者在提问的同时鼓励受访者提出自己的问题,并且根据访谈的具体情况对访谈的程序和内容进行灵活的调整。[1]

笔者通过前期整理和分析问卷调查的结果,对 R 社工机构的人员情况有了一定了解,便开始针对性地设计访谈提纲,因为当时 R 社工机构的所有全职人员都参与了公益创投项目,所以对 R 社工机构的 12 名全职工作人员都进行了访谈,包括项目管理人员以及全职社会工作者(一线社工)(见表 3-2),在访谈中根据受访者的回答和研究的中心问题适当延伸,同时也鼓励受访者提出自己的问题或谈及一些发散的"题外话",并根据访谈的具体情况对访谈程序和内容进行相应调整,以了解更多详细信息。通过实地调研、电话、微信等方式,笔者详细了解了 H 市公益创投大赛的整个过程,R 社工机构对 H 市公益创投大赛项目管理的情况及问题,同时了解到 R 社

---

[1] 陈向明:《质的研究方法与社会科学研究》,教育科学出版社,2000,第 171 页。

工机构在开展公益创投大赛项目管理过程中的制约因素等。

表 3-2　访谈对象信息

序号	职务	编码	数量（人）	性别	年龄（岁）	学历
1	项目负责人	A	1	女	52	研究生
2	人力资源专员	B	1	女	27	本科
3	财务专员	C	1	女	31	本科
4	一线社工	D	9	男	26	本科
5	一线社工	E	9	女	32	研究生
6	一线社工	F	9	女	27	本科
7	一线社工	G	9	女	37	研究生
8	一线社工	H	9	女	24	本科
9	一线社工	I	9	女	25	本科
10	一线社工	J	9	女	28	本科
11	一线社工	K	9	女	37	本科
12	一线社工	L	9	男	24	本科

（四）焦点小组法

本书的研究采用了焦点小组法，此法特别适合探索性目的的研究，但不适合收集定量数据也不适合用定量的方法表示数据。笔者根据想要了解的公益创投大赛项目主题，列出问题清单，与各相关方进行了焦点小组访谈。

（五）案例分析法

案例分析法是根据一定的学习目标和培训目标，将生活中实际发生的或根据生活和工作情境编写的事件典型化后供受训者进行有针对性的思考和分析，通过独立研究和相互讨论来提高受训者分析和解决问题能力的一种方法。[①] 本书以 H 市首届公益创投大赛活动为案例，将 R 社工机构作为研究的主体，具体分析其在首届公益创投大赛项目管理方面存在的问题，在此基础上提出相应的对策和改进措施。通过这一案例的分析得出案例研究的重要结论，为今后更多的公益创投实践提供重要的参考。

---

① 李涛主编《公共部门人力资源开发与管理》，中央民族大学出版社，2019，第 132 页。

第四章　公益创投项目整合管理

随着中国社会的发展和公民意识的增强，越来越多的人开始关注并参与到公益活动中来。这为公益创投提供了广阔的市场和资源，为公益创投整合管理提供了更多的机遇，但也带来了一些挑战。公益创投整合管理的背景还与全球化的趋势有关。在全球范围内，公益创投已经成为一种流行的公益模式，中国也在逐渐融入这一趋势。通过学习和借鉴国际经验，中国的公益创投整合管理得以不断发展，并逐渐成为全球公益创投领域的重要组成部分。所以公益创投在中国的融创型发展中既反映了中国社会的现实需求和发展趋势，也体现了全球化的趋势和影响。

公益创投整合管理的理论意义在于构建一个系统化、科学化的公益创投管理模式，以提升公益组织的绩效和能力，推动社会公益事业的发展和创新。首先，公益创投整合管理可以促进资源的有效配置。通过系统化的资源整合和配置，可以最大限度地发挥资源的效用，提高公益项目的效率和效果。其次，公益创投整合管理可以推动组织的协同发展。在公益创投过程中，不同的组织和个人需要相互协作，共同完成公益项目。通过整合管理，可以促进组织间的协同合作，实现共同发展。再次，公益创投整合管理可以提升组织的绩效和能力。科学化的管理方法和手段，可以优化组织结构、完善内部管理机制，提升组织绩效和能力水平，为公益项目的顺利实施提供保障。最后，公益创投整合管理可以推动社会公益事业的可持续发展。通过构建科学化、系统化的公益创投管理模式，可以为社会公益事业提供更多的支持和发展空间，推动其可持续发展。

公益创投虽然是非营利性的，但是其过程中也包含人力、财力、物力及环境资源等多方资源的整合与利用，包含于项目整合管理的内容中。公益创投项目通过整合管理，可以优化资源配置，提高资源的利用效率；通过科学化的管理方法和手段，提升组织绩效和能力；促进组织间的协同合作，建立更为广泛的合作伙伴关系，拓展公益项目的资源和渠道；聚焦管理技术的集成，推动管理、信息、行业内的融合。[①]并且，整合管理推动社会公益事业的可持续发展通过构建科学化、系统化的公益创投管理模式，可以为社会公益事业提供更多的支持和发展空间，推动其可持续发展。为项目的持续改进和发展提供战略指导，推动社会创新和社会变革。

一 理论基础和概念界定

（一）项目整合管理相关研究

项目整合管理是项目管理中的一个知识领域，旨在确保项目的各个方面协调一致，以实现项目目标。它涵盖了项目范围、时间、成本、质量、风险、人力资源等多个管理领域。

学者蔡剑桥围绕项目管理与质量管理在项目组织中的整合这一领域进行了研究，他认为项目管理是在长期的技术实施过程中积淀而成的。项目管理倾向于使用定性的方法，例如基准线和流程图；而质量管理更多地使用定量的方法、数据密集的方法，例如统计学程序控制。在项目占主导地位的公司中，质量管理和项目管理是同义词。质量管理的基础，如果运用恰当的话，就能够为项目管理机构及公司实施项目管理提供有价值的洞见。对于项目组织而言，项目管理本身就是正在进行的，重复操作时如果质量管理实践做出适当的调整，就会影响项目管理。通过综合考量以顾客为导向、团队合作以及持续改进的基本原则，蔡剑桥认为项目组织通过设立正规的项目管理方法和基本的项目管理技术而充满了质量原则。所以对于项目组织而言，比如专业服务公司，正式的项目管理，应该是也必须是——质量管理。[②]蔡剑桥将项目管理与质量管理进行对比分析，已经初步具备项

[①] 王肖文：《装配式住宅供应链整合管理研究》，博士学位论文，北京交通大学管理科学与工程学系，2016，第19页。

[②] 蔡剑桥：《论项目管理与质量管理在项目组织中的整合》，《中南大学学报》（社会科学版）2010年第6期。

目整合管理意识，但只有其形未有其神，尚未形成系统的理论架构，受众主体局限于企业，如何能将项目整合管理的知识体系嵌入非营利社会组织譬如公益创投项目中来，是本书通篇探讨的重点问题。

严玲、张思睿、郑童三位学者基于缔约全过程的情境，从时间维度上赋予了合同治理与信任更为全面的内涵，弥补了现有研究将这两个重要概念作为一个静态变量或整体变量来考量的不足。基于整合分析视角，他们探索了合同治理与信任的动态交互作用对于项目管理绩效的影响。过往的研究虽证实了合同治理与信任可以共同提升项目管理绩效，但未能从动态交互作用的角度深入研究这一问题，导致对工程实践中的一些现实情况缺乏解释力。因此，他们从不同维度对合同治理与信任进行了动态研究，在缔约全过程中提升了项目管理的绩效，但他们所关注的仅仅是项目整合管理中的一环，得出的模式经验并不能在其他行业领域进行复制推广。[①]

综上所述，国内外关于项目整合管理的研究已经自成体系，但所涉及的领域多为工科、商业领域，目前项目整合管理在公益创投项目领域属于新兴事物，社会组织孵化培育如果能够引入项目整合管理，将会迎来加速发展的黄金时期。笔者认为将社会工作融入公益创投项目的整合管理中，可以形成更全面的社会影响，并促进社会可持续发展。具体来说在项目初期，可以进行社会需求评估，了解社会问题和目标群体的需求。通过与社会工作者合作，获取专业的数据和见解，确保项目对社会的影响和可持续发展具有实际效果。同时将社会工作的目标纳入项目的整体目标和指标设定，例如设定减贫率、就业率等社会指标，并与财务回报等商业指标结合，确保项目在实现商业目标的同时，也对社会产生积极的效益。将社会工作融入公益创投项目的整合管理中，可以结合社会资源和商业模式，实现社会问题的解决与商业价值的创造的双赢局面。总的来说，将社会工作嵌入公益创投项目的整合管理中，能够充分发挥社工机构和社会工作者的专业优势，实现社会问题的解决和商业价值的平衡发展。

---

① 严玲、张思睿、郑童：《合同治理、信任的动态关系与项目管理绩效——建设项目情境下缔约全过程的整合分析视角》，《管理评论》2022年第4期。

（二）项目整合管理理论及其概念

1. 项目整合管理理论

项目整合管理理论是项目管理中的一个重要领域，它涉及将项目的各个方面和组成部分整合在一起，以实现项目的目标并确保项目的成功。以下是项目整合管理理论的关键要点。

①项目整体规划：项目整合管理的第一步是制定项目整体规划，这包括确定项目的目标、范围、时间、成本、质量、资源和风险等方面，并编制项目管理计划。

②项目启动和授权：在项目启动阶段，项目经理需要获得相关人员的支持和授权，确保项目得到必要的资源和支持。

③项目执行和监控：在项目执行阶段，项目经理需要协调和监控项目的实施，确保项目按计划进行。这包括跟踪进度、控制成本、解决问题和风险管理等。

④变更管理：项目整合管理还涉及变更控制和管理，当项目遇到变更请求时，项目经理需要评估变更的影响，并决定是否接受、拒绝或推迟变更。

⑤项目收尾：在项目接近完成时，项目经理需要进行项目收尾的工作，包括验收项目交付物、总结经验教训和编制项目收尾报告等。

⑥项目整体评估：项目整合管理还涉及评估项目的整体绩效和成果，以确定项目的成功与否，并提供反馈和改进的机会。项目整合管理理论的核心目标是确保各个项目管理过程之间的协调和交互，以实现项目的整体成功。这需要项目经理具备有效的沟通、领导和决策能力，以有效地整合和协调项目资源、时间和成果。

通过综合分析国内外文献发现，已有研究中对公益创投项目与整合管理相结合的研究相对较少。本章以公益创投项目整合管理为研究对象，以H市首届公益创投大赛项目为具体案例进行研究，旨在探索公益创投项目整合管理的方法与实践。通过本章的研究，期望能够为公益创投项目的整合管理提供实用的建议与对策，推动社工机构在公益创投领域的创新与发展。

2. 项目整合管理的概念

项目整合管理包括对隶属项目管理过程组的各种过程和项目管理活动进行识别、定义、组合、统一和协调。在项目管理中,整合兼具统一、合并、沟通和建立联系的性质,这些行动应该贯穿项目始终。项目整合管理包括以下工作:资源分配、平衡竞争性需求、研究各种备选方法、为实现项目目标而裁剪过程、管理各个项目管理知识领域之间的依赖关系。[①]

二 R社工机构公益创投项目整合管理概况

(一) 项目整合管理的五大过程组

R社工机构进行整合管理时,运用了五大过程组作为五个阶段,对公益创投项目进行设计与整理。

第一,在启动阶段,获得授权,定义一个新项目或现有项目的一个新阶段,正式开始该项目或阶段的一组过程。第二,在规划阶段,明确项目范围,优化目标,为实现目标而制定行动方案的一组过程。第三,在执行阶段,完成项目管理计划中确定的工作以实现项目目标的一组过程。第四,在监控阶段,跟踪、审查和调整项目进展与绩效,识别必要的计划变更并启动相应变更的一组过程。第五,在收尾阶段,为完结所有过程组的所有活动以正式结束项目或阶段而实施的一组过程。这些过程组在项目管理中起着重要的作用,它们相互关联、相互影响,确保公益创投的顺利实施和完成。

(二) 项目整合管理的工作内容

在整合管理中,需要对以下几个方面的内容进行整合,并在项目启动会中予以说明。

第一,明确目标。明确公益创投的目标,包括使命、愿景和价值观。
第二,制定策略。根据目标制定相应的策略,包括市场定位、产品定位、

---

① 美国项目管理协会:《项目管理知识体系指南(PMBOK指南)》(第6版),电子工业出版社,2018,第69页。

营销策略等。第三，整合资源。整合内外部资源，包括人力、物力、财力等，以支持策略的实施。第四，设计组织架构。根据策略和资源情况设计合理的组织架构，包括部门设置、岗位设置、职责划分等。第五，招聘与培训人员。根据组织架构和业务需求，招聘合适的人员并进行培训，确保员工具备必要的技能和素质。第六，设定进度管理。对每个公益创投项目进行管理，包括项目计划、进度控制、质量管理等。第七，管理风险。识别潜在的风险，制定相应的风险应对措施，以降低风险对公益创投的影响。第八，监控与评估。对公益创投的整个过程进行监控和评估，确保其符合预期目标，并及时调整策略和计划。第九，成果评估与优化。对公益创投的成果进行评估，分析不足之处，并进一步优化策略和计划，为未来的公益创投提供参考。通过以上步骤，可以实现公益创投的整合管理，提高其效率和效果，实现社会价值和经济价值的双重提升。

三　R社工机构公益创投项目整合管理问题分析

项目整合管理包括对项目管理过程组内的各种过程和项目管理活动进行识别、定义、组合、统一与协调的各种过程和活动。在项目管理中，整合兼具统一、合并、沟通与建立联系的性质，因此，它贯穿项目始终。对于公益创投而言，它虽然是非营利性的，但其过程中也包含人力、财力、物力以及环境资源等多方资源的整合与利用，所以在公益创投过程中，项目整合管理有着多方面意义。通过对公益创投项目相关文件进行整理分析，笔者发现H市首届公益创投大赛的项目整合管理存在一些问题。

（一）组织文化差异导致协作方面的困难

在项目管理中，每个过程组的各个过程之间会反复发生联系。而在项目整合管理过程中，协调与统一也是非常重要的一环。研究发现，在整合过程中，由于未能给员工提供必要的跨文化培训与支持，项目管理出现了组织文化差异，而部门之间的这种组织文化差异，如权力结构、决策方式等，如果没有及时加以处理，会形成协作与合作上的困难和冲突，这将不利于项目进程与效果。

（二）项目整合管理的意识薄弱

整合管理，顾名思义，其本质上具有整合性质，在特定阶段的特定工作中，需要整合其他管理领域。R社工机构没有专门针对项目管理的系统培训课程，致使缺乏专业的、科学的整合管理流程和整合管理方法论，项目团队成员专业的、系统性的项目管理意识不足，尤其是项目协作与整合管理意识，对于其重要性认识也不足。这从意识层面阻碍了部门之间的协调工作，不利于提高公益项目的效率和效果。

（三）沟通不当引发员工抵触心理

从项目启动开始，项目管理过程中就始终存在沟通问题。前期沟通问题造成了项目实施过程中项目相关方无法及时了解项目的实际情况，无法为项目中碰到的各种问题的解决提供资源等方面的支持与保障。在项目整合过程中，R社工机构进入员工内部开展工作，针对整合过程中的变更并没有提前与相关方详细地进行沟通与解释，或者说沟通与解释并不充分，加上员工并没有参与决策的变更，这种情况下引发了员工的不安和抵触心理，他们担心这些突然的变更会影响他们的权益和职位。这本质上是R社工机构没有完善的项目管理标准，项目团队不具备项目管理方面的知识，在相对繁杂的项目实施过程中很难进行有效的计划与控制。实际上，在整个项目整合管理过程中，沟通是至关重要的一个环节，因为项目整合管理涉及多个团队和部门之间的协作，R社工机构应该在项目管理过程中致力于建立有效的沟通渠道和机制，以促进信息的传递、共享与沟通。

（四）变更管理不当导致的严重后果

在整合管理过程中，整体变更控制是需要贯穿始终的。实施整体变更控制是审查所有变更请求、批准变更，管理对可交付成果、项目文件和项目管理计划的变更，并对变更处理结果进行沟通的过程。如果不考虑变更对整体项目目标或者计划的影响就开展变更，往往会加剧整体项目风险。在R社工机构的项目整合过程中，参与项目的相关方提出变更申请，但在批准变更之前，没有充分考虑变更对进度和对成本的影响，导致决策滞后和效率低下，整体上影响项目的进度和效果。

四 优化社工机构公益创投整合管理的对策

（一）努力进行文化交融

组织文化间有差异是一个普遍的现象，因为不同企业有自己不同的文化，有自己独特的体系。R 社工机构和企业属于两个组织，这两个组织应该相互了解彼此的文化，进行文化的交融，建立共同的价值观和目标，并且为员工提供跨文化培训和支持，同时也可以在适当的时间组织两个组织的员工进行户外团建，增进彼此的认同。

（二）提升整合管理意识

如果企业没有项目整合管理意识，那么整个项目管理的过程将会格外困难。所以必须提升企业的项目管理意识。对此，R 社工机构可以进行项目管理的培训，对员工进行有关项目管理知识的讲解，那么在未来的项目整合管理中，机构有自己的体系，机构员工也有相关的意识，有助于提升工作的效率。

（三）关注员工的心理

企业的员工已经在企业中工作较久，有自己的工作习惯和团体，R 社工机构在进入员工内部开展工作时，难免会使员工产生一种不安心理，害怕工作的变更增加他们的工作量或者影响他们的权益，而且内部与 R 社工机构的沟通也可能面临一些问题。所以，在开展整合管理的时候要关注员工的心理，与各部门之间的员工多沟通、多交流，可以在介入工作开展以前到企业中做一些宣传，与员工有一些互动，使员工对机构有所了解。

（四）设立变更系统

当变更出现的时候，会出现很多问题，所以我们在整个项目开展之前或者在整合管理开始之前，就应该设立变更系统或者退出机制，以更好地应对突如其来的变更，把损失降到最低，把效率提到最高。在项目开始前应该进行风险预估，并且提出一些可行的解决方案，以应对突如其来的各种风险及变更。

第五章　公益创投项目范围管理

目前，较少有学者将项目管理理念和方法运用于社会工作项目，更难以见到关于社工机构参与公益创投项目范围管理的研究成果。但是由于社会工作服务项目的复杂性要求其必须使用专业的管理方法以保证服务成效。因此，公益创投项目作为特殊的社会工作服务项目，运用科学的范围管理理论和方法来研究其范围管理过程正是本章的独特之处，本章选择 R 社工机构参与的公益创投项目，结合项目管理理论和项目范围管理理论，对公益创投项目范围管理问题进行分析并提出有针对性的对策建议，以期填补社工机构参与公益创投项目范围管理领域的空缺，增强社工机构的公益创投项目范围管理意识，确保项目平稳运行。

一　项目范围管理的理论和概念

（一）项目范围管理相关研究

通过文献梳理，笔者发现，国内外学者都论证了项目管理的重要性，通过项目管理的相关理论指导项目的开展对项目成功有着很大帮助。近年来随着项目管理理论在各类项目中的广泛应用，对项目管理理论的研究也在不断深入，但是在国内，学者主要以实际的项目为例研究其管理的状况，应用范围主要集中在工程、工商、信息化管理等项目中，在中国的社会组织、社会工作行政及其相关项目中并没有得到广泛普及，对于公益创投项目更是很少涉及相关的项目管理研究，然而缺少科学的项目管理可能会导致社工机构无法有效界定项目回应的问题和服务群体，无法确定服务的范围，难以解决项目各阶段出现的具体问题，导致项目无法完成预期目标。

通过比较和分析国内外公益慈善项目管理的研究现状得知，国外学者研究的侧重点是公益慈善项目评估的理论模式建设，强调公益慈善项目评估宏观理论的重要性，缺乏对微观个体或具体项目运用的实证研究，理论和实践结合不是很紧密。相对而言，我国学者侧重于对公益慈善项目评估微观领域的研究，强调对具体公益慈善项目评估的实例运用研究，针对性较强，但缺乏对公益慈善项目评估中共性内容的总结和归纳。总之，要进一步推动公益慈善项目管理的发展，需要在学习国内外已有研究成果的前提下，以一定的评估理论为支撑，结合公益慈善项目的特点，形成合适的管理框架，构建科学的、操作性强的管理体系，以此提高公益慈善项目评估的信度与效度。

(二) 项目范围管理理论

项目范围管理是项目管理工作中最为关键和重要的组成部分，通过范围管理可以确定整个项目的界限。项目范围管理是确保项目内的工作任务全部完成，实现项目目标的管理流程，它可以使项目实施的内容得到充分管理和监控。通过项目范围管理工作完成情况可以判断出一个项目整体的管理水平，项目范围管理过程包括 6 个部分，本章将以《项目管理知识体系指南（PMBOK 指南）》第 6 版中的范围管理知识为主要理论基础，梳理 R 社工机构在 H 市首届公益创投大赛中对项目进行范围管理的办法，管理过程将严格按照范围规划管理、收集需求、定义范围、工作分解结构、范围确认以及项目范围控制 6 个步骤依次开展。

(三) 项目范围管理的概念

项目范围管理是指对项目包括什么与不包括什么的定义。在这个过程中，项目团队成员对项目产品及产品形成过程有共同认识，也就是说，要想使项目整体高效、有序进行，就必须确保每个相关责任人对自己的输出清晰明了，从而才能有效界定项目过程中的工作范围，最终交付出满意的成果。

二 R 社工机构公益创投项目范围管理概况

根据 H 市民政局关于社会组织创新服务基地运营服务项目的工作要求，

为进一步培育扶持 H 市社会组织发展，激发社会组织公益服务活力，通过项目支持发挥示范引领作用，推动社会组织专业化服务，促进公益事业发展，推进构建共建共治共享社会治理格局，面向 H 市社会组织征集公益创投项目，项目资助范围包括以下五类。

其一，为老服务。为老年人提供有利于满足其各方面需要和提升其生活质量的各类服务项目，包括为老年人提供助残、助洁、助浴、助行、助医、助急等日间照料和居家养老服务；独居和空巢家庭的结对关爱、心理关怀；老年人的健康干预和健康促进；其他满足社区老年人的实际需要和提升生活质量的服务。

其二，助残服务。为残障人士提供有利于提高其生活质量和社会适应能力的各类服务项目，包括残障人士康复、技能培训和就业援助、社会融入、残障人士家庭支持等服务。

其三，儿童青少年服务。为困境儿童、青少年提供有利于其身心健康成长、素质拓展的各类服务项目，包括孤残儿童照料、社区青少年服务、社区青少年帮教、课外教育、外来务工子女和留守儿童助学帮困等服务。

其四，济困服务。为困难群体提供有利于满足其提升生活质量和综合发展需要的各类服务项目，包括流浪乞讨人员慈善救助、贫困家庭的救助帮困、为生活困难的居民家庭提供综合帮扶和志愿者服务及心理疏导等。

其五，社区服务。为社区老人、家庭提供或者宣传助老、亲职教育、邻里互助等服务项目及文化，营造社区良好氛围，有效链接社区资源，提升社区人文水平，包括社区居家养老服务宣传、邻里节、亲子活动等服务。

（一）政府配合与支持，推动规划范围管理

规划范围管理是为了记录如何定义、确认和控制项目范围而创建范围管理计划的过程。本过程的主要作用是，为在各个项目实施期间如何管理范围提供指南和方向。在 R 社工机构管理公益创投项目范围的过程中，政府的全力配合与支持为 R 社工机构进行公益创投项目范围管理提供了保障。

R 社工机构在公益创投项目规划阶段，政府在其中完全处在辅助地位，虽然资金由政府提供，但在合作过程中，政府并未过度干涉 R 社工机构管

理公益创投项目，并且在 R 社工机构的管理框架下全力配合执行，虽然作为项目主办方的政府在此缺乏项目管理的专业知识但在大方向上保证了项目的专业性。如今很多的社会服务项目已经是由政府与社会工作机构合作进行的，政府可以提供资金、政策以及宣传方面的支持，社会工作机构则具有专业方面的优势，这种合作避免了单纯由政府出面的效率低下、资源浪费的问题，也让社会工作机构在依托政府的情况下，在项目进行中更有底气，更容易被参赛的社会组织所接纳。

首先，在项目征集阶段，H 市民政局通过电视、媒体、新闻发布会等形式向社会发布公益创投信息，进行广泛宣传，以公开征集公益创投项目。社会组织需通过 H 市民政局网站或承办方单位网站的通知公告栏下载项目申请材料，填报后在规定时间内发送至官方邮箱或递交至指定地点。承办单位对申报项目的社会组织提交的项目书及其他资料进行汇总审查，对社会组织的机构资格进行认定，并根据相关要求对社会组织进行初审，通过初审确定需要进行书面评审的项目。

其次，在项目评审阶段，先由承办单位对入围社会组织委派专家进行个性化辅导，同时，入围社会组织需要修改及完善其项目书。接下来承办单位安排专家，对入围社会组织项目书进行书面评审。之后需要让入围社会组织在指定时间及地点进行现场路演答辩，专家对其现场打分，以确定最终获得资助的公益项目。

最后，承办单位将最终结果在 H 市民政局官方网站向社会公示。

此次公益创投大赛一共有 30 家社会组织参加，经过综合评审之后，最终评选出 15 个项目进行培育。R 社工机构作为此次公益创投大赛的承办方，主要对成功入选的 15 个项目进行社会组织培育，通过对 15 个优秀项目的实施辅导、过程管理、档案管理、财务监督、人员培训、实施督导、宣传等一系列管理活动帮助社会组织快速成长，提升其运营管理能力，满足人民群众多元化需求，解决社会问题，发挥社会治理功能。

（二）整合各方资源，促进项目需求收集

1. 回应服务需求

针对社会组织的共性需求，H 市拟举办社会组织内部治理、党建、档案、人力资源、财务、税务管理等培训班，弥补社会组织发展过程中的短板。

针对社会组织的个性需求，R 社工机构制定了个性化辅导方案。邀请社会组织领域的专家，对每个社会组织开展个性化辅导，满足不同社会组织在不同领域的发展需求。通过公益创投形成不少于 15 个社区服务项目，为社区居家养老、困难家庭以及残疾儿童等提供公益服务。通过公益创投培育社会组织、项目和人才，打造 H 市社区服务核心团队。

2. 需求分析方面

根据 2015~2017 年 H 市社会组织等级评估报告及实地考察，H 市的社会组织发展尚处于起步阶段，主要有以下几方面的需求。

首先，基础条件方面。需要有稳定的办公场所；有符合本组织实际工作情况的章程和制度；有明确清晰的组织架构。

其次，内部治理方面。第一，需要有稳定的工作团队，包括理事、监事、专职工作人员等；第二，需要有符合公益组织现状的人力资源管理软件和制度；第三，需要有符合公益组织现状的绩效考核方法。

再次，业务活动和诚信建设方面。第一，要开展有计划、有监督、有效果、有效益的业务活动；第二，要具有服务社会的能力，具体包括履行社会责任、服务社会公众、在重大突发事件中发挥作用、组织公益活动等，还要具有服务政府的能力，具体包括参与制定相关法律法规、向政府提出政策建议、接受政府委托项目和购买服务；第三，要有多元的信息公开平台和社会宣传渠道。

最后，社会评价方面。第一，登记管理机关对单位非营利性、财务管理、信息公开、服务政府、服务社会、规范化建设、自律与诚信建设的评价；第二，业务主管单位对单位领导班子、财务管理、信息公开、服务政府、服务社会、规范化建设、自律与诚信建设的评价；第三，政府有关部门的表彰和奖励。

（三）聘请专业项目团队，明确项目范围定义

R 社工机构通过聘请专业的项目管理团队，利用专业团队的技能和知识推动公益创投项目范围管理。首先 R 社工机构需要通过对整个公益创投项目范围的仔细描述，选择以何种方式进行项目范围划分，在确定项目范围之后，需要进一步明确公益创投项目的可交付成果是什么，这就需要利用

项目管理团队的经验和专业知识对公益创投项目的可行性、影响力，以及潜在风险等进行全面的评估，最终确定项目的可交付成果。在规划阶段，专业人员通过对于公益创投项目的了解与分析，确定最终的验收标准，验收标准是要有明确的规定的，在此阶段验收标准的形成是为了更好地测量最终可交付成果是否符合标准。

定义范围是制定项目详细描述的过程。在此阶段，主要形成范围说明书。经过前期对项目资源和需求的收集，对文献资料、实际案例进行归纳总结，确定公益创投项目的项目范围说明书，对项目范围、项目可交付成果及项目验收标准等内容进行详细说明（见表5-1）。

表5-1 公益创投项目范围说明书

	公益创投项目范围管理
项目范围	项目范围：5个类别15个项目 工作范围：实施辅导、过程管理、绩效评估
项目可交付成果	1. 通过公益创投形成不少于5个社区养老项目，5个家庭服务项目，4个助残项目，1个济困项目 2. 项目服务受益对象覆盖H市四区，试点区域内居民对服务满意度不低于95% 3. 生成社区服务工作量表及服务开发、管理、验收标准，建立H市社区服务模式 4. 建立首支H市社区服务核心团队
项目验收标准	1. 项目实施进度表 2. 项目中期、末期评估报告

（四）了解项目管理知识，建立工作分解结构

R社工机构设有专门的项目管理部门，该部门的工作人员熟悉项目管理知识，了解项目范围管理步骤与过程，在项目管理部门的加持之下，R社工机构对公益创投项目的范围管理更加专业，更加符合标准。在项目工作人员提供的咨询服务的基础上，R社工机构对于参加公益创投大赛的各社会组织进行分类管理，开展有序培训与督导，在掌握项目管理知识的工作人员了解公益创投项目之后，对R社工机构管理整个公益创投项目范围提出专业指导意见，对于项目的工作分解结构也进行专业的划分。

三　R 社工机构公益创投项目范围管理问题分析

要对公益创投项目进行有效的管理，就必须认识到目前项目运作中存在的问题和问题的成因。依据项目管理中范围管理的需求，并结合 R 社工机构有关各方的实践调研数据，笔者从规划范围管理、收集需求、创建工作分解结构三个方面分析 R 社工机构范围管理的不足之处及影响因素。

（一）规划范围管理方面

1. 工作人员管理意识不足，范围管理计划简单

范围管理是项目管理中至关重要的一个方面，它涉及确定项目的具体目标和范围，确保项目按照预期完成。R 社工机构内部虽然有着专门的项目管理部门，但是内部工作人员并非每一个都可以熟练运用项目管理的相关知识，因此在对公益创投项目进行范围管理时，工作人员由于项目管理意识不足，导致范围管理计划相对来说较为简单。

一方面，工作人员的项目管理意识不健全，公益创投项目范围的规划、控制和变更被简化甚至忽视。在项目执行过程中，需求和目标往往会发生变化，可能需要调整项目的范围。然而，工作人员如果缺乏项目管理意识，并未深入了解项目的目标和需求，忽略了定性和定量的范围定义，更没有充分考虑变更对项目范围的影响，未能及时评估和控制变更的风险，最终可能导致项目进度延误或超出预算，使得项目的目标模糊不清，无法明确项目的范围。另一方面，工作人员对范围管理计划的编制缺乏必要的主动性和专业性。范围管理计划需要详细考虑项目的可交付成果、工作分解结构（WBS）、工作包等要素，以确保项目工作的有效执行和控制。然而，缺乏项目管理意识的工作人员只是简单地列举了一些阶段性目标或活动列表，而没有深入思考项目工作的分解和组织。

该项目为 H 市首届公益创投大赛，从 H 市关于此类项目的组织发展角度来看，缺乏相关项目的经验借鉴，但是从同类型的公益慈善项目管理中是可以借鉴到相关经验的，在梳理 R 社工机构进行公益创投项目管理的资料的过程中，笔者发现其对于整个项目范围管理的划分没有清楚明确的界

定,如果按照公益慈善项目范围管理的划分维度来看,该项目范围管理可以划分为项目服务范围和项目工作范围,然后分别按照两个不同的维度制订初步的计划,通过相关的管理计划进行监督、控制,确认项目范围。然而,R社工机构在一开始就没有对项目服务范围和项目工作范围进行全面详细的规划,这导致在后期的实施过程中出现了诸多问题。这些问题都归因于事先没有进行详细的规划,缺乏全面了解项目需求和挑战的前期工作。因此,R社工机构需要意识到范围管理计划的重要性,从项目初期就进行全面详细的规划,避免规划不足导致的问题和延误。

2. 项目范围管理顺序不明,缺乏需求管理计划

R社工机构对公益创投项目进行范围管理时,由于对整个项目范围管理程序步骤不了解,可能缺乏需求管理计划。需求管理计划是项目管理中不可或缺的一部分,它对整个项目的成功实施起着至关重要的作用。

首先,需求管理计划是对项目的目标和需求的明确定义和表述。R社工机构需要通过调研并且与项目相关方沟通进而确定整个公益创投项目的需求及目标,在需求管理计划产生的基础上,项目团队才可以了解和分析项目的关键需求,包括功能需求、非功能需求、约束和假设条件等。

其次,需求管理计划可以确定和评估项目的风险。按照项目管理的标准流程,需要R社工机构通过对收集到的需求进行分析,在归纳整合之后,形成需求管理计划,并帮助项目团队识别和评估潜在的风险,例如,需求变更、不完整或不准确的需求、需求冲突等。另外,需求管理计划对于制定适当的范围变更管理策略也有积极意义。项目需求的变化是常态,在公益创投项目中,相关方众多,相应的需求也会是多种多样的,并且在项目进行的8个月内,需要对相关方的需求进行及时了解,确保需求并未发生变更,一旦发现需求发生了变更,那么需求管理计划将有助于R社工机构制定变更控制的方法和流程,以确保对变更进行适当的评估、决策。

但是在整理R社工机构进行公益创投项目管理的资料时,笔者发现在项目范围管理的过程中并未产生相应的需求管理计划,这极有可能导致项目目标不明确,最终无法满足项目相关方的期望,项目的顺利实施也会遭遇困难。并且,缺乏需求管理计划会使项目团队无法及时应对和控制产生的风险,从而导致项目的进度延误、预算超支或质量下降。此外,缺乏需求管理计划将会导致范围变更随意进行,无法有效控制,这将对项目过程

中其他管理领域产生严重的负面影响。

(二) 收集需求方面

1. 需求获取与分析浅显，需求文件内容不充分

在公益创投项目开展中，R社工机构需要对整个公益创投项目的相关方、风险、沟通等十大知识领域进行细致、全方位的管理。在项目相关方管理工作中，R社工机构作为活动承办方扮演管理者的角色，需要对其涉及的正向或负向相关方进行识别、规划、管理及控制，比如，R社工机构的全体工作人员、H市民政局、15家社会组织等都属于公益创投项目的相关方，即都是R社工机构的管理对象。笔者将通过半结构式访谈法所得资料与机构现存资料结合进行分析，初步筛选出的H市首届公益创投大赛的项目相关方有H市民政局、R社工机构、专家团队、社会组织、志愿者、高校教师、其他政府部门、合作机构与合作媒体。其中，主要相关方为R社工机构和H市民政局，次要相关方为专家团队、其他政府部门、社会组织、志愿者、合作机构与合作媒体。在R社工机构进行公益创投项目范围管理时，需要了解主要相关方的需求及期望，进而形成需求文件。

H市民政局作为此次公益创投项目的主办单位，对R社工机构提出了一定要求和规范。必须由R社工机构负责公益创投活动具体的策划设计、组织实施，需要对项目进行考察、指导、监管，组织专家对项目进行评估，并为获选实施项目的公益性社会组织提供专业咨询服务和能力建设支持。

R社工机构作为此次公益创投项目的承办单位，需要对项目主办单位提出的要求进行积极回应。与此同时，R社工机构在完成相应工作时需要H市民政局的支持，例如H市民政局需要制定公益创投活动的总体规划、实施方案及相关配套政策；做好政府相关职能部门的协调工作；还要落实公益创投的项目资金和工作经费，指导、监督项目资金的管理及使用；对于市本级新闻媒体相关宣传报道工作也要进行协调等。

在获取与分析相关方需求时，对于一些需求的反馈过于单薄与浅显，并没有深入地去了解相关方没有表达出的需求，R社工机构应该对比在H市举办的公益创投项目与其他地区举办的公益创投项目的需求异同，进行标杆对比，从而更加深入地了解此次公益创投项目中关于需求内容的剖析，不应只局限于书面上的一些简单需求。

2. 相关方需求阐述不明，过渡和就绪需求泛化

我们通过 R 社工机构制定的公益创投项目活动指引手册可以了解到无论是 R 社工机构本身还是参与的社会组织都存在明显的需求，但是这些需求只是以文字的形式叙述出来，若以项目管理的视角来看，项目初期阶段需要输出一份标准的需求管理计划，目的是在后续的项目范围管理过程中，可以更好地厘清哪些需求属于整个项目范围管理之内，应当从项目范围管理中剔除哪些要求。在项目的早期，如果不能很好地确定需求，并且在之后的一段时间里，随心所欲地进行需求的变更，可能导致项目的规模不断扩大、工期延误、费用增加等。造成需求分析不彻底的具体原因分析如下。

第一，政府工作人员不清楚需求。一些部门工作人员对需要只有一个模糊的概念，没有明确的要求。举个例子，B 市交通局许多部门、单位在进行应用系统和网络建设时，多数工作人员对电脑网络的作用并不了解，对 IT 系统建设的专业知识更是匮乏。在这种情况下，政府会请承包商为自己设想一下需要。因此，需求具有很强的主观性，这给后续工作的开展带来了很大的隐患。

第二，服务群体需求经常变动。与传统项目相比，公益创投项目因其具有的公益属性，在启动初期，被投资方通常对其缺乏基本的认识，难以提出较为清晰和完备的需求，仅是初步要求。在项目进行过程中，每个人对项目的理解都会逐渐深入，需求也会在持续刺激下浮现，经常会发现原本的需求并不能满足他们的预期，因此必须做出一些调整，有时候甚至要做根本的改变。这些需求的变化，必然会引起项目进度和费用的不断变化。这一转变往往会对项目的执行产生较大的负面影响，也是造成公益创投项目管理失效的一个重要原因。从过去的管理实践来看，承办方在进行需求分析的时候，一定要做到防患于未然，对什么是稳定的需求、什么是不确定的需求有充分了解，这样才能在以后的管理中减少风险，提高工作效率。

（三）创建工作分解结构方面

1. 专家判断主观性强，工作分解结构和编排方式有误

在本次公益创投项目中，虽然 R 社工机构有项目管理的意识，过程中

也编制出了一定的工作分解结构，但是由于整个项目对于专家团队过于依赖，专家团队在此次公益创投项目范围管理中有着绝对的话语权，这将会导致项目决策结果的主观性较强。工作分解结构和编排方式也是由专家团队进行判断决定的，可事实证明，由于专家判断的主观性较强，工作分解结构和编排方式存在一些问题。在公益创投项目中可以看出，工作分解结构和编排方式不当，并没有形成一种真正作为项目管理的实施框架，使工作分解结构的制定流于形式。工作分解结构没有得到充分的关注，也没有根据相关原则进行。工作分解结构是指根据项目的内部结构或执行流程的逻辑关系，将工程可完成的工作与任务进行层层分解，从而形成一个结构图。结构和编排方式一旦出现了错误，就会导致工作分解结构出现范围不完整的情况。R社工机构工作人员以问题树、目标树的划分方式对项目进行梳理，这就导致项目管理的片面性和单一性，呈现的工作分解结构不够清晰准确，从第三方角度难以得知R社工机构对整个公益创投项目管理的全貌，这样就不能将其作为正式的工作内容，还有一部分原因是没有考虑到配套的相关工作，没有将这些相关的配套工作设置为一个独立的工作包，纳入完整的工作分解结构中，使得呈现的结果不具有有效性。

2. 项目分析以微观为主，可交付成果分解程度不足

首先，不恰当的可交付成果分解程度会导致项目目标不明确。在R社工机构对公益创投项目范围管理中，通过逐级细化和分解可交付成果，可以将高层目标转化为更具体、可测量的目标。然而，在整个分解过程中，对于可交付成果定义不清而导致分解的程度不足或过度，这将无法形成合理的分解目标和明确的项目目标，从而影响项目的整体可控性和管理效果。

其次，不恰当的可交付成果分解程度会影响项目进度控制。WBS是一种根据可交付成果进行层次化分解的方法，它能够帮助相关人员确定项目工作的顺序和关联依赖关系。如果可交付成果的分解程度不够，项目团队可能无法准确评估工作量、资源需求和时间，导致项目进度控制的不准确性，无法及时发现和解决延迟或提前完成的问题。R社工机构并没有把工作分解为活动，然而项目必须分解到最小，因为越是细致的划分，对时间和资源的估算才越精确。R社工机构的项目只分解到了需求这一层级，也就是

只分解到了比较浅层的要求程度，没有再更细地分解到下一个层级，导致可交付成果分解程度不够。

最后，不恰当的可交付成果分解程度还会使项目范围定义模糊。在项目管理中，清晰而明确的项目范围定义是至关重要的。通过逐级分解可交付成果，可以明确项目的边界和可交付成果之间的关系。然而，如果分解程度不恰当，可能会出现可交付成果重复或遗漏的情况，导致项目范围定义不准确，影响项目的质量和交付结果，同时也使项目监控和评估变得困难，不利于跟踪和监控项目工作的进展和绩效，从而影响项目的监控和评估能力。

四　优化社工机构公益创投范围管理的对策

（一）规划范围管理方面

为避免项目范围定义不清晰，造成项目范围管理工作的混乱，我们需要对项目范围规划进行改进，优先制定项目范围管理计划和需求管理计划是规划范围管理工作的核心。

1. 明确项目范围，完善项目范围管理计划

范围管理计划是整个项目管理规划中不可或缺的一环。其定义了项目的范围，叙述了项目范围规范的编制，项目范围的监测、控制及确认。在修改之前，范围管理计划太过单一，仅仅是根据招标文件中对功能、范围的模糊说明来进行操作，我们借鉴以往的经验，做了一个科学的计划。在策略上，严格遵循项目范围管理的理论，对项目的目标要求、项目内容、项目可度量的成果进行梳理，运用范围计划的工具技术，通过专家评判、会议讨论等方式，对项目进行进一步的规划。

（1）规划项目范围说明书

R社工机构邀请主要相关方、行业专家以及项目发起人一起开会讨论，明确了公益创投项目的目标、内容、结果，为项目范围说明书的制定奠定了基础。项目范围描述如表5-2所示。

表 5-2　项目范围描述

项目标识

项目名称：H市首届公益创投大赛项目	日期：×××	
客户名称：×××	客户联系方式：×××	
项目经理：×××		

商业要求

需要为15家社会组织提供公共空间、资源平台、能力建设、项目资助、服务推广以及管理咨询等发展支持服务

服务时间不少于1年，服务目标应该达到组织治理规范核心业务模式清晰与专业服务能力发展等一系列要求

项目内容

通过公益创投形成不少于15个社区服务项目。通过公益创投培育公益组织、项目和人才，打造H市社区服务核心团队

项目结果/可度量的目标

培育一批能够独立开展社会公益服务的规范化社会组织，提升H市社会公益服务活力，促进H市社会组织可持续发展，发挥社会组织在社会治理创新方面的示范和引导作用

（2）规划 WBS

根据 R 社工机构明确的项目范围说明书进一步创建 WBS，随后根据 WBS 工作包进行项目成本的初步估算。

（3）规划审批和维护项目范围基准

成立变更控制委员会，由主要相关方、R 社工机构项目负责人共同组成变更控制委员会，对项目的范围定义、范围变更的控制、变更请求进行审核。

（4）规划验收规则

在专家的指导下，在多次会议上进行深入的交流与探讨，确定项目的功能与特点，并确定项目的各项性能指标。在项目章程、职业环境要素、组织流程资产的基础上，综合考虑项目团队的知识与需求管理技能储备、项目需求稳定性、项目治理指导原则等因素，并借助专家的手段和技巧，形成项目范围管理方案。

2. 确定需求等级，制定项目需求管理计划

需求管理计划是范围管理计划的有力补充，它刻画出项目独特的功能

及特性，分析、记录、管理项目的服务需求。R社工机构可以通过规划、配置管理活动、需求优先级、测量指标、跟踪矩阵5个方面进行规划。

（1）需求规划

R社工机构邀请专家团队、核心相关方、部分高层领导，根据项目范围管理理论，结合以往成功公益创投项目的经验，讨论、分析需求收集、规划、管理的细节工作。明确按照民政局对项目子系统使用的轻重缓急，制定项目需求顺序表；明确需求变更需要走变更控制流程；明确需求跟踪需要按照需求跟踪矩阵进行记录。

（2）变更管理计划

R社工机构需要制订变更管理计划（见表5-3），从变更管理方法，变更的定义、进度、预算、范围、项目文档的变更到控制委员会的审批、意见记录全部做了初步的定义和要求，目的是保持变更清晰、高效，防止因为缺失规范的变更控制带来的范围控制问题。

表5-3 变更管理计划

变更管理办法
变更的定义
进度的变更：
预算的变更：
范围的变更：
项目文档的变更：
变更控制过程
变更需求的提交：
变更需求的跟踪：
变更需求的审核：
对变更需求的处理：

（3）需求跟踪矩阵规划

R社工机构需要增加项目需求跟踪矩阵（见表5-4），记录每一个需求，以便需求跟踪处理。

表 5-4 需求跟踪矩阵

需求信息					关系跟踪			
编号	需求	排序	分类	来源	与目标的关系	WBS中可交付成果清单	检验	确认

R 社工机构通过项目范围管理计划、项目需求管理计划对项目范围规划有了清晰的理解和认识，尤其是管理人员也对范围描述有了重新的认识，对解决项目范围不清晰问题很有指导意义。

（二）收集需求

1. 评估项目范围，识别相关方

在项目启动阶段，就要将项目相关方进行分类，从而有目的地对其进行期望管理。根据项目相关方的识别方法，从"利益"和"权力"两个维度，将 R 社工机构公益创投项目相关方划分成四类，并采用不同的方法进行对应管理工作。

（1）"高利益-高权力"

在 R 社工机构管理公益创投项目中，当地民政局作为此次公益创投项目的主办方和 R 社工机构作为此次公益创投项目的承办方都属于"高利益-高权力"类型，需要对此类人员重点管理，在项目实施期保持积极有效的沟通，并可以根据项目进展到不同阶段进行适当的调整。

（2）"低利益-高权力"

在 R 社工机构管理公益创投项目中，R 社工机构聘请的专家团队掌握专业的知识以及拥有一定的权威，对于整个项目的管理起着十分关键的作用，具有很高的项目管理权，在项目管理过程中，需要对其不同的期望和诉求进行明确，根据项目需要采取一定的激励机制，让其对项目实施产生最大化的正向影响。

（3）"高利益-低权力"

在 R 社工机构管理公益创投项目中，R 社工机构中的项目组长属于此类型，他们对本项目相关资料进行收集，需要更多资源时向高一级领导申请，管理这类相关方的方法主要是随时保持沟通，保持项目进度和验收标准的一致性。

（4）"低利益-低权力"

在 R 社工机构管理公益创投项目中，各社会组织属于此类型。对于此类相关方，需要保持有效的沟通，确保完成规定的项目内容。

2. 确定项目相关方，收集项目需求

由于公益创投项目管理涉及人员、财务、基础设施等一系列内容，且其必须匹配整个宏观项目运作，所以需要收集的需求较多。同时，R 社工机构虽然有实施相关项目的经验，但对于 H 市第一次举办的公益创投大赛了解不深。而对于 R 社工机构项目相关人员而言，也存在对公益创投项目管理较为陌生的情况。因此在项目需求调研和收集之前，R 社工机构需要开展系统培训，为后期需求调研和收集的快速、准确完成提供必要的条件。

在项目管理中，需求收集是一个关键的过程，它主要用于收集项目的相关需求。以下是一些常用的需求收集方法。

第一，面谈和访谈：与主要相关方进行面谈或访谈，直接询问他们对项目的期望和需求。这可以帮助项目团队深入了解相关方的想法和需求。

第二，分组会议：组织焦点小组会议，邀请来自不同政府部门和相关方的人员一起开会，讨论项目需求和期望。这可以促进信息交流和达成共识。

第三，问卷调查：通过编制问卷收集相关方对项目的看法和需求。这种方法可以快速收集到大量的信息，有助于了解群体的共同需求。

第四，研究文档和报告：阅读已有的文档和报告，了解相关领域的最佳实践、法规要求和标准等。这有助于了解行业趋势和可行性要求。

（三）创建工作分解结构

1. 契合项目可行性，妥善制定工作分解结构编排方法

工作分解结构可以明确项目的目标和范围，包括明确项目的使命、愿景、目标、可交付成果和关键结果，将项目范围进行分析和分解，将其细

化为可管理的可交付成果和工作包。工作分解结构一般分 3~6 层，对于较大的、复杂的项目，就没有必要界定到每一个人，对于一些较小的项目，就可以把活动界定到个人身上，分析和分解项目范围。一般来说，工作分解结构具有 4 种划分方式。

第一种是可以按服务本身的结构分，从这种划分方式来看，R 社工机构对此次公益创投项目范围管理的服务分解可以被认为是针对五类 15 个项目所进行的管理。

第二种是可以按项目的主要交付结果分，从这种划分方式来看，主要从以下 4 个维度展开：其一，通过公益创投形成不少于 5 个社区养老项目、5 个家庭服务项目、4 个助残项目、1 个济困项目；其二，项目服务受益对象覆盖 H 市四区，试点区域内居民对服务满意度不低于 95%；其三，生成社区服务工作量表及服务开发、管理、验收标准，建立 H 市社区服务模式；其四，建立 H 市首支社区服务核心团队。

第三种是可以按项目实施时间顺序分，从这种划分方式来看，可以从公益创投项目启动、规划、执行、监控和收尾 5 个阶段来分解管理。

第四种是可以按组织的职责分，从这种划分方式来看，可以从 R 社工机构项目工作范围来划分，包括实施辅导、进行督导、实地考察、开展培训等。

2. 衡量可交付成果，完善工作分解结构

在 R 社工机构参与公益创投项目范围管理的过程中，交付成果的工作分解结构指的是将项目的可交付成果进一步分解为可管理的工作包和活动的层次结构。它将项目的目标和范围细化到更具体的行动项，以实现项目目标和交付高质量的成果。

SMART 原则的第一个要素要求可交付成果分解具体化。R 社工机构需要将项目目标细化为具体的行动项，以便进行工作分解。

目标可衡量性是 SMART 原则的第二个要素。R 社工机构需要设定可以量化和评估的指标，以便可以衡量各项任务的完成情况。这可以帮助 R 社工机构及时发现问题并制定调整措施。

目标可实现性是 SMART 原则的第三个要素。在设定具体行动项时，R 社工机构应充分考虑项目所需资源、人力和时间的限制。根据资源的可行性，合理分配任务，确保项目目标可以合理、可行地实现。

要求目标与项目具有相关性是 SMART 原则的第四个要素。R 社工机构在工作分解时需要确保各项任务支持项目的核心目标和使命。明确目标与项目的相互关系，确保任务的设置对项目有积极的影响。例如，为了提高公众对公益创投项目的认知度，R 社工机构可以设定任务为制作宣传材料、推动媒体报道等。

目标有时限是 SMART 原则的第五个要素。R 社工机构需要为每个具体行动设定明确的时间安排，确保项目能够按时完成。时间限制可以推动团队高效工作，及时发现和解决问题。例如，设定任务的截止时间，并制定相应的工作计划和进度表，确保每个具体行动项都能按时完成。

通过 SMART 原则对公益创投项目范围进行工作分解，R 社工机构可以合理规划各项具体行动，并确保任务的实施具有可操作性和明确的时间安排。这将有助于提高工作效率，实现项目的目标和使命。在工作分解过程中，公益创投项目范围管理的工作分解结构应该由上至下进行工作包的拆分，可划分到具体的责任人；工作包内容在工作分解结构词典中进行详细的描述；工作分解结构得到 R 社工机构管理层批准及认可，形成项目范围管理基线；项目管理计划同步更新。

第六章 公益创投项目进度管理

本章在项目进度管理理论和目标导向理论视角下探索公益创投项目进度管理,以社工机构参与公益创投项目的实践为例,旨在探索如何培育和提高社工机构的项目进度管理能力,探索社工机构参与公益创投项目进度管理的可行的通用实务模式,促使社工机构积极参与公益创投,有利于促进社会治理和化解社会问题。通过上述研究,在一定程度上可以丰富社会工作项目管理的理论内容,补充公益创投项目进度管理的本土化理论,进一步探索社工机构承接政府购买服务的新方式,为其在其他区域开展公益创投活动提供切实可行的本土化项目进度管理经验。

一 项目进度管理的理论和概念

(一)项目进度管理相关研究

国内外学者有关项目进度管理的研究多聚焦于进度管理的方法以提高进度管理的效率。进度管理十分重要,其与项目发展的战略、创新、领导力持平,可以更好地提高项目管理水平。随着中国经济的高速发展,项目管理的理论和方法,被运用到许多行业中。项目管理几乎已经成为每一个行业和企业管理维度划分的基础,项目进度管理作为项目管理中重要和核心的部分,加强对其管理理论、方法、工具的研究与运用是必然的选择。

与之相关的文献资料为社工机构参与公益创投项目时间管理提供了一定的理论和实践参考思路,但是关于社工机构参与公益创投项目的具体步骤,如何进行规范化的项目管理,尤其是如何进行进度管理的文章较少。

（二）理论基础和概念界定

1. 项目进度管理理论

2000年，美国项目管理协会修订了"项目管理知识体系"（PMBOK），现代项目管理的框架初步形成。基于第6版的PMBOK指南，项目进度管理有6个过程，分别是规划进度管理、定义活动、排列活动顺序、估算活动持续时间、制订进度计划、控制进度。

规划进度管理是为规划、编制、管理、执行和控制项目进度而制定政策、程序和文档的过程。本过程的主要作用是，为如何在整个项目期间管理项目进度提供指南和方向。本过程仅开展一次或仅在项目的预定义点开展。

定义活动是识别和记录为完成项目可交付成果而须采取的具体行动的过程。本过程的主要作用是，将工作包分解为进度活动，作为对项目工作进行进度估算、规划、执行、监督和控制的基础。

排列活动顺序是识别和记录项目活动之间的关系的过程。本过程的主要作用是，定义工作之间的逻辑顺序，以便在既定的所有项目制约因素下获得最高的效率。

估算活动持续时间是根据资源估算的结果，估算完成单项活动所需工作时段数的过程。本过程的主要作用是，确定完成每个活动所需花费的时间量。本过程需要在整个项目期间开展。

制订进度计划是分析活动顺序、持续时间、资源需求和进度制约因素，创建进度模型，从而确保项目执行和监控得到落实的过程。本过程的主要作用是，为完成项目活动而制定具有计划日期的进度模型。

控制进度是监督项目状态，以更新项目进度和管理进度基准变更的过程。本过程的主要作用是在整个项目期间保持对进度基准的维护。

运用项目管理理论分析进度管理在各个过程的管理工作，需要根据项目周期理论中的每阶段的任务来找出工作重点。

2. 目标导向理论

目标导向理论是由加拿大行为科学家伊万斯教授提出，并由豪斯加以补充与发展而形成的，其具体含义是指：任何社会实践活动都是以相应的目标作为行为取向的引导的，在实现目标的过程中，必须经过目标行为和目标导向行为，目标行为是目标实现的基础，而目标导向行为又是确保目标行为得以切实开展的先决条件。目标导向行为是一个选择目标、寻找途径和促进目标实现的过程，对于人的动机水平具有重要的激发、维护与提高的作用。R 社工机构在推动 H 市公益创投大赛的实践中，以高效社会目标为导向，促使多方设立符合公众利益和在有限资源下的最高目标值，激励机构中的所有项目管理工作人员开展一系列工作，从而促进目标的实现。

3. 项目进度管理的概念

项目进度管理（project time management），又叫项目工期管理，是指围绕时间或者进度来对项目及其所拥有的资源，运用系统的理论和方法进行高效率的计划、实施和控制，最终获得项目目标交付物的系统管理方法。[①] 项目进度管理的主要目标是要在规定的时间内，制订出合理的、经济的进度计划，然后在该计划的执行过程中，检查实际进度是否与计划进度相一致，保证项目按时完成。

二 R 社工机构公益创投项目进度管理概况

项目进度管理内容主要集中在规划阶段和监控阶段，本节从公益创投项目整体出发，研究 R 社工机构在规划阶段和监控阶段的进度管理状况。

（一）项目规划阶段的进度管理

项目规划阶段是项目生命周期过程中的重要环节，这一阶段的进度管理工作可以为后续的进度监控奠定基础，笔者通过规划阶段的具体资料以及项目文件更新情况来分析 R 社工机构参与公益创投项目进度管理概况。

1. 规划进度管理

在规划进度管理方面，R 社工机构召开了公益创投项目设计与执行培训会，主要依据项目章程、实施方案等资料，分 6 个步骤进行整个项目的进度规划，分别是编制工作分解结构、设定各项活动、列出项目里程碑、将各

[①] 阴成林主编《项目时间管理》，清华大学出版社，2014，第 30 页。

项活动排序、估算工作时间、分派各项工作给项目团队成员。

编制工作分解结构时，将项目进度管理工作的具体内容以可交付成果为导向进行分组，这一步骤由负责项目的人员共同讨论。设定各项活动对应进度管理中定义活动这一过程。列出项目里程碑是将进度过程中的重大活动鲜明地标记出来，展示出关键项目活动。将各项目活动排序对标进度管理的排列活动顺序这一过程。估算工作时间这一步骤对应进度管理中的估算活动持续时间。分派各项工作给项目团队成员是规划项目进度管理的最后一步，将经过分解的各工作包分派给相关的工作人员。但是本步骤最后呈现的结果却不尽如人意。

2. 定义活动

定义活动就是要识别产生项目各种可交付成果所必须进行的各项活动。根据案例资料，定义活动这一过程主要有两部分的内容。第一部分就是将整个项目分为四个阶段，分别为筹备阶段、遴选阶段、实施阶段、收尾阶段。每一个阶段的工作分为不同的活动。第二部分关于定义活动的内容体现在公益创投项目征集流程中，将项目征集这一过程分解成可执行的活动。

3. 排列活动顺序

活动顺序的确定涉及各工作之间相互关系的识别和说明。这一过程的内容与前一过程定义活动息息相关，目的是将前面设置好的各项活动按照时间顺序以及逻辑顺序进行排序。一般来说，活动顺序的确定，首先应分析确定工作之间存在的逻辑关系，在逻辑关系确定的基础上，再加以充分分析以确定顺序。本过程的内容也体现在整体项目活动的排列顺序以及在项目征集时的活动排列顺序中。本过程中没有具体的活动顺序排列方法的呈现，只有直接的结果呈现。

4. 估算活动持续时间

估算活动持续时间是项目计划制订的一项重要的基础性工作，直接关系到各事项、各工作网络时间的计算和完成整个活动的总时间。在这一过程中，根据项目资料整理，可以总结出R社工机构对其中实施阶段的内容进行了各项活动的持续时间估算。公益创投项目实施阶段的活动包括项目征集、收集项目书、初选项目、项目答辩、评审会、签订合同、项目实施。各活动持续时间如表6-1所示。

表 6-1 公益创投项目实施阶段各活动持续时间

	活动内容	持续时间
1	项目征集	13 天
2	收集项目书	13 天
3	初选项目	9 天
4	项目答辩	1 天
5	评审会	2 天
6	签订合同	1 天
7	项目实施	7 个月

资料来源：笔者根据 R 社工机构提供数据整理。

项目征集需要 R 社工机构负责发布项目征集通知，在此之前，要确定征集通知是否完善、R 社工机构的项目书哪些部分需要完善。收集项目书需要 R 社工机构负责于 13 天内收集所有参与公益创投大赛的社会组织的项目书，在 2019 年 7 月 26 日需要辅导各社会组织编写项目书。初选项目需要 R 社工机构遴选出 20 个项目进入复选，对进入复选的项目给出立项意见并优化方案。项目答辩需要 R 社工机构带领专家团队于 2019 年 8 月 12 日上午实地评估 2 家社会组织。在此期间，确定一些细节，如现场评估什么内容、需要 R 社工机构做哪些准备。2019 年 8 月 12 日下午，专家团队主持答辩，在此期间，其需注意的细节包括答辩目的、所有专家是否都需要参与答辩、R 社工机构需要做哪些准备。评审会需要 R 社工机构和专家团队在 2019 年 8 月 13 日上午开展启动仪式，并且现场评审、打分、公布入选名单。专家团队于 2019 年 8 月 13 日下午至 8 月 14 日负责对 15 个入选项目的工作人员进行培训。签订合同过程就是正式与 15 家社会组织签订合同。项目实施期间的工作内容主要包括资金拨付、项目实施和项目督导 3 个部分。

5. 制订进度计划

制订进度计划是依据项目的工作分解、活动顺序、工作时间估计对项目各项工作的开始和结束时间进行安排。安排时间进度时，要明确对各部门的要求。根据资料整理，将实施阶段的各项活动的起始时间安排如表 6-2 所示。

表 6-2　公益创投项目实施阶段各活动时间

序号	活动内容	时间	持续时间
1	项目征集	2019年7月22日至8月4日	13天
2	收集项目书	2019年7月22日至8月4日	13天
3	初选项目	2019年8月1~8日	9天
4	项目答辩	2019年8月12日	1天
5	评审会	2019年8月13~14日	2天
6	签订合同	2019年8月14日	1天
7	项目实施	2019年8月至2020年2月	7个月

资料来源：笔者根据R社工机构提供数据整理。

根据《H市社会组织公益创投活动项目实施指引手册》（以下简称《项目实施指引手册》）可知，R社工机构对于整个项目的执行进度做了以下规划。一是2019年11月30日前，项目执行进度应达到40%或以上。二是2020年2月28日前，项目执行进度应达到100%。三是各创投主体应于2019年11月下旬提交中期自评报告，2020年2月下旬提交项目结项报告，内容包括项目实施情况、财务报告、项目成效自评、宣传情况等。

（二）项目监控阶段的进度管理

在项目监控阶段，进度管理需要做的工作就是要时刻对每项工作的进度进行监督，对那些会出现"偏差"的工作采取必要措施，以保证项目按照原定计划执行，使原定的目标按时和在预算范围内实现。根据收集到的资料可以得知，R社工机构对于整体的项目进度是有控制的意识的，具体表现为制作了项目实施进度表（见表6-3），并且要求各社会组织按照月份进行项目实施进度表的填写与上交。

表 6-3　项目实施进度表部分模板

项目基本信息						
项目名称			创投主体			
项目实施情况						
序号	项目预设指标名称	预设指标总量	实际完成总量	直接服务人数	间接服务人数	备注
1						

续表

序号	项目预设指标名称	预设指标总量	实际完成总量	直接服务人数	间接服务人数	备注
2						
3						

资料来源：笔者根据 R 社工机构提供数据整理。

三　R 社工机构公益创投项目进度管理问题分析

公益创投项目进度管理在项目管理中扮演着重要的角色，是整个项目实施流程中的一个重要组成部分。项目进度管理涉及 6 个关键步骤，包括规划进度管理、定义活动、排列活动顺序、估算活动持续时间、制订进度计划和控制进度。建立一套完善的进度管理制度和体系，有助于公益创投项目按照预期目标完成项目计划，降低成本，提高效率，提升管理的有效性。通过整理和分析公益创投项目相关文件，并对参与项目的工作人员进行半结构化访谈，我们发现 H 市首届公益创投大赛项目的进度管理存在一些问题。

（一）规划进度管理

1. 组织程序衔接与进度计划不协调

项目在计划范围以及制定工作分解结构时由于存在缺项漏项、划分深度不适当等问题，导致项目进度计划的制订存在问题。在本项目中，R 社工机构按照进度计划制订的流程进行了操作，但由于 WBS 本身存在问题，随后制订的项目进度计划也受到了影响。

一个项目在初期就需要对整个项目进行全面的详细规划。这包括确定所需的项目管理工具、人力资源和财务资源的使用、沟通策略及风险管理方法等。然而，R 社工机构在项目初期没有进行全面详细的规划，这导致后期在实施过程中出现了诸多问题。这些问题都归因于事先没有进行详细的规划，缺乏全面了解项目需求和挑战的前期工作。因此，R 社工机构需要意识到规划进度管理的重要性，从项目初期就进行全面详细的规划，避免规划不足而导致的问题。

2. 未引入优秀管理经验，影响进度管理过程的组织过程资产规划

通常来说，项目的开发与实施都是有些相似之处的，其他的项目经验完全可以拿过来借鉴，其他项目犯的错误，这个项目可以事先了解到，不会重复犯。这就是借鉴别的项目的好处。因此，R社工机构应该收集其他地区公益创投大赛项目管理中的进度管理经验。

借鉴其他项目的经验可以帮助R社工机构制定更有效的进度规划，避免重复犯错。在项目的开发与实施过程中，会存在一些相似之处，通过了解和分析其他项目的经验和教训，R社工机构可以提前了解到其他项目可能面临的问题，避免犯同样的错误。借鉴其他项目的好处在于可以学习其他项目所采取的进度管理方法和策略，了解它们在规划、跟踪、监控和调整方面的做法，并应用到R社工机构的项目中。

R社工机构在公益创投项目中面临没有有效的规划项目进度管理和没有引入其他项目制定有效的进度规划经验的问题。为解决这些问题，R社工机构应该在项目初期进行全面详细的规划，并及时修正WBS的问题，确保进度计划的制订无隐患。同时，也应引入其他项目的经验，通过收集和分析其他地区公益创投大赛项目管理中的进度管理经验，避免错误，提高项目进度管理的效果。

（二）定义活动

定义活动是项目进度管理的基础。它是将项目从一个抽象的框架细化成可以见到、评估、实施和交付实际结果的过程。通常情况下，项目管理人员需要具备丰富的经验和背景知识才能进行这个过程。他们需要通过复杂的工作分层结构和明确的项目范围细化和分解，将项目转化为一个个活动包。在定义每个活动包时，需要考虑实施的难度，不能过度细化，同时也不能过于粗放。粗放的定义虽然会降低计划的难度，但会使实施人员在功能细节方面无法把握。通过以上一系列的资料，我们可以得到一份比较详细的活动清单。

1. WBS范围不完整

在本次公益创投项目中，虽然R社工机构有项目管理的意识，过程中也按照一定要求编制出了工作分解结构，但WBS没有被真正视为项目管理的实施框架，导致WBS的制定成为形式。项目没有充分重视WBS，并没有按照 WBS 的制定原则进行工作分解。WBS 范围不完整的原因，一部分是 R 社工机构没有将其作为正式的工作内容，另一部分是没有考虑到一些配套工作。

2. WBS 划分深度不够

鉴于本次公益创投项目十分重要，WBS 的分解程度对进度计划的制订有直接影响。如果分解程度不足，将难以确定工作包所需的持续时间。如果这些工作包恰好位于进度计划的关键路径上，将直接影响项目的整体进度。WBS 分解程度不足，最底层工作包的定义不够明确，会导致工作包分工界面不明确，难以确定输入输出，从而导致常见责任归属不明的现象。

在本次公益创投项目中，团队负责人没有将工作包分解为活动，只将每个里程碑分解为工作包，而且没有进一步细分为活动。项目必须分解到最小，对时间和资源的估算才会更加准确。R 社工机构的项目分解只将里程碑分解到需求层级，也就是只将某个需求的要求程度进行了分解，因此在估算上比较粗略。

（三）排列活动顺序

每个活动在执行过程中都会受到其他相关活动的影响，因此，各个活动之间的约束关系就决定了它们的顺序。按照正确的逻辑关系对活动进行排列，可以确保项目进度计划具有可操作性和准确性。如果逻辑顺序不合理，就会对项目进度计划的制订产生不利影响。活动顺序的不严谨是指活动的顺序排列不合逻辑，也就是无法正确识别和确定活动之间的依赖关系。这也是项目进度管理中的关键过程之一。

然而在本次公益创投大赛中，R 社工机构通过工作分解结构将项目的主要工作分解成活动，有了一份简易的活动清单，这些活动的数量由于较少，所以直接按照活动的时间顺序进行了排列，并没有使用专业的工具与方法来进行活动顺序的排列。根据上一节分析，这是由于项目活动定义不规范，没有深入分解项目活动的工作包。活动的定义不够清晰也会导致活动顺序的排列存在问题。活动之间缺乏合理的逻辑关系，在项目工作实施过程中就会出现多头并进的现象，但活动本身存在真实的依赖关系，那么必将导致资源等其他方面的冲突。

（四）控制进度

进度的控制是项目管理的重中之重，如何能在复杂多变的环境中有序地推进项目工作是管理人员在项目管理中面临的一个挑战。如果项目没有详细的工作方案和计划，在管理中就难以做到对症下药；如果工作过程中对于每项活动的衔接及期限也没有具体的计划，就可能对目标任务的推进造成严重后果。不同的部门由于职责不同，可能会出现相互推卸责任等现象。

管理的前提是要收集信息。只有好的收集信息的方法才能获取有价值的信息，进而采取有效的管理措施。R社工机构在进行项目管理中，项目管理团队没有采用一种及时有效地收集项目进度的方法，项目进度只有在各社会组织汇报时才可得知，虽然做了项目进度的整体规划，但是在实际的工作中，忽视了进度跟踪的重要性，跟踪频率和措施简单，没有切实有效地实施项目进度管理。

四 优化社工机构公益创投项目进度管理的对策

（一）增强进度管理规划意识

从前面几节的分析可以看出，R社工机构在项目进度管理中存在一个主要问题：没有将项目管理的思想应用于实际项目工作中。因此，需要增强进度管理规划意识。如果没有把项目管理知识与实际工作相结合，会导致许多看似正确但实际上不适用的问题无法有效地解决。因此，要实现优化项目进度管理的目标必须提出综合性的解决方案，以加深人们对进度管理的认识，从而增强进度管理规划意识，真正建立一套可行的项目进度管理方案。具体目标如下。

建立时间管理的流程与规范，使时间管理成为有序管理的一部分。我们将根据一整套完整的项目时间管理流程与规范，从定义活动开始直至项目进度控制，对案例项目进行必要的分析和管理工作，有效地拆分工作任务，制订完整的项目进度计划，确保项目实际工作与项目进度计划相对应，实现有序的项目时间管理。

作为主要考核目标，将项目进度考核措施落实到项目组的所有成员身上，将项目执行情况和个人完成情况与项目整体进度相关联。

如果遇到进度规划难题，可以参考以下原则。系统性原则。在项目中，项目进度管理是个综合性问题，仅仅通过时间管理，不能彻底解决项目中的进度问题。必须针对不同的问题，分别提出解决措施，综合治理。针对性原则。解决措施须与问题背后的原因相对应，如果提出的措施不能解决前面的问题，解决措施就失去了意义。可行性原则。提出的解决措施须是现实可行的，有操作性的。先进性原则。解决措施所依据的理论、所采用的方法是科学的、先进的。长远性原则。解决措施不仅要能够解决本项目中存在的问题，还要能够促进项目管理组织建立有效的进度管理体系。

（二）精准定义项目活动

1. 优化工作分解结构

WBS 是将项目过程中的所有工作阶段和内容逐层分解，以完成项目目标和获得可交付物。它比项目范围说明更加详细，WBS 可以根据最详细的工作包进行资源分配以及属性分类。

有多种方法可以创建 WBS。我们通常会采用自上而下逐层分解的方法，或者根据一定的标准和模板来创建 WBS。R 社工机构应该基于前期对于公益创投大赛所收集的资料，以及项目整体目标与要求，建立一个精准的工作分解结构，将分解工作做到细致具体，这样才有利于输出成果的活动清单清晰明确。

2. 完善活动清单与属性

活动清单是对项目活动进行汇总的清单，包含项目实施过程中的所有活动描述信息。它是对 WBS 进行详细分解的结果，将工作包拆分为具体活动的清单。操作方式是根据进度计划的要求为每个活动添加标识符，并结合 WBS 对活动的工作范围进行详细描述。

活动属性是对活动进行进一步说明的内容。每个活动都具有一个或多个属性，属性的数量会随着项目的进行逐步增加。在项目管理中，活动清单是非常重要的一项工作，它为项目团队提供了一个清晰的活动概览，帮助它们更好地理解项目的目标和任务。R 社工机构需要对活动清单进行进一步完善，细致地列举每个活动的要求和属性，为项目团队提供更清晰、更具体的指导。

3. 切实使用里程碑清单

里程碑清单是对整个项目中关键节点进行汇总的清单，主要用于阶段性地检查、控制和管理项目。里程碑与其他项目活动的不同之处在于它不是持续的时间，而是特殊的时间点。

项目里程碑通常是项目实施过程中实现阶段性成果的标志。设置里程碑的方式也有各自的特点，但大多数项目都遵循总体、部分、总体的模式，首先在整体上确定项目的关键节点，然后根据阶段或其他方式的划分，规划每个环节的完成标志，最后汇总各个阶段的关键节点进行综合分析。

R社工机构应结合整个项目的进度来设定项目的里程碑清单。首先，明确项目的关键节点和阶段性里程碑，以确保项目按计划进行。其次，根据项目的实际进展情况，对里程碑进行动态调整和更新，以保持对项目整体进度的掌控。最后，通过应用里程碑清单法，及时发现和解决潜在的延迟问题或风险，提高项目团队的协作效率，确保各个部门之间的工作协调一致，从而提升整个项目的成功率。

（三）按逻辑排列活动顺序

活动排序是进度管理工作的一个重要过程，其目的是对项目中的所有活动进行顺序排列。按照理论上的要求，第一个活动后面应该有一个或多个紧随其后的活动，最后一个活动前面应该有一个或多个紧前的活动。其他中间的活动都应该至少有一个紧前和一个紧后的活动。

在简单的项目中，活动数量有限，可以手动进行排序。但对于涵盖大量活动的大型或复杂项目，建议使用专业工具来简化此过程，以避免人为错误的发生。

在项目管理过程中，我们尽量使用图形方式而不是表格来进行活动排序。其中最常用的技术是使用紧前关系绘图法（PDM）或单代号网络图的方法。这些方法通过使用图形上的节点表示活动，并使用箭头表示活动之间的依赖关系，直观地展示了项目活动之间的联系。PDM将项目的活动根据其内在联系进行合理的联结，形成网络图。R社工机构可以运用紧前关系绘图法来排列项目活动的顺序，使项目进度的活动排序工作变得更加合理和完善。

(四) 合理安排进度控制方式

1. 改进项目前期的评估方法

项目中期的项目进度月度评估取消，而改成按照时间进度表上的里程碑的时间点往前一个月按每星期评估，往前退两个月按每两星期汇报评估，以保证项目的里程碑时间点都能按时完成不会受到突发性事件影响，也保证整个项目完成的时间点。

2. 改进项目所用资料的整合方法

从人力资源到项目其他资源，在项目前期都需每周汇总，通知到各个项目负责人，确保及时收集和整合各种资料。R社工机构在人力资源方面，可以通过每周例会或者使用在线协作平台，及时与各个项目负责人沟通，了解项目进展和资料需求，并及时收集相关资料。在项目其他资源方面，可以建立一个统一的资料管理系统，确保各个部门和项目之间可以方便地共享和获取所需资料。通过这些方法的改进，可以提高项目资料的整合效率，减少信息传递的延迟，进一步提升项目的执行效率和质量。

3. 改进定期的项目进度回顾会议

为了控制项目的进度，需定期举行项目回顾会。每个月或每三个星期，通过该会议，让团队成员分享他们项目的最新进展。如果有任何工作延误的问题，成员需要及时提出，并由项目负责人协调解决，以确保项目按时完成。为了改进进度控制管理，R社工机构需要有效控制进度，既要及时发现计划的偏离，也要重视沟通环境，尽量预防变更的发生。

(五) 其他优化进度管理的方式

1. 引进项目进度管理专业人才

针对人才缺失问题，R社工机构有必要加强对项目进度管理的培训和引进具备相关经验的专业人才。首先，可以通过组织培训课程，提升项目部成员的项目进度管理能力，使其能够熟悉项目进度管理的理论和方法。其次，可以引入具有项目进度管理经验的专业人员，为项目进度管理提供专业指导与可靠支持。最后，还可以与其他机构进行合作，共享项目进度管理的资源和经验，相互学习和借鉴。通过这些措施，R社工机构可以逐步弥补人才缺失的短板，提高公益创投项目的进度管理能力。

2. 重视项目沟通的作用

项目沟通贯穿项目启动、规划、执行、监控和收尾的每一个阶段。其主要是通过对项目实施过程中信息的实时、准确地收集、分析、更新发布和保存，保障项目内外部信息传输的流畅。在项目实施管理过程中，发挥着举足轻重的作用。

在项目管理过程中，R社工机构应该高度重视沟通的关键作用。沟通是项目成功的关键因素之一，它可以促进团队成员之间的合作和理解。通过有效的沟通，R社工机构可以确保项目中的各方都明确项目的目标、需求和期望。此外，沟通还可以帮助解决潜在的问题和冲突，并及时调整项目计划和目标。R社工机构需要建立开放和透明的沟通渠道，以便团队成员之间及时交流信息、分享想法和解决问题。他们可以利用各种沟通工具和技巧，例如面对面沟通、线上会议、电话沟通等，以确保信息传递的准确性和及时性。除了团队内部的沟通，R社工机构还应与外部利益相关者，例如项目购买方、参与社会组织和其他合作伙伴进行有效的沟通，以确保项目的顺利进行。总之，注重沟通在项目管理中是至关重要的，它可以促进项目的成功并确保各方的共同理解和合作。

在本次公益创投大赛的项目管理中，R社工机构在项目进度管理中虽然存在一些问题，但是也不能否定其作为支持型社会组织的突出贡献。

第七章 公益创投项目成本管理

公益创投项目不仅可以让社会组织获取运作资金以解决初期面临的资金难题,还可以构建一个互动交流的平台,通过培训提升社会组织的能力。此外,公益创投项目的策略使得中标项目的运营组织不再局限于小范围内进行社会服务,而是积极探索参与基层社会治理的新路径。H市公益创投大赛活动正是在上述背景下应运而生的,是由H市民政局发起,通过招标委托R社工机构运行的实践探索。在有限的项目经费下按照项目进度交付一定质量的社会服务,难免会出现成本管理不善的问题,此时传统职能式管理就不再适切,需要站在项目管理的高度统筹安排。基于此,本章对H市首届公益创投大赛项目成本管理进行深入探索,结合R社工机构公益创投项目成本管理的实际,将社会工作机构作为运营主体,运用社会工作相关视角去有效管理成本。

一 项目成本管理的理论和概念

(一) 项目成本管理相关研究

在项目管理中,强调用合理的成本完成既定的工作,而不是用最小的成本。如果片面强调用最小的成本做事,就会损害范围、进度或质量目标,或者会损害某些相关方的利益。关于公益创投项目成本管理的研究少之又少,但基于非营利组织研究成本管理的文献较多,我们从中可以认识到项目成本管理的重要性。本节的研究回顾主要包括非营利组织的成本研究和公益创投项目成本评估两方面。

通过对国内外非营利组织的成本研究和公益创投项目成本评估两方面

的文献回顾，笔者发现在公益创投背景下，项目成本管理的研究相对空白。针对上述研究存在的缺失，本章在对比分析国内外学者对公益创投和项目成本管理问题研究的基础上，窄化研究领域，具体到社会工作行业，聚焦于社会工作项目，从社工机构作为公益创投项目的整体运营者、支持者角度，基于项目管理理论和成本管理理论，具体分析项目成本管理中存在的问题，提出相应策略。

现有的项目成本管理研究多集中于工程管理、公共管理和工商管理等营利组织领域，而在非营利组织视角下研究项目成本管理的文献尚有欠缺。本研究的创新之处在于视角创新，能为非营利组织完善成本管理提供一定参考。国内外现有文献中，分析非营利组织财务管理的研究较多，但很少有人将项目管理理论应用到非营利组织的项目成本管理中。本研究将项目管理理论运用于非营利组织之中，聚焦公益创投项目，将社工机构作为实施主体对公益创投项目成本的管理进行研究，分析了项目成本管理不善的原因，提出了成本的有效管理应以增强成本管理意识为基础，并提出相应对策建议，见微知著，以期为我国公益创投项目成本管理提供参考，更好地管理公益创投项目，提升社工机构管理能力和管理水平。

（二）概念和理论

1. 项目成本管理

项目成本管理包括为使项目在批准的预算内完成而对成本进行规划、估算、预算、融资、筹资、管理和控制的各个过程。① 项目成本管理过程包括规划成本管理计划、估算成本、制定预算和控制成本（见图7-1）。成本估算是为了找到项目成本的基准，是在项目前期对成本的预估。对于R社工机构公益创投项目而言，准确的成本估算非常重要，可以为以后的成本管理工作设定初步的目标。项目的成本预算是在成本估算的前提下进行的，在估算的基础上加上一些不确定的费用和项目实际情况明确的费用。项目的成本预算一定要结合项目实际，同时，成本预算也是项目成本管理工作中重要的一个环节，通过成本预算能够准确地制定项目成本目标，为项目的全面管理工

---

① 美国项目管理协会：《项目管理知识体系指南（PMBOK指南）》（第6版），电子工业出版社，2018，第504页。

作打下基础。项目的成本控制是成本管理工作的事中控制措施,实际上成本控制是找到项目成本目标与实际成本之间存在的差距,并控制致使差距产生的因素。成本控制过程要确定偏差产生的原因,并明确是否要采取纠偏措施。

但在具体实践中成本管理各个过程相互交叠和相互作用,而且还与项目管理其他知识领域中的过程相互作用。基于本研究中公益创投项目的特点,成本估算与成本预算之间的联系非常紧密,以至于可视为一个过程。

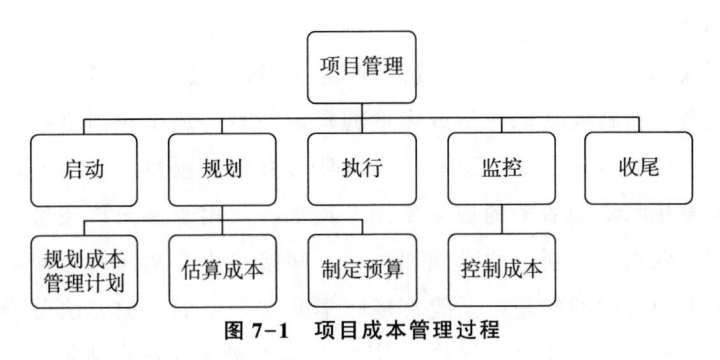

图 7-1　项目成本管理过程

2. 生命周期成本管理理论

项目成本的生命周期管理就是将生命周期成本的思想引入成本管理中,在保证项目质量和进度的前提下,实现项目全生命周期总成本最小化和利益最大化。在项目生命周期管理中,项目成本分析对项目的投资决策起着举足轻重的作用,成本管理应该贯穿项目生命周期的各个阶段,通过对成本的分析和控制,实现整个生命周期总成本的最小化。

要提高项目成本管理的准确性就必须从项目的生命周期出发,将项目生命周期思想融入成本管理中,在全生命周期内综合考虑项目各阶段的成本。本章先从项目全生命周期出发,分析公益创投项目成本管理的现状,进而发现成本管理在不同阶段存在的问题,最后提出相应对策建议,为以后公益创投项目成本管理提供参考。

二　R 社工机构公益创投项目的成本管理

根据项目管理理论可知,公益创投项目分为十大知识领域和五大过程组。在成本管理领域,主要涉及规划和监控两大过程组,规划阶段包括规划成本管理计划、估算成本、制定预算；监控阶段主要包括控制成本。在成本管理的子过程中采取的管理策略各有差异。本章以项目管理理论中公益创投项目运行成本管理的阶段为标准，具体分析 R 社工机构在不同阶段成本管理的客观情况。

（一）成本管理概述

1. 成本管理的构成

所谓成本，其实就是为了达到生产经营目的而需要耗费的资源，包括人力、设备、材料及其他有形或无形的资源耗费。成本包括直接成本和间接成本。直接成本是指仅用于某一特定项目并使该项目产生服务效益的费用，可以直接归集到服务的成本费用。比如，仅用于参与该项目的人员薪酬与福利；仅用于该项目的设施和设备。间接成本是指同时可使用在两个或两个以上项目中的费用，不能直接归集并按一定的分配方法分摊到这些项目的预算里，常被称为"行政费用"。比如行政人员的薪酬福利；租金及水电费用；电脑等设备。成本管理包括成本规划、成本估算、成本预算、成本控制等一系列行为，贯穿整个项目生命周期。

2. 成本管理的要求

要做好成本管理，首先应进行成本估算，对成本水平和目标进行预估，对比分析实现这些目标的方案，再进行成本决策；成本决策后，根据具体的方案制订成本管理计划，成本管理计划是成本控制的重要依据，是项目实施过程中成本监督的重要指导。在规划成本管理计划的过程中要认真做好成本预算，严格控制成本开支范围，正确计算开支成本，为后续的成本控制提供可靠的数据支撑。

3. 成本管理的意义

成本管理是为了提升项目内部管理水平和运行效率、提高经济效益、增强市场竞争力、控制成本而产生的一系列科学管理行为的总称。它可以充分组织所有项目工作人员对项目全过程的各个环节进行科学合理的管控，争取以最低的耗费取得最好的经济效益，以实现项目的可持续发展。

一是管理成本风险。帮助预测成本风险，识别和评估各种潜在的成本风险。通过实施项目成本管理，可以确定可能影响项目成本的因素，并采取适当措施，降低成本风险。二是提高项目的质量。当项目成本超过预算时，往往会影响项目的质量。通过实施项目成本管理，可以保留足够的资金，以确保项目按预期的质量标准完成。三是提高预算准确性。项目成本管理可以帮助项目工作人员更准确地制定预算，项目工作人员通过考虑潜在的风险和限制因素，可以确保预算符合实际情况。四是更好地掌控项目计划。通过实施项目成本管理，可以更好地掌控项目计划，并及时进行调整。如果项目进度不符合计划，可以通过相应的成本管理措施迅速采取行动，避免项目计划出现更大的延误。

R 社工机构负责的首届公益创投大赛项目的总金额为 130 万元，一部分是孵化、培育经费，一部分是固定资产购置经费。其中 75 万元用于采购公益创投项目。分项报价明细如表 7-1 所示。

表 7-1　分项报价明细

序号	服务项目	主要内容	数量及单位	单价（元）	总价（元）	备注
1	孵化、培育经费	公益创投项目	15 个	50000	750000	
		"三社联动"推进会	1 场	100000	100000	
		培训费	150 人次	400	60000	
		劳务费	1 年	40000	40000	
		项目执行费	1 年	100000	100000	会议、交通、印刷、宣传等
2	固定资产购置经费	购置办公设备费	1 批	50000	50000	
		新建孵化基地装修布展	1 次	200000	200000	
合计					1300000	

（二）规划阶段的成本管理

R 社工机构根据具体项目情况估算成本，以此作为资金拨付的依据。财务管理工作是社会组织各项管理工作中十分重要的一部分，它关系到社会组织的评估、评审结果，是社会组织标准化、规范化建设的重要体现。因此，社会组织及其财务人员的能力建设势在必行。

1. 制定项目资金使用规范

公益创投项目资金包括 H 市社会组织公益创投大赛项目资助资金和项

目自筹资金，具体如表7-2所示。为了提高公益创投项目资金使用效益，R社工机构针对公益创投项目成本管理风险，制定了成本管理办法，并开展了项目财务个性化辅导活动。公益创投项目成本管理办法规定R社工机构在项目运行过程中需要履行财务监督职责，指导各项目负责人编制公益创投资助资金和配套资金预算，并按照项目所需类别分类编制项目支出预算。资助资金根据项目实施进度分3次拨付给创投主体。项目资助协议签署后拨付项目资助资金总金额的50%，项目实施中期经承办方评估验收后拨付30%，项目结束经承办方评估验收后拨付20%。

表7-2 公益创投项目资金汇总

单位：元

序号	项目名称	承接项目金额	自筹金额	项目总金额
1	报春晖——农村失能半失能老人服务项目	50000	10000	60000
2	温暖送到家，关爱在身边项目	50000	19900	69900
3	健康生活方式干预老年人慢性病项目	50000	10000	60000
4	走进"来自星星的你"用"七色阳光"温暖孩子们的世界项目	50000	17500	67500
5	阳光童年快乐成长项目	50000	15337	65337
6	危急时刻，伤病自救施救——空巢老人生命安全守护项目	50000	10800	60800
7	童享蓝天缤纷童年——为30名外来务工人员子女建立社会支持网络服务活动	50000	10000	60000
8	小蜗牛创业项目	50000	11906	61906
9	让爱来，让碍走——为贫困家庭残障儿童提供引导式教育服务项目	50000	11000	61000
10	暖心驿站——长者关爱互相支持小组项目	50000	10000	60000
11	助力青年职业重建梦项目	50000	10920	60920
12	关爱心理·快乐成长项目	50000	10000	60000
13	向阳花——困境未成年人关爱服务项目	50000	19900	69900
14	爱与陪伴——老人心灵呵护项目	50000	10000	60000
15	隔代抚养的留守儿童之亲子教育项目	50000	2600	52600

项目资金使用原则上应收支平衡。项目结束后，项目资金若有结余的，由创投主体遵循原划拨渠道返回承办方账户。创投主体在资金管理和使用

上应遵循规范合法、专款专用、科学合理的原则。项目开支必须提供正规发票，不得出现假发票、白条、收据等。公益创投项目经费支出总金额不小于协议金额。经费类别主要包括业务活动费、人员补贴费、培训费、宣传费和其他费用（见表7-3）。另外，公益创投项目经费不允许购置固定资产。

表7-3 公益创投项目经费类别

经费类别	用途	备注
业务活动费	用于开展项目活动或者提供服务所发生的物品购置、场地设备租赁等费用	应保留活动照片和档案、发票及消费明细等备查
人员补贴费	用于开展项目活动或者提供服务所发生的交通、午餐、通信、保险等必要的费用。包括临时聘用人员劳务费和志愿者补贴	应保留人员名单，包括领取人姓名、身份证号、联系电话、服务时间、费用名称、金额、领取人员签字等内容 临时聘用人员劳务费标准一般每天不超过200元；志愿者补贴每天不超过100元
培训费	用于老师讲课费用支出	应保留老师简历及相关资质、教材讲义、活动照片和档案、签到表、发票、消费明细等备查。其中专家讲课费控制在每小时300元范围内
宣传费	用于开展项目活动或者提供服务所发生的资料印刷、版面制作等费用	用于开展项目活动或者提供服务所发生的资料印刷、版面制作等费用，应保留样稿样品、发票等备查。不超过项目总金额的8%
其他费用	无法归属到上述费用中用于项目活动的费用	

2. 开展项目培训与辅导

项目预算是社会组织的一项重要工作，项目人员参与项目成本预算时，若具备一定的财务知识就可以更好地对项目进行规范化和政策性指导，确保预算的合理性和必要性，切实起到事先规范、事中监控、事后分析的作用。R社工机构的培训主要围绕项目的经费预算进行讲解和分析，邀请了上海市政府购买服务评审专家开展项目财务培训辅导，培训内容包括民办非营利组织会计科目设置、财务报表编制、财务管理制度制定、财务票据管理、经费来源和资金使用要求，其中就财务报表如何编制，从编制方法、编制流程、预算要素和预算标准等方面进行了详细讲解，同时结合案例帮

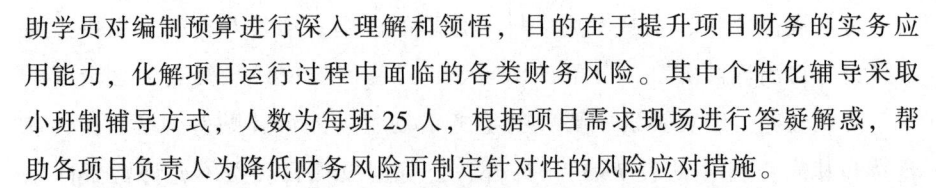

助学员对编制预算进行深入理解和领悟，目的在于提升项目财务的实务应用能力，化解项目运行过程中面临的各类财务风险。其中个性化辅导采取小班制辅导方式，人数为每班 25 人，根据项目需求现场进行答疑解惑，帮助各项目负责人为降低财务风险而制定针对性的风险应对措施。

3. 制定自筹资金管理办法

自筹资金是创投主体依法依规自筹用于本项目各项服务的资金，包括创投主体自有资金、为开展社会服务项目所募集的捐款、开展非创投项目服务活动取得收入的结余等。

R 社工机构规定创投主体必须自筹资金，筹集金额比例至少占项目总金额的 20%。自筹资金应及时足额投入，与资助资金统一核算与管理。中期评估阶段到账的自筹资金应不低于自筹资金总额的 50%，末期评估阶段的自筹资金应全额到账。对于资助资金与申报资金有缩减的项目，自筹资金金额可与资助资金同比例缩减。自筹资金应以实际收到并支出的金额予以确认。对于使用自有资金的，应以实际发生且符合规定的支出金额确认。对于外界捐赠的资产，应与捐赠方签订协议约定其性质与用途，明确该资产作为项目配套资金且有利于公益创投项目发展并开具捐赠收据；对于以非货币资产作为自筹资金的，公益创投项目负责人必须履行必要的验证程序。

自筹资金的使用范围包括项目书规定的受益对象和社会服务活动；项目书中未申报的，执行项目必须发生的会议费、培训费等；执行项目所必需的费用，如交通、会议、印刷、劳务、宣传、水电等；超出标准的专家费、授课费等项目所必需的合理支出；执行项目所必需的其他支出。

（三）监控阶段的成本管理

在监控阶段主要从支出的合规性、资金使用管理水平两方面，监督获得资助项目的实施，确保项目负责人按照项目书的预算基准表开展具体服务，项目遇到不可抗力需延缓时创投主体需及时申请变更，合理控制项目经费。

1. 督导服务

2019 年 8 月随着公益创投项目正式进入实施阶段，R 社工机构组织项目人员培训并开展相关服务，督导团队同步指导各项目开展活动，传递社工服务理论与技术。为了降低项目成本同时提高服务品质，R社工机构采取"线上+线下"双重督导的方式，以更好确保服务成效。

线上督导方面，R社工机构聘请了五名相关领域专家，每名专家负责督导三个入围项目的负责人及相关工作人员。具体的督导方式为督导与被督导对象建立微信群，在群内开展线上督导。督导服务包括批阅受督导项目文书、督导项目内的所有社会工作服务内容、向被督导者传达工作要求、协助被督导者做好评估工作、优化监管服务质量。

线下督导方面，H市民政局委托上海春晖社工师事务所为H市首届公益创投大赛项目提供全程督导、评估服务，以提高各社会组织对公益创投项目的规范化和专业化管理水平。2019年12月21~22日，上海春晖社工师事务所的社工督导团队对15家社会组织展开了实地走访督导。专家们采用"四全为本"的创新督导模式，从观摩现场活动、查看活动台账、开展深度访谈等方面入手，全方位了解项目开展中取得的成效以及问题和不足之处。针对成本管理存在的问题及不足，督导们给出了相应的改进意见，为社会组织解决了实际难题。

2. 中期评估

为真实掌握公益创投项目执行进度，客观评估社会组织项目资金使用情况，2019年11月下旬组织开展中期评估，评估专家小组对H市首届公益创投大赛入选的15家社会组织的工作情况分别进行考核评估。中期评估会召开前，各社会组织需要向R社工机构提交一份财务自评报告，内容包括项目资金收入和支出情况、存在的问题以及其他一些情况。同时，R社工机构提前告知社会组织需要提交的其他中期检查材料，要求其在中期评估前完成提交。

评估现场，专家小组通过项目汇报、资料查阅以及问答的方式全面了解了各个项目的运行进程与成效，再通过访谈、交流、指导的方式，就各项目的财务状况进行了综合评估。通过评估，专家小组对各项目执行效果给予了肯定，同时对存在的问题进行了分析并提出建设性意见。本次评估，专家小组以发现问题、提供建议、解决问题为主要目的，以评促建，对规范社会组织公益创投项目的实施和提高服务质量具有重要意义，极大地推动了社会组织的能力建设。

3. 末期评估

2020年3月27日，公益创投项目末期评估专家小组对H市首届公益创投大赛入选的15家社会组织的工作分别进行考核评估。15个项目负责人以视频形式进行项目汇报。评估会包括项目财务自评汇报、评估小组意见反馈、财务资料查阅、互动个案访谈、项目总结等环节。在成本管理方面，评估专家对15个项目经费的收支情况，包括项目预算表、实际支出明细、月开支流水账等进行了重点查阅和考核。针对项目经费执行情况与服务疑惑，评估专家与项目实施负责人和项目财务负责人进行一对一访谈、互动答疑，并就其今后的项目管理提出指导建议，促使各社会组织负责人更好地总结与梳理项目。

在末期评估中，专家们指出了每家社会组织在公益创投项目中的问题，但由于时间问题，各家社会组织针对项目还有疑惑，为了解决此问题，R社工机构于2020年4月1日举行了公益创投项目末期评估视频答疑会。会上，R社工机构理事长针对线上末期评估中项目实施成效和财务执行情况两部分出现的普遍问题进行了集中答疑。15个项目负责人就项目服务、运营、资金使用等方面的问题进行自由提问，R社工机构工作人员针对问题进行答复并给出意见建议。

三 R社工机构公益创投项目成本管理问题分析

开展任何一项活动，都需要使用一定的人力和物力资源，都需要花钱。在项目管理中，强调用合理的成本完成既定的工作，而不是用最小成本。如果片面强调用最小成本做事，就会损害范围、进度或质量目标，或者会损害某些相关方的利益，使相关方之间无法有效合作。

要想有效管理成本，就必须了解当前成本管理的不足之处及其产生的原因，在此基础上有针对性地完善成本管理方式。根据项目管理理论的成本管理阶段要求以及R社工机构成本管理的经验材料，笔者从规划成本管理计划、估算与预算成本、控制成本三个维度分析R社工机构成本管理的不足之处及影响因素。

第七章 公益创投项目成本管理

（一）规划成本管理计划维度

项目成本管理的第一步要制定成本管理制度，以规划、管理和控制项目经费。科学合理的成本管理计划可以更好地指导项目在规定的经费和进度下开展服务。

1. 在组织过程资产中，现有的正式和非正式的成本估算与预算的制度不匹配

R社工机构部门间职责分工划分比较明确，工作模式比较固定。从人员配备来看，配备有专职和兼职两名财务人员，持证上岗，但没有明确区分出纳、会计人员。同时公益创投项目内部，项目人员对成本管理缺乏经验和专业知识。在规划成本管理计划时，他们普遍认为成本管理就是控制开支，是项目部门的事情，与其他部门没有太大关系。因此，财务人员在公益创投项目初期话语权低，参与积极性不高，导致项目工作人员无法准确估计项目成本，合理分配预算，建立有效的成本监控机制，也使得项目负责人在编制预算时仅简单地填写数据，缺乏有力的依据，不懂得专业税务知识，培训费用支出脱离预算的情况时有发生，预算调整过于频繁。

公益创投活动对财务资金的使用比较灵活，允许70%的人力成本支出，虽然R社工机构有财务指引制度，但由于现有的正式和非正式的成本估算与预算的制度与程序不完善，对项目资金使用范围、支出比例缺乏准确的认识，最终资金使用率不高。

2. 在组织过程资产中，现有的正式和非正式的成本预算程序不完善

成本计划对项目成本的管理十分必要，是降低项目成本必需的管理工作。项目成本计划是要对项目进行成本预算，以保证项目在成本预算范围内进行。因此，项目成本计划实际是从成本预估和制定预算开始的。维持成本预算，及时了解何时、何地、何种项目活动费用会发生偏差是项目顺利完工的关键因素，在项目的实际执行过程中，实际发生的费用要不断与项目成本进行比较。R社工机构公益创投项目现有的正式和非正式的成本预算程序不完善，具体表现如下。

一是未对项目的成本做详细的分析和规划。对该项目的资金使用情况的考察方法没有明确规定，如财务报表、日常管理费用记录等都没有规范的设计和具体的管理办法。

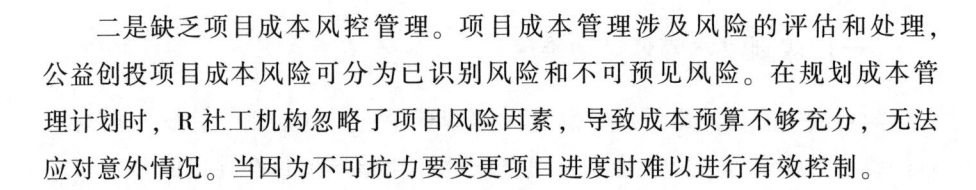

二是缺乏项目成本风控管理。项目成本管理涉及风险的评估和处理，公益创投项目成本风险可分为已识别风险和不可预见风险。在规划成本管理计划时，R社工机构忽略了项目风险因素，导致成本预算不够充分，无法应对意外情况。当因为不可抗力要变更项目进度时难以进行有效控制。

（二）估算与预算成本维度

在项目实施前就需要对项目活动及整个项目的成本进行分析和估算，进而编制出为完成项目所必需的成本的预算。美国项目管理协会著的第6版《项目管理知识体系指南（PMBOK指南）》规定，估算成本是对项目经费进行近似估算；预算成本是要编制详细、合理的预算，是为了建立一个基准线，以便在项目实施过程中跟踪项目的成本支出情况，确保项目在批准的预算内完成。

可见估算成本和制定预算是成本管理中两个重要的子过程。基于本研究中公益创投项目的特点，成本估算与成本预算之间的联系非常紧密，以至于可视为一个过程。因此，本节将成本估算和预算放在一起论述。R社工机构在管理15个公益创投项目时统一预算格式，包括资金来源（申报公益创投项目活动资金、自筹资金、其他资金）、总体预算、明细预算（业务经费支出、人员补贴、宣传费、培训费、其他支出、税费）三部分。在梳理和分析机构文献资料过程中，笔者发现在成本估算和预算方面存在如下问题。

1. 成本估算依据的支持性文件需清晰完整

R社工机构在公益创投项目初期，主要采用自上而下的估算法，又称类比估计法，是估算师根据自己的经验及过去类似项目的实际成本，依靠主观判断估算出的总成本，然后由相关人员把项目的总成本向下分配到项目的各个组成部分和各个时间段。

在H市首届公益创投大赛中由承办组织R社工机构的高层管理者担任估算师，先收集以往类似项目的有关历史资料，然后会同有关专家，把当前项目与过去已实施的类似项目进行类比，来估计当前项目的总成本。这种估算方法，不需要详细的基础资料，所以相对比较简单、快捷和经济。项目的总成本通常由高级管理层来估算，所确定的总成本很可能偏小，不能满足相关工作的需要，使得成本预估不准确，从而导致项目在后期出现资金短缺或超出预算的情况。估算成本的关键是准确的数据和信息，如果数据收集不充分或者数据不精准，可能会导致成本估算的不准确。

2. 在制定预算中，没有建立经批准的成本基准，导致应急储备的缺失

在公益创投项目管理中，资金到账往往比较滞后，项目开展期较长。一般的预算会预留部分费用，以备不时之需。预留费用可分为应急成本和管理储备。应急成本是应对已识别风险的应急费用，须包含在"活动经费"里，预算该部分费用时，需要把应急成本包含其中。管理储备是应对不可预见风险的应急费用，一般会预留管理费用的10%左右作为管理储备，此部分费用须包含在"管理费用"里。R社工机构在管理15个公益创投项目时，其预算中普遍缺少应急成本和管理储备，且预算内容较为笼统。可见R社工机构对成本的风险管理的认识不够明确，当项目遇到不可抗力需要延期时并没有相应的成本变更。

(三) 控制成本维度

1. 在成本控制中，预期的成本超支没控制在可接受的范围内

控制成本是指监测项目经费的使用，必要时进行变更。目前，公益创投项目成本管理还处于不太成熟的阶段，在公益创投项目执行过程中，由于R社工机构未建立有效的成本和绩效测量基准，无法判断是否需要变更或采取纠正和预防措施。因此，面对成本超支带来的影响只能被动接受。比如，R社工机构在项目启动前制作的经费预算中，对专家团队的劳务费用计划为2000元/（人·次），但并未明确税前与税后。在实施过程中与外地专家团队就此产生争议，经双方沟通后专家团队的劳务税由R社工机构和付出劳务的专家个人共同承担（R社工机构承担3/4的劳务税，专家个人承担1/4的劳务税）。因此劳务费的支出大幅超出R社工机构预期，额外占用了其他管理费用。

2. 在成本控制工具的使用中，没有合理运用挣值分析，导致数据分析产生偏差

挣值分析是一种将实际进度与成本绩效测量基准进行比较的方法。在公益创投项目的成本计算与监控中，计划价值（PV）是一个关键指标。然而，R社工机构由于未能按时将预算合理分配到项目周期的各个阶段，导致出现了未在工作分解结构中合理预算的业务经费支出、人员补贴、宣传费和培训费等问题。同时，项目中也未运用成本核算方法对关键成本进行计

算和核算，且缺乏有效的成本分配方法，例如参数分配法和作业成本法，从而未能对间接成本费用进行合理归集。这使得项目的收入与支出信息不匹配，导致整体数据分析出现偏差。

虽然 R 社工机构规定公益创投项目自筹资金不少于 20%，但缺乏针对公益创投主题采取向社会筹资的经验，导致自筹资金不足。社会组织公益创投项目的顺利执行需要撬动更多的社会力量参与其中。

四 优化社工机构公益创投项目成本管理的对策

俗话说"兵马未动，粮草先行"，项目的成本管理对项目的成败至关重要，我们要重视项目的成本管理。而非营利组织由于其自身的特殊性，做好项目成本管理计划、项目的成本估算与预算以及成本控制，对组织项目的成功开展十分必要。

（一）依据项目管理理论，科学管理

1. 加强项目成本管理

成本管理的中心问题是完成项目活动所需要资源的成本，目标是确保在批准的预算内完成项目任务。公益创投项目的成本包括服务活动支出、人员工资支出、其余为维持正常运营发生的支出等。社会组织虽不以营利为目的，但也要加强成本管理，目的在于以最低的成本获得社会效益最大化。引入目标成本管理法确定成本目标，然后根据目标成立管理团队，明确每个成员的职责与义务，协作完成各项工作，构建完善有效的管理与执行制度规范。

项目成本管理按照事前、事中、事后管理程序进行。事前主要通过编制预算来预测未来的成本；事中主要对营运过程发生的成本进行监督和控制，并根据实际情况对预算进行必要的修正；事后在成本费用发生之后进行决算、分析、考核、评价。为了使项目成本管理工作有条不紊地进行，必须以项目实施的实际情况为依据编制成本管理计划。项目团队应主要将成本与施工里程碑事件结合起来制订成本计划，将成本指标按照项目进度里程碑事件分解，以具体的金额为标准，做出相应的成本计划，完成总成本的分解之后，制订出具体的计划，制作成本计划表。

2. 加强项目估算与预算管理

为了解决项目成本估算不准确的问题，社工机构应该尽可能收集准确的信息，与相关专业人士合作，采用自上而下和自下而上相结合的估算法进行仔细的成本预估，并在项目运作过程中进行持续监控和调整。

编制好项目预算是项目良好运转的重要保障，因此社会组织必须抓好公益创投项目的预算。"凡事预则立，不预则废"，编制好预算相当于在业务发生前已经对资源和业务活动有详细的规划和安排。公益创投项目的预算只涉及预算收入和预算支出两方面，没有生产和销售环节，因此相对简单。在本次公益创投项目中，收入主要包括项目经费收入和自筹资金收入，预算编制以这两项为主，支出预算包括业务经费、人员补贴、宣传经费和其他支出等。

首先，要成立预算管理小组。明确预算管理人员的职责划分，审核审议项目进行中的重要事项及项目的规划、计划、预算，在充分了解项目后制定全面预算管理方案，设计好预算目标确定、预算编制、预算执行及预算考核等关键流程。其次，采用自上而下、自下而上、上下结合的原则科学编制预算。根据实际情况反复研究，使预算指标符合实际。再次，强化预算执行。严格履行预算控制和预算调整，发现无理由偏离预算及时找出差异并分析原因，如果特殊原因致使预算编制基础不成立，应及时调整预算，严格控制项目可控成本的超支情况，规范好预算调整等事项。最后，做好预算监督及考核。实时跟踪预算执行情况，及时发现预算执行偏差，将预算考评重点放在预算完成情况和成本控制上，表扬相关人员或追究有关人员责任，做好分析和绩效考核。

3. 实施全成本控制

全成本控制是指凡是影响成本的因素都要纳入成本控制的范围，进行事前、事中、事后的全过程控制。全成本包括固定成本、变动成本、间接分摊成本三大成本类型，应该将人员工资、固定资产折旧、无形资产摊销和其他管理成本等影响成本的因素都纳入全成本管理的范畴，以此衡量实际的总成本，以及反映项目的真实资源耗费情况，让管理者更清楚项目的投入量，从而做出最佳的管理决策。① 首先，进行全成本控制要做好项目的

---

① 王静：《建立成本管理制度，完善高校科研经费管理》，《科技信息（科学教研）》2008年第13期。

全周期预算编制；其次，要对固定成本和变动成本的科目明细进行核算，建立全成本核算机制及间接分摊成本的分摊规则；最后，对项目各成本名目进行对标分析及执行控制。① 建立完善的成本控制机制和流程，制定明确的预算和成本控制目标，定期进行成本分析和评估，及时调整预算和采取措施。

R社工机构公益创投项目的成本管理体系，主要以机构理事长为核心，其能够直接决定各项费用的发生，负责建立团队、管理项目、审核决定项目方案、成本控制等一系列的成本管理工作。项目结项后，在成本考核时，应以目标成本为主要考核标准。当实际项目成本费用总额略小于目标成本时，说明成本控制到位。

R社工机构面临项目监测不及时、数据不准确或过于依赖传统手段的问题。为了解决这些问题，社工机构应建立有效的项目监测系统，利用现代技术和工具，及时收集、分析和反馈项目进展和成本情况。同时，设立项目经理的岗位，由其负责项目成本的监测和控制，确保项目的可持续运作。加强与合作伙伴和捐助者的沟通，共享项目进展和成本信息，及时解决成本控制方面的问题。引入先进的资金管理和监测系统，利用现代技术和工具提高数据的准确性和实时性，加强对项目资金的控制和监管。建立项目监测与评估机制，及时反馈项目成本情况，定期汇报项目进展和成本控制效果，为决策提供支持。

（二）加强公益创投项目的经费保障

1. 增加公益创投项目的经费预算

第一，建立公益创投项目资金持续增长机制，除了福彩公益金，政府财政应该每年安排专项经费，列入年度预算，以制度形式规定并应该做到每年经费预算的增加。第二，鼓励项目资助方量力而行，按照公益创投的原则确定项目，而不是简单地按照资金总额将资金分配完。第三，制定科学合理的项目经费预算分配比例。修订完善公益创投项目资金管理办法，改变原有的"见物不见人"和"见项目不见人"的资金使用管理方式，在

---

① 邓新竹：《事业单位成本管理中存在的问题及对策研究》，《行政事业资产与财务》2021年第24期。

进行资金管理时不要忽视社会服务过程中所用到的人力成本在经费中所占的比例。笔者建议，明确承接服务的社会组织的人员薪酬指导价，项目所需专职人员的薪酬待遇、培训、社会保险等费用总数应不低于项目经费的 75%。

2. 建立多元化项目经费筹措机制

针对目前差异化明显的公益创投项目，建立相应科学的监管机制。监管过程中一定要根据社会组织实施公益创投的具体目标、活动开展的质量、活动实施团队的综合素质、活动实施的过程以及活动的执行力等方面进行综合评估并做出变更。同时要允许个别特殊化项目的资金特别使用制度的存在。

探索一条能够有效引导社会资本注入公益创投项目的发展道路，可以在政府部门的帮扶下成立公益组织发展基金会，从源头上充分发挥政府财政资金在公益创投项目上的引流作用，同时依托民政部门，通过冠名、定向认购等方式吸引社会资本参与公益创投，建立健全激励机制。同时，积极引导和鼓励现有的商业银行认识到公益组织金融服务的紧缺性，增加公益组织专属的金融业务或者增设公益组织专属的部门，来为公益创投的科学、有序、稳健发展奠定经济基础。

（三）内外联动提升成本管理水平

1. 增强成本管理意识

在 R 社工机构现行的管理体制下，项目经理和项目关键岗位管理人员在成本管理过程中虽然对成本进行了一定程度上的动态管理，但是由于一系列不确定成本支出会在一定程度上增加项目的目标成本实现难度，项目成本管理效果并不显著。项目经理和项目管理人员主要关注的是重点项目的顺利完成，关注点不完全在目标成本管理上，导致成本管理只在过程中，没有最终形成目标结果。

在公益创投项目管理内部要增强项目参与人员的成本管理意识，成本管理的最终目的是充分利用项目的各种资源，更好地服务于项目。因此，做好成本管理的前提应该是人人关心成本管理，人人参与成本控制，由上至下目标一致。首先，项目负责人要以身作则，转变对成本的观念认知，树立正确的成本理念，深刻认识到成本管理在管理决策中的重要意义，重视成本控制，设立成本管理目标，扎实做好成本控制工作。其次，要增强项目参与人员的成本管理意识，定期对项目相关人员进行培训，重点强调成本管理工作对于项目发展的重要性，让他们认识到成本管理的内容、作用、方法，明白成本管理不只是财务部门的工作，也不只是简单控制开支。成本管理存在于项目执行的各个环节，需要每个人都参与进来，这样才能减少不必要的开支和浪费，把钱花在"刀刃"上，从而提高项目效益。最后，促进团队专业能力培养，增强成本管理意识和能力，确保成本估算的准确性和成本控制的有效性。

因此，要增强全员的目标成本管理意识，加强成本管理的全过程控制，重视成本预算和成本控制的目标成本实现程度，找出差距，分析总结出哪些成本是可以节约的、哪些成本是额外成本，提升成本管理的分析总结能力和目标成本的管理意识。要将目标成本细化到每一个管理人员身上，每个人都担数据、担责任，以增强员工的成本管理责任感和目标成本管理意识。

2. 建立健全成本管理体系

制度是约束规范不正当管理行为的关键，只有在完善的成本管理制度体系支持下，公益创投项目的成本管理行为才能够得到有效规范，进而使社会组织的财务管理质量得到有效保证。因此，在公益创投项目管理中要从制度规范入手，在原有的成本管理制度下，健全全过程成本管理制度，明确责任，建立起全过程、全生命周期的成本计划、成本估算与预算、成本控制制度。让项目的每一个管理人员都认识到项目的成本管理是每一个人的职责和任务，项目成本目标实现与每一个人息息相关，将项目成本目标按照职级岗位分解到每一个管理人员，提高管理的压迫感，充分调动管理人员的积极主动性，保障全过程成本管理制度落实。

项目开展前，项目负责人要认真制订好成本控制计划和实施计划，进而做好成本预算编制，通过不断完善预算编制制度，确保成本预算的科学性和可执行性；项目开展过程中，建立全过程成本控制制度，运用一系列的程序和方法，做好成本控制工作，通过制定可行的、可操作的核算分配制度对成本进行管控，明确规定项目进展中各成本的名目和计算方法，使成本计算和成本费用划分及分配更规范；项目开展后，完善成本绩效评价体系，将成本管理效益与个人绩效挂钩，使成本分析和绩效评价能更好地发挥作用并贯穿项目始终，使各项成本活动有序进行，有制度可依。

　　由于社会组织的性质比较特殊，在财务使用方面必须更加重视。针对社会组织在公益创投活动中出现的财务使用规则不明确、公益性遭受质疑等问题，社会组织在规范财务使用方面，需参照《中华人民共和国政府采购法》或其他地区的《公益创投活动财务管理制度》，结合本地的特色制定财务管理制度。财务管理制度中至少应该包括服务费用、人力成本、宣传费用、行政办公费用、税费、筹资费等常见费用支出的定义与使用比例，同时列明创投资金不得列支的范围，规范财务的使用。同时也要提高财务使用的透明度，因为财务涉及整个组织的发展，而且是组织有力发展的保证，所以必须做到财务使用的公开透明，通过相关条例、凭证、票据的使用帮助社会组织记录每一笔资金的流向，增强组织的公益性和对外的公信力。

第八章 公益创投项目质量管理

项目管理中的质量管理，对于公益创投的可交付成果的质量保证有着至关重要的作用。在当前的公益创投中，在项目管理视角下进行项目质量管理的相关研究较少。在本章中，笔者主要根据 PMI 所撰写的《项目管理知识体系指南（PMBOK 指南）》对项目质量管理的三阶段划分，即规划质量管理、管理质量、控制质量，来对以社会组织参与项目管理模式为主导的公益创投中的项目质量管理进行探讨，尝试以项目管理的方式来保证公益创投最终可交付成果的质量，进而丰富公益创投质量管理理论，为政府购买、社工机构实施、项目管理方式运行公益创投的模式提供更多的理论支持。

一 项目质量管理的理论和概念

（一）项目质量管理相关研究

Rocha 等认为，在项目管理质量管理实践的过程中，往往会在定义质量指标以验证和确认预期结果、定义质量检查点以验证和确认需求的实现、定义质量监控和测量项目交付成果的工具、识别和分析适用于项目交付成果的质量标准以及制定内部审核计划以确保项目质量等方面出现问题。[①] Mohammed 的研究发现，项目质量管理实践中的质量控制实施率仅为 65.45%，导致项目质量较差。同时，项目经理在创新能力和环境可持续性方面的关注也不足，分别仅为 39.08% 和 47.53%。为此，她建议在项目质

---

① Rocha, A., Romero, F., Miranda, D., et al., "Quality Management Practices to Direct and Control the Accomplishment of Project Objectives in R&D Units." *Procedia Computer Science* 219 (2023): 36–43.

量管理中采取科学方法识别和评估关键成功因素，以全面提升项目管理水平，实现项目成功。①

在政府主导模式下，公益创投项目在实施过程中面临大量的质量问题，但同时这些质量问题也有着相应的质量控制策略。鲜玉芳指出，尽管公益创投项目在促进社会服务和支持初创期社工机构方面发挥了积极作用，但在实际操作中存在政府法律法规不健全、项目流程专业性不足以及第三方评估机制不完善等问题，这些都严重影响了项目的服务质量。为此，她建议构建一个全面的质量控制体系，包括明确政府的监管角色、建立质量评价指标体系，以及加强第三方评估组织的建设，以确保公益创投项目能够有效满足社会需求并提升服务质量。②

通过对国内外文献的回顾与梳理，笔者发现，在公益创投项目质量管理上，学者的相关论断较少，在质量目标规划、管理质量、检测质量的过程中，主观臆断较多，在运作流程上依然存在不专业、不科学的问题，同时，我国在这一方面存在质量标准政策与法规的缺失。

综上所述，在公益创投项目质量管理实施中，最大的问题便是项目质量管理专业程度不足，而为了解决这一问题，就应当在整个公益创投项目质量管理中，依照PMI所出版的《项目管理知识体系指南（PMBOK指南）》进行剪裁，设定适合公益创投项目的质量目标、质量计划，以及质量监管体系，并严格执行。基于此，本书从项目参与者的角度，以H市R社工机构所参与L公益创投项目为例，借助《项目管理知识体系指南（PMBOK指南）》之中的专业项目质量管理方式，对公益创投项目质量管理的科学的、专业的方式进行论证。

（二）理论基础和概念界定

项目质量管理即把组织的质量政策应用于规划、管理、控制项目和产品质量，以满足相关方需求的各个过程。此外，项目管理以执行组织的名

---

① Mohammed, A. J., "Evaluating the Management of Critical Success Factors of Residential Complex's Projects and Their Impact on Cost, Time, and Quality in Erbil Governorate." *The Open Civil Engineering Journal* 16（2022）.
② 鲜玉芳：《政府主导模式下公益创投项目质量管理研究——以"益+"融合项目为例》，硕士学位论文，南京师范大学社会工作系，2020。

义支持过程的持续改进活动。项目质量管理过程包括：规划质量管理、管理质量、控制质量。对于一个项目来说，项目质量的好坏直接决定了项目的收益，可见项目质量管理的重要性。或许很多企业并没有重视这一块，就现状来看，大多企业的项目质量管理存在效率低下和管理失控等情况。做好项目质量管理，才能最大限度地达到项目的最终目标。

在项目管理之中，质量是否合格往往并不单单由客观质量标准来确定，还包括客户的主观判断，ISO 认为，质量是产品或服务用于满足人们明示和潜在的需求的所有特征和性能的总和，而将 ISO 的质量定义稍加变通，就可以得出，项目质量就是项目产品或服务用于满足项目相关方的明示和潜在的需求的所有特征和性能的总和。项目管理最终的目标是令项目相关方满意。项目质量不合格固然是不好的，但项目质量超过要求也是不好的。质量不合格，项目产品或服务就无法发挥既定的功能；质量超过要求，就要在做项目的过程中多花钱，就会增加项目相关方负担。

二　R 社工机构公益创投项目质量管理概况

（一）公益创投项目规划质量管理阶段

本次公益创投项目的项目质量管理阶段共分为两个维度："公益创投项目申报主体质量要求识别"与"公益创投项目最终可交付成果质量要求识别"。

在"公益创投项目申报主体质量要求识别"中，R 社工机构首先进行的是依据现存的对于公益组织的相关法律法规，从本次公益创投的事业环境因素入手，进行项目质量要求识别，主要内容为根据对民间非营利组织的政策与法律法规，对公益创投项目申报主体进行限定，又考虑到作为民间非营利组织，应当在一定程度上遵守社会工作价值观与社会工作伦理，R 社工机构在此阶段对于项目主体的质量要求识别中，又加入了社会工作价值观要求，并在此阶段发出了《关于征集公益创投项目的通知》。

在"公益创投项目最终可交付成果质量要求识别"中，R 社工机构主要针对投标项目的内容以及各个项目所要达到的项目目标进行识别，在此维度中，为了保证所识别的质量要求符合公益创投项目的专业性要求，R社工机构组建了相关专家团队，对投标项目的内容进行识别，并借助此过程获取识别项目所必需的专家判断，并且，为了获得识别项目质量要求所必需的数据并进行分析，R社工机构联合项目专家团队，对30家机构进行了初审、路演、实地考察，在初审阶段，专家团队根据创投项目书以及专家学者的专业判断，对30个项目做出评审，根据项目服务群体、项目服务目标、项目定位、服务设计、项目可操作性等，以及与公益创投的符合程度进行判断；在路演阶段，对专家判断进行量化，将其转换成直观的分数，并进行数据收集，以便更清晰地划分项目要求；在实地考察阶段，为了确保各个项目申报主体有着符合标准的客观条件、践行项目质量管理政策，R社工机构联合项目考察团，对30家申报机构进行了实地考察，分硬件设施、人力资源、制度建设三个维度，继续对30个项目进行打分。最终，R社工机构联合专家团队，基于量化的专家意见输出了《H市首届公益创投项目专家评审及实地考察评分汇总表》，其中，项目路演评审分数占60%，实地考察分数占20%，综合评审分数占20%，根据这一最终的评分表，从30个项目中，评选出了15个项目进行扶持。

结合以上两个部分的项目质量要求，作为本次公益创投主体的15个项目的负责人，以及R社工机构和本次公益创投的相关方，对本次H市公益创投的质量要求以及15个子项目的质量目标有了明确的认识。

（二）公益创投项目管理质量阶段

H市首届公益创投大赛项目管理质量阶段，目的是将规划质量管理阶段所识别的质量要求转化为测试与评估工具，这主要通过三种方式来实现，即培训、督导、中期评估。

在培训方面，主要目的是使15个项目负责人明确在进行项目质量管理时需要进行的工作，明确为实现项目的质量要求，服务于最终可交付成果需要做什么；在具体的实施过程中，首先由R社工机构牵头建立专门为公益创投进行项目培训的专家团队，并以合同的方式规定培训内容，整个培训包括15个部分，培训形式主要为线上培训，在培训工具方面，每次培训开始之前，培训者需要提前准备好讲演PPT，并由R社工机构发布项目培训通知给各项目负责人，且在每次培训后，由R社工机构输出培训资料清单，主要包括培训通知、培训课件、讲师资质、签到表、调查反馈表、汇总表、新闻稿，确保每次培训都符合流程，达到培训目标，进而确保项目运行标准、科学，整个项目实施过程为质量目标服务。

在督导方面，为了将项目的质量目标转化为质量政策并监督实施，R社工机构向专业的专家购买了督导服务，并根据合同限定督导次数、内容、方式，督导针对项目共性和个性的问题，给出意见与指导，及时纠正项目执行方会导致最终产出结果与预期质量目标不符的行为。在每次督导后，由督导老师填写项目督导建议表，并标明时间、次数、内容，再由R社工机构依据时间、督导老师、受督导机构进行总结、归类，形成督导统计表。最终，督导期间所完成表格作为管理质量过程中的数据表现、审计、问题解决、质量改进方法等工具与技术，为输出质量报告、测试与评估文件提供资料，为项目中期评估、末期评估提供依据。

在中期评估方面，H市民政局与R社工机构作为评估主体，以15个公益创投项目为评估对象，了解H市首届公益创投大赛运作过程中的介入手法和服务的介入成效，全面评价项目的服务情况，加强公益创投项目服务的质量检测，以进一步推进公益创投项目服务规范化进程为目的，将首届公益创投大赛的15个入围项目的项目合同与《H市社会组织公益创投活动项目实施指引手册》内容作为质量检测标准，将项目质量标准量化为3个一级指标，即项目运营管理情况、项目执行成效、财务状况，15个二级指标，分别为场地设施和维护、人员配置、项目运营机制、物资和档案资料管理、项目运营的资源整合机制、服务数据、项目执行与项目定位的契合性、服务手法/改善方法、项目计划完成情况、项目满足的服务需求情况、服务质量控制、志愿者整合利用成效、社会关注度、支出合规性、资金使用管理水平，而在二级指标下，又划分多个三级指标，每个二级指标根据完成情况可打出相应分数，根据评估方的打分情况，从多个角度对项目质量管理情况进行评价与监督。

（三）公益创投项目控制质量阶段

在公益创投项目质量管理中，控制质量阶段的主要目的是使项目的最终可交付成果符合项目质量要求，并使得相关方满意。在本次H市公益创投大赛项目质量管理中，对于控制质量的主要表现形式为对15个项目的最终可交付成果进行末期评估。

首先,组建项目评估专家团队。与专家团队签订协议,协议规定,在项目末期评估期间,团队内成员将《H市第一届公益创投项目评估标准体系》作为质量检测指标,并秉持着真实诚信、客观公正、证据为本、以评促进等原则,在R社工机构的监督下,对15个项目的实施情况进行评估,同时,为了确保评估的专业性、科学性,末期评估专家团内的专家有R社工机构内专家,对外识别、聘请专家。

其次,制定评估标准体系。在《H市第一届公益创投项目评估标准体系》中,对于项目的评价标准分为5个维度,分别为财务管理、服务对象访谈、服务质量、购买方访谈、运营管理,其中,关于项目质量的部分,主要集中在服务质量与服务对象访谈之中;在服务质量管理方面,将评测标准划分为项目执行与项目定位的契合性、服务手法/改善方法、项目计划完成情况、项目满足的服务需求情况、服务质量控制、志愿者整合利用成效、社会关注度这7个二级指标,在这7个二级指标下,再划分出8个三级指标;在服务对象访谈方面,专家团队通过问卷调查的方式,将预先设计好的问卷投放给15个项目的服务对象,从而获得服务对象对15个项目的评价,同时,与中期评估类似,将各个指标量化为分数,末期评估专家团队根据项目最终可交付成果的实际情况,对各个项目进行打分,并最终汇总出综合分数。

再次,制作项目质量管理控制质量阶段所需的工具。在实施过程中,由专家团队制定项目末期评估资料模板,进而要求15个项目的项目负责人根据专家团队制定的评估资料模板提交相关资料,在保证相关资料符合要求前提下,将资料交由评估专家团队进行评估,由专家根据预先设计好的量化标准进行打分,对每个项目的实施情况进行量化形式的判断,得出最终分数与评价。

最后,进行项目评估。专家团队将15个项目的中期评估与末期评估汇总,形成最终的项目评估报告,在评估报告中,包含项目质量管理的实施目标、方式、内容以及最终可交付成果的质量情况。

(四)善爱社会工作服务管理系统

善爱社会工作服务管理系统,是R社工机构为确保本次公益创投项目顺利实施而向中国社会工作学会与善爱社工（武汉）信息服务有限公司购买的线上项目管理平台。由于在项目实施过程中的客观因素，部分的项目管理过程，无法在线下展开，尤其是督导作为项目质量管理的重要组成部分，无法在线下实施，而为了完善项目质量管理的质量保证体系与质量控制体系，充分完成项目管理计划，R社工机构决定采用搭建线上项目管理平台的方式，对线上项目质量管理进行完善。

第一，在技术方面，利用大数据、云计算等现代化信息技术手段，采用"互联网+社会工作"的形式，把专业的社会工作服务嫁接到现代的互联网技术上，让本次H市公益创投项目更规范、项目管理更科学。

第二，善爱社会工作服务管理系统的主要功能包括：服务记录功能（咨询管理、探访管理、个案服务管理、小组服务管理、社区服务管理、项目管理）、服务监管功能（机构服务情况、督导管理、部门管理）、人员管理功能（社工管理、志愿者管理）、服务评估功能、服务统计功能、培训管理功能、档案管理功能、行政管理功能、绩效管理功能、经费管理功能、考勤管理功能、任务管理功能、资源整合管理功能、资源共享功能等。

第三，在架构方面，整个管理系统分为两个主体，分别是行业管理端与机构端，行业管理端即行业管理与购买服务单位，主要包括社工处/科基政处、社工协会团委、工会、计生委、司法局禁毒办等，行业管理的主要功能为社工机构管理、服务项目管理、统计管理、通知管理、服务档案管理、评估管理；机构端既社会工作服务提供单位，主要包括社工机构、慈善组织、基金会、社会福利机构、养老机构等，而机构端的主要功能分为两个部分，分别为机构管理与服务管理。在项目实施过程中，主体双方除要各自实行自身需要进行的功能外，机构端还要向行业管理端上报数据，同时，行业管理端要对机构端进行管理。

第四，在功能方面，可将该平台分为系统服务管理模块与机构管理模块，系统服务管理模块主要包括12个部分，分别为机构服务情况、督导管理、部门管理、社工管理、探访管理、咨询服务、个案服务管理、小组服务管理、用户中心、志愿者管理、项目管理、社区服务管理；机构管理模块分为9个部分，分别为统计管理、培训管理、绩效管理、档案管理、共享管理、经费管理、考勤管理、行政管理、资源整合管理。

第五，善爱社会工作服务管理系统本身在公益创投项目管理中的定位，属于项目管理所使用的工具，其最初被提出、构建的目的是解决项目质量管理中所遇到的部分问题。在公益创投项目质量管理过程中曾经不止一次地发生了由于文件管理混乱、信息传达不及时以及文件透明度较低所造成的各种问题。在遇到问题后，H市公益创投项目质量管理过程组通过使用石川质量七工具来探究问题的来源。对项目质量管理中问题产生的原因进行梳理后，H市公益创投项目质量管理过程组经过商讨认为在项目质量管理过程中引入数字化工具，通过对公益创投项目质量管理进行数字赋能，有助于解决相关问题。

对于H市公益创投项目的质量管理，在项目质量目标确定的前提下，以及线上督导的客观条件的作用下，R社工机构通过将各个质量目标、预期最终可交付成果、质量政策、质量保证体系与质量控制体系交与督导组，由督导组以线上的形式对15个项目承接方进行督导，在此过程中，每一次的督导记录，其中包括督导内容，在线下进行整理后，需要在平台进行上传、存档。在实务过程中，15个公益创投项目承接组织在具体对服务对象进行服务的过程中，最常应用的方式是小组工作与个案工作，项目承接方在进行服务后，在线下要进行记录。在个案工作与小组工作中，按照专业社会工作的方式，即接案、预估、计划、介入、评估、结案，使用专业的社会工作工具及项目管理工具进行记录，按照质量保证体系与质量控制体系内部内容，将记录上传到善爱社会工作服务管理系统，由项目相关方以及项目评估组进行审阅，并作为项目中期评估与末期评估的重要依据进行保留。

三 R社工机构公益创投项目质量管理问题分析

若想要使整个项目的质量管理科学、严谨、有效，就必须对整个项目的质量管理不足之处进行讨论，在此基础上进行有针对性的完善、修正。而笔者根据《项目管理知识体系指南（PMBOK指南）》第6版中有关项目质量管理的内容以及R社工机构相关方管理的调查资料，将整个项目质量管理划分为规划质量管理、管理质量、控制质量三个阶段，并在此基础上对R社工机构在公益创投项目质量管理上的不足与影响因素进行分析。

（一）规划质量管理阶段

根据资料可知，在项目管理的规划阶段，应当进行规划项目质量管理，即明确项目质量目标、质量角色与职责、项目将采用的质量标准、质量测量指标。在此阶段，本次 H 市公益创投大赛在项目质量管理的规划质量管理阶段存在如下几个值得提升的地方。

1. 质量计划过于分散，未形成专门的质量管理计划

在项目质量管理的过程中，质量管理计划是项目管理计划的重要组成部分，描述了如何实施适用的政策、程序和指南以实现质量目标。质量管理计划描述了项目管理团队为实现一系列项目质量目标所需的活动和资源。项目质量管理计划是贯穿整个项目质量管理的实施过程的，项目质量规则的策划与实施均依赖于质量计划的内容。

在本次 H 市公益创投大赛的项目质量管理过程中，在质量计划的设定方面，存在过于分散的现象，在项目征集阶段的《关于征集公益创投项目的通知》中以及项目初评阶段的《创投项目初评意见》中，均存在项目质量计划的内容，包括对于 15 个项目具体内容的限定、对于参与公益创投的 15 个项目的要求，但是在整个项目质量管理的规划质量阶段，并未输出专门的质量管理计划。

2. 质量目标设置略显单一

项目质量目标是项目管理中的一个重要概念，它指的是项目必须达到的质量标准。这些目标通常在项目开始阶段设定，并在整个项目生命周期中进行监控和管理。项目质量目标可能包括以下几个方面，产品质量，即产品或服务必须满足的特定标准或规格，例如，一个软件开发项目可能有一个质量目标，也就是软件的错误率必须低于某个特定的百分比。过程质量，即项目执行过程中必须遵循的标准或规范，例如，项目团队可能需要遵循特定的工作流程或使用特定的工具和技术。

在 H 市的公益创投项目中，项目质量目标是基于"三社联动"设定的，公益创投项目质量的设定，需要将服务对象作为相关方，通过评估服务对象的需求进行服务质量的设定，而在公益创投项目的具体实施过程中，R 社工机构的总体项目质量目标是基于政府、专家的分析和 15 个项目负责团体的认定确定的，但是，在对 15 个项目进行末期评估后我们发现，服务对象

对相当部分的服务内容表示赞赏,但同时表示自己不需要;也有部分服务对象表示没有接受过服务或是不知道何时接受了服务。这说明,在设定质量目标时,本次公益创投大赛的 15 个项目负责组织未对服务对象有足够的考察,未完全将服务对象的需求纳入质量目标的制定之中。

(二) 管理质量阶段

管理质量是将组织的质量政策用于项目,并将质量管理计划转化为可执行的质量活动的过程,该过程有助于提升实现质量目标的可能性,以及识别无效过程和导致质量低劣的因素。在 H 市公益创投项目的质量管理过程中,在管理质量阶段,有着以下有待提升的地方。

1. 质量管理过程中,循环回顾次数有待增加

为了引导变更,从而有效提升项目可交付成果质量,优化项目管理方式方法,采用多次循环回顾的方式是十分重要的手段,将整个项目的质量评估周期缩短,进行多次评估经常是优化项目质量管理的手段之一。

在 H 市公益创投项目质量管理之中,除去在项目实施前的初评与实地评估外,项目循环回顾的内容为中期评估与末期评估,但为了引导变更,仅仅在除末期外进行一次中期评估是不够的,在整个项目周期为一年以上的情况下,这一方式与"在整个项目期间频繁开展质量与审核步骤"这一质量管理方式,有着些许出入。

2. 项目质量管理的质量政策落实力度有待加大

对于项目质量管理来说,不仅要制定合理的项目质量计划与项目质量政策,项目质量计划与政策的落实也是至关重要的一环,否则,空有计划,没有落实,项目质量计划与质量政策的存在本身也失去了意义。在整个公益创投的项目质量管理方面,15 个项目在实施过程中均存在项目质量政策落实不到位的问题,在相关项目质量管理的推进过程中,并未按照专业项目质量管理政策中的要求,将每一步项目质量政策的执行留下痕迹,即使用专业的质量管理工具进行项目质量管理,且使用专业工具进行记录并保存,例如,在项目督导方面,根据 R 社工机构与督导团队的服务协议,R 社工机构为 15 个项目的承接方提供专业的督导,每月提供至少 4 次督导,且在项目期间,提供 7 次主题培训,内容涵盖基础管理、服务技巧等方面。但从实际的督导记录及各项目提供的培训记录来看,能完整提供全部资料的组

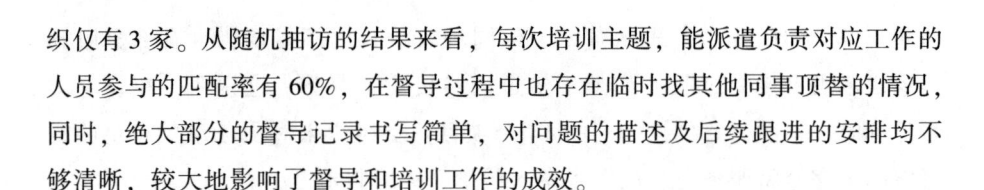

织仅有3家。从随机抽访的结果来看，每次培训主题，能派遣负责对应工作的人员参与的匹配率有60%，在督导过程中也存在临时找其他同事顶替的情况，同时，绝大部分的督导记录书写简单，对问题的描述及后续跟进的安排均不够清晰，较大地影响了督导和培训工作的成效。

（三）控制质量阶段

控制质量是为了评估绩效，确保项目输出完整、正确且满足客户期望，监督和记录质量管理活动执行结果的过程，进而核实可交付成果和工作已经达到主要相关方的质量要求，可供最终验收。在此阶段，在H市的公益创投项目质量管理上，有着专业项目末期评估团队对整个项目的实施与最终可交付成果进行评估，但H市公益创投项目仍存在一定有待提升之处。

参与H市首届公益创投大赛的15个项目在控制质量的过程之中，大部分项目未设有评估工具去评估自己的项目质量，而在相关的评估标准与具体的工作方法上，多以开展服务的数量代替服务成效，较少有项目设定具体及可测量的目标，并设计质量评估表，这不仅表明在项目实施过程中，项目质量评估手段单一，也表明在项目进行中，各方面对于服务成效的关注有所欠缺，例如，在项目末期评估之中，要求各个项目承接机构首先进行自评，在自评之中，要求项目承接机构对项目的背景以及成效进行阐述，而在这方面的阐述中，绝大多数机构，对于项目的背景以及成效的描述是关于项目目标人群数量以及受到相关服务的服务对象的数量，基本没有对于服务成效，即对于项目可交付成果质量的定性分析。

四 优化社工机构公益创投项目质量管理的对策

有效且科学的项目质量管理是从规划、管理、控制三个维度来进行的，而其中最重要也是最基础的便是规划部分，也就是项目质量目标、质量角色与职责、项目将采用的质量标准、质量测量指标的明确，同时，在项目管理理论中关于项目质量管理的部分，也强调质量管理计划的制订以及项目测评/评估方式的规划，二者综合，才能实现有效的项目质量管理。在H市R社工机构的公益创投项目质量管理之中，如何进一步提升项目质量管理的专业度,是值得深思的问题。笔者认为,在项目质量管理之中,应当将质量目标与质量标准、质量测量指标与评估方式并重,在明确合理质量目标与质量标准的前提下,建立科学、严谨的质量测量指标与评估体系。基于此,在项目管理的理念之下,可以从如下几个方面优化管理工作。

(一) 提升规划质量管理的能力

1. 制订专门的项目质量计划

首先,制订项目质量计划。在规划质量管理阶段,针对未形成专门的质量计划,R社工机构、15个公益创投项目承接组织以及政府应当共同在相关专家的指导下,将项目招投标书、征集阶段相关文件与初评期间专家意见结合,为15个公益创投项目制订专门的项目质量计划。并且,R社工机构作为公益创投项目承办方,也应针对整个项目的质量管理制订专门的质量计划,并要求15个公益创投项目的质量计划服从于整个项目管理的质量计划,且子项目的质量计划应当比整体的项目质量计划更详细,同时,在质量目标明确,即使质量目标与项目质量愿景相符合的前提下,继续做到制订详细的质量计划,包括项目质量目标、质量活动、质量工具与技术、质量控制标准和流程等,确保计划中包含充分的信息,以便项目各方能够理解并执行。

其次,明确质量管理的责任和角色分工。准确定义项目经理、团队成员和其他相关人员的质量管理职责,建立相应的沟通和协作机制;分析潜在的质量风险,确定可能对项目质量产生重大影响的因素和风险;制定相应的措施和计划,以应对和管理这些风险,确保项目具备充足的质量管理资源,包括人力、物力和技术设备等。

最后,合理分配资源,以满足项目的质量需求。建立监测和控制机制,对项目的质量进行实时跟踪和评估;及时发现和解决质量问题,防止质量偏差的出现;通过定期的质量回顾和评估,总结经验教训,提出改进意见和措施,推动项目质量的不断提升。总之,在制订公益创投项目的质量计划时需要充分的规划、资源和风险管理,以及有效的监控和持续改进机制,以确保项目按照既定质量标准和目标顺利进行。

2. 在质量目标的设置过程中,加入各相关方需求

在公益创投项目质量管理中,为了将相关方的需求更好地融入项目质

量目标中应当做到如下几点。第一，明确项目的相关方，包括捐赠者、受益者、志愿者、合作伙伴等。了解他们的需求和期望，确保项目能够满足他们的期望，为其创造价值。第二，与相关方进行有效的沟通，倾听他们的意见和建议。通过面对面交流、问卷调查、会议等渠道，了解相关方对项目质量的期望和需求。第三，将相关方提出的需求进行整理和分析，确定哪些是真正对项目质量有影响的关键需求。区分需求的重要性和紧迫性，制定相应的质量目标。制定质量目标：基于相关方的需求和项目的实际情况，制定具体、可衡量的质量目标。第四，确保目标与相关方的期望一致，并且能够在项目实施中被有效跟踪和评估。第五，建立反馈机制，定期与相关方沟通项目的进展和质量情况。第六，及时回应他们的反馈和意见，并采取相应的措施，以满足他们的需求和期望。第七，通过不断地反馈和学习，持续提高项目的质量。第八，将相关方的反馈和需求纳入改进计划，以不断提升项目的质量水平。

总之，将相关方的需求融入项目质量目标中需要主动与相关方进行沟通和反馈，并将其需求纳入项目的规划和改进中。只有满足相关方的期望和需求，才能真正实现项目的质量目标并获得公益价值。在H市公益创投项目质量管理过程中，应当针对政府、R社工机构以及15个公益创投项目承接方的服务对象的需求建立质量目标，而针对目前分析出的此次公益创投项目质量管理存在的有待提升的质量目标设置方面，R社工机构尤其应当引导15个公益创投项目在设定项目管理目标时，增加对于服务对象需求的考量，使服务目标更加切合服务对象的需求。

（二）提升管理质量的能力

1. 以敏捷方法进行项目质量管理

使用敏捷方法开展项目质量管理，在整个项目期间频繁开展质量审核，多次进行循环回顾，定期检查质量过程效果，寻找问题产生的根本原因，然后建议实施新的质量改进方法，后续回顾会议评估试验过程，确定新的方法是否可行、是否应继续使用、是否应该调整或直接弃用。

敏捷方法在公益创投项目质量管理中有以下益处：第一，提供快速响应服务并提高灵活性，公益创投项目通常需要在紧迫的时间内完成，敏捷方法可以帮助团队更快地响应需求变化，快速迭代和交付高质量的成果；

第二，强调持续改进，敏捷方法鼓励团队通过持续学习和改进来提高项目质量，在公益创投项目中，通过不断反思和调整，团队可以更好地满足受益人和社会的需求；第三，强化团队合作和客户参与，敏捷方法鼓励团队成员之间的密切合作和持续沟通，也鼓励与利益相关者保持紧密的合作，在公益创投项目中，这种合作和参与有助于团队更好地理解和满足受益人的需求，提高项目的质量；第四，强调持续交付和用户价值，公益创投项目的核心是为社会创造价值，敏捷方法强调持续交付和用户价值导向，通过敏捷方法，团队可以更早地交付产品增量，及时获得用户的反馈和验证，提高项目的质量；第五，高效利用资源，敏捷方法通过迭代和增量开发，可以优化资源的利用，在公益创投项目中，这意味着团队可以更好地分配资源，集中精力解决最重要的问题，提高项目的质量和效率。总而言之，敏捷方法有助于团队更快、更高效地交付高质量的成果，更好地满足受益人和社会的需求。

以敏捷方法进行项目质量管理时，需要做到如下关键步骤和实践。第一，进行质量需求定义，在项目启动阶段，与利益相关者一起明确和定义质量目标和需求，这些需求应该是可量化的，以便在项目进行中进行验证和测试。第二，敏捷团队参与，实现敏捷项目质量管理的核心是要让整个团队对质量有共识和责任，每个团队成员都应该了解项目的质量目标和标准，并参与到质量管理的过程中。第三，迭代和增量开发，敏捷方法强调迭代和增量开发，每个迭代中都会产生可工作的产品增量，在每个迭代中，团队应该对产品做出评估和测试，以确保其质量达到预期。第四，反馈和修正，敏捷方法强调通过反馈机制及时修正问题。团队应该定期收集和分析用户及利益相关者的反馈，以改进产品的质量。第五，质量测量和监控，建立适当的质量测量指标，并在项目进行中进行监控和评估，这些测量指标可以包括项目覆盖率、缺陷率、用户满意度等，以便及时发现和解决质量问题。第六，持续学习和改进，质量管理是一个持续的过程，团队应该不断学习和改进质量管理的实践和技术，定期进行回顾和复盘，总结和分享经验教训，以不断提升项目的质量。通过上述实践，敏捷方法下的项目质量管理可以更好地管理项目质量，确保项目交付的产品符合质量标准，满足利益相关者的需求和期望。

2. 加大项目质量管理政策落实力度

要加大公益创投项目的质量管理政策落实力度，应当采取以下措施。

第一，建立明确的质量管理体系，确立质量管理的目标和原则，构建一套完善的质量管理体系，包括相关的政策、流程、程序和指导文件，确保相关方理解和遵守这些质量管理要求。第二，强调项目管理流程，制定详细的项目管理流程，包括项目启动、规划、执行和监控等各个环节。确保项目团队按照流程执行项目，减少偏差和失误，提高项目质量。第三，明确责任与角色，明确项目团队成员的责任和角色，确保每个成员都清楚自己的职责，理解项目质量的重要性，严格按照要求进行工作。第四，建立有效的沟通机制，建立全员沟通机制，确保项目团队内外的沟通顺畅，问题能够及时解决，信息能够及时传递。保持相关方的参与和反馈，及时了解问题和需求，有针对性地进行调整和优化。第五，强化培训和提升技能，为项目团队提供相关的培训，提升他们的技能和知识水平，在质量管理方面具备足够的能力和专业知识。培训包括项目管理技能、质量管理方法和工具等。第六，进行质量检查和审查，定期进行质量检查和审查，评估项目的进展和质量状况，发现问题并进行解决。该过程可以通过内部审核、外部评估或第三方审核等形式进行。第七，持续改进和学习，建立一个持续改进的机制，根据项目执行的情况，及时总结经验教训，制定改进措施，并在后续项目中应用和推广。

对于H市公益创投项目质量管理来说，首先，在项目的培训上，应当将项目管理质量政策提前告知15个项目承接方，并对15个项目承接方进行专门的质量政策落实方法培训，进而促使督导参与其中，对于质量政策的落实进行定期监控与纠正，引导15个项目的承接方使用正确的质量管理方式；其次，在整个公益创投质量管理过程中，应针对项目本身设计或引用适合项目质量管理的工具，并确保工具本身与H市公益创投项目质量管理有着良好的适切性，与预先设定好的质量政策相配合，将质量政策的落实过程做到专业化、科学化，并与督导进行联合，确定15个项目承接方正确使用工具，将质量管理中使用的工具、资料进行保存，以便日后评估。

（三）提升项目质量管理相关评估的能力

1. 优化量化评估的方式

要优化公益创投项目质量管理的项目指标量化评估方式，可以考虑以下几点。

第一，确定关键绩效指标，首先需要明确项目的关键绩效指标，即能够直接体现项目质量的指标，这些指标应该与项目的目标和愿景相匹配，具有可衡量性、可追踪性和可比较性。第二，设定具体目标和阈值，为每个关键绩效指标设定具体的目标和阈值。目标应该具备可量化的特征，能够明确指出预期的绩效水平。阈值则是一个界定良好和不良的衡量标准，可以用来衡量绩效是否达到预期要求。第三，定期收集数据和监测进展，建立数据收集和监测机制，定期收集与关键绩效指标相关的数据，这可以通过监测项目实施进度、收集项目成果数据、进行受益方调研等方式来实现。数据的收集和监测应该是系统化和持续的，以便及时了解项目的进展和绩效表现。第四，数据分析和评估，对收集到的数据进行分析和评估，以便客观地评估项目的质量，可以使用统计分析工具和方法，对数据进行趋势分析、相对比较分析等，得出结论和建议。第五，反馈和改进，根据评估结果，及时向项目团队和其他相关方提供反馈，并进行改进，建议采取数据驱动的方法，通过分析评估结果，确定改进方向和优先级，制订具体改进计划，并跟踪改进成效。第六，持续改进和学习，将项目评估的结果和经验记录下来，形成项目质量管理的知识库，不断总结和分享项目的成功经验和教训，为将来的项目提供借鉴和学习的机会；通过优化项目指标量化评估方式，可以更加科学和有效地评估和管理公益创投项目的质量，提升项目的整体表现和影响力。

对于 H 市公益创投项目质量管理来说，首先，应当针对 15 个公益创投项目的目标群体的需求进行科学的量化分析，并将分析所得出的结论与政府所要求的质量目标相结合，明确量化的质量目标；其次，将得出的量化目标按照项目生命周期进行分解，对 15 个项目承接方进行培训，使其明确在各个时间段内，在项目质量管理中应当达到的量化标准；再次，在督导的监督下，定期对量化的质量标准进行检查，明确项目的不足之处，及时进行改正与变更，尽可能在实施过程中，对于项目质量管理的量化质量标准进行不断优化；最后，在督导的辅助下，设立项目质量管理绩效评价体系，定期根据所设定的绩效标准，对项目进行审核。

2. 加强非量化的项目质量管理方式

除根据量化质量标准进行项目管理外，还可以考虑以下方式来加强公益创投项目的项目质量管理。第一，质量评估访谈，组织面对面或线上的访谈，与项目相关方进行深入交流，了解项目的进展、挑战和成果，访谈可以针对项目团队成员、项目受益方和其他利益相关者，通过沟通了解他们对项目质量的评价和建议。第二，问卷调查反馈，设计评估问卷，向项目相关方发放，收集他们对项目质量的评价和意见，问卷可以覆盖项目的整体管理、执行实施、组织合作、项目影响等方面的内容，通过统计和分析问卷结果，得出对项目质量的整体评价。第三，专家评审，邀请相关领域的专家对项目进行评审，从专业角度对项目质量进行审核和评估，专家可以对项目的方法论、可行性、可持续性等方面进行全面评估，并提出宝贵的意见和建议。第四，实地考察和案例研究，组织实地考察，深入了解项目的实施情况和效果。可以参观项目所在地，与项目受益方进行面对面的交流，观察项目的实际运行情况、了解项目的实际效果和影响，同时，可以进行类似项目的案例研究，借鉴其他类似项目的经验和教训，进一步提升项目质量。第五，媒体报道和社会反馈，关注媒体对项目的报道和社会公众的反馈，了解项目在公众心目中的形象和口碑，媒体报道和社会反馈能够有效地反映项目的公信力和影响力，对项目质量进行间接评估。第六，指定明确的质量管理责任人，确保项目团队中有专门负责质量管理的成员，这个责任人可以负责监督和推动项目的质量管理工作，确保项目中的质量要求得到满足。第七，强调团队合作和沟通，建立良好的团队合作和沟通机制，确保项目团队成员之间的有效沟通和协作，通过有效的沟通和团队合作，可以及时解决质量问题，保证项目达到预期质量要求。第八，项目质量管理培训和知识分享，定期组织项目质量管理培训和知识分享活动，提高项目团队成员对质量管理的认识，增强其质量管理的能力。通过分享成功案例和失败教训，促使团队成员学习和进步。第九，反馈和评价机制，建立一个有效的反馈和评价机制，收集项目参与方和受益方的意见和建议，以及时发现项目存在的问题和改进的空间，定期对项目的质量管理工作进行评估，找出不足并及时改进。

在H市公益创投项目质量管理中，首先，对于问卷调查与访谈的质量管理评估方式的运用，主要集中于末期评估之中，而在项目实施阶段却少有见到，为了加强非量化的质量标准在项目质量管理中的应用，应当增加对于问卷调查以及访谈这类方法的使用，定期针对15个公益创投项目的服务对象进行问卷调查与访谈，并结合项目督导，及时根据问卷调查与访谈结果的反馈，对项目质量管理的过程进行指导，督促项目承接方进行调整；其次，可以将15个公益创投项目在质量管理过程中的经验教训记录下来，通过定期举办分享会的方式，向所有项目承接方分享经验教训，进而优化项目质量管理过程，提高最终服务与最终可交付成果的质量；最后，可根据项目征集过程中对于项目的分类，将15个公益创投项目进行划分，对划分后的、具有相似特点的项目进行分类管理，在同一种项目类别中使用区别于其他项目类别的质量管理方式，流通具有高度可借鉴的质量管理经验教训、信息，在评估与督导的过程中根据该类别的特殊质量管理政策与质量管理目标实施督导与评估，进而保证该类别项目的最终可交付成果质量。

第九章　公益创投项目人力资源管理

在第 6 版《项目管理知识体系指南（PMBOK 指南）》中，人力资源管理被整合进更广泛的项目资源管理知识领域。项目资源管理不仅涵盖人力资源，还包括物理资源（如设备、材料等），但其主要核心依然是强调团队建设和管理的重要性，因此本章仍聚焦于人力资源管理的主题，探究公益创投项目的人力资源管理。

当前我国的一些公益创投大赛的综合成效不佳，究其原因，主要是公益创投大赛承办单位的人力资源管理出现了问题，无法充分地发挥出对小型参赛项目指导服务、评估管理的引领作用。[1] 社工机构在开展人力资源管理工作时，需要将其与企业人力资源管理区别开来，社工机构具有非营利性，项目经费不足，导致社工机构的人力资源管理和企业的人力资源管理具有很大差异。本章以双因素理论为分析框架，以 R 社工机构承办的 H 市首届公益创投大赛为案例，对社工机构人力资源管理中存在的问题进行分析，有利于丰富和拓展此领域的人力资源管理研究。

一　项目人力资源管理的理论和概念

（一）项目人力资源管理相关研究

首先，通过回顾前人研究，笔者发现大多研究文献强调非营利组织人力资源管理的特殊性，因为其具有特殊性，所以也自然变得更为重要，这

---

[1] 苗大雷、周贝：《行政吸纳项目：公益创投的运行机制及成效分析——基于"花样年华"公益创投大赛的案例研究》，《新视野》2022 年第 5 期。

是一种通过比较而形成的重要性，但是缺乏深入分析人力资源管理对组织本身可以发挥的具体作用和功能的相关文献；其次，在人力资源管理问题方面的研究中，一方面主要阐述人力资源六大板块中的问题，另一方面重点强调组织中对于管理者的管理问题，但这只是一种宏观性的问题描述，缺乏透过项目案例分析组织中人力资源管理问题的相关研究；最后，在人力资源管理对策方面，一部分文献从招聘、培训、绩效考核、薪酬等环节寻找解决问题的对策，另一部分文献主张应用模型工具来解决人力资源管理问题，模型工具确实更加具有实操性，但是这些模型工具只能解决常规性问题，组织中的个性化问题还是不适合套用模型来解决。

笔者通过梳理文献发现，当前研究分别从机构人员培训与督导、激励与绩效考核以及人员流动性这几个维度进行分析，在培训方面强调要依据能力模型开展培训，也分析了激励和绩效考核的问题及应对措施，但是这都是对人力资源管理的某一个板块进行的分析，缺少对人力资源管理的系统性研究；而且这些研究大多数依靠的是对机构员工直接进行问卷调查或者访谈而收集到的较为笼统的材料，但是机构的人力资源管理问题只有在具体的实践项目中才会暴露得更加明显和真切，当前缺乏通过机构承办的项目来发现机构人力资源管理问题的研究。

鉴于此，本章在梳理分析相关文献的基础上，将研究内容聚焦于在H市首届公益创投大赛期间R社工机构所出现的人力资源管理问题，以期为这一领域的相关研究提供一定的参考。

（二）理论基础和概念界定

1. 双因素理论

双因素理论是由美国行为科学家赫茨伯格（Frederick Herzberg）于1959年提出的。赫茨伯格和他的同事针对美国匹兹堡市的11家企业中的200名员工进行调查，询问什么情况下他们会感觉到"很满意"或者"很不满意"以及产生"很满意"或者"很不满意"情绪的原因是什么，并且将他们的回答按照重要程度进行排序。他发现能够使员工产生满意情绪的因素，是与工作自身相关的，他将这些因素称为激励因素，如果具备激励因素，员工则会达到"满意"的状态，若不具备激励因素，员工也只会处于"没有满意"的状态，并不会直接处于"不满意"的状态；另外，能够使员工产生不满意情绪的因素，是与工作待遇和环境相关的，他将这些因素称为保健因素，如果不具备保健因素，员工则会处于"不满意"的状态，若具备保健因素，员工也只会处于"没有不满意"的状态，并没有达到"满意"的状态，无法起到强有力的激励作用（见表9-1）。①

表9-1 双因素理论表解

	具备	缺失
保健因素（维持因素）	没有不满意	不满意
激励因素（提升因素）	满意	没有满意

保健因素通常也被称为"维持因素"，是指造成员工不满的因素，主要包括薪酬、机构制度、工作环境及条件、人际关系、管理方式等方面，它们属于基础性的必备条件，给员工带来工作之外的满足，但这些因素无法从工作本身获得，因此无法发挥直接的激励作用。然而如果缺乏这些保健因素，激励因素就没有发挥优势的机会，如果这些保健因素得到改善则可以消除员工的不满，能够对工作起到保健和支持的作用。

激励因素也被称为"提升因素"，是指能够让员工产生满意情绪的因素，主要包括自我实现和成就感、培训机会、表现机会、认可、考核奖惩、工作乐趣和吸引力等方面，这些因素在让员工产生满意情绪方面起到决定性作用，能够使员工产生与工作自身密切相关的强烈满意度，也就是关于工作内容的满足。若这些激励因素缺失或处于较低水平，员工虽然不会处于"不满意"状态，只是处于"没有满意"的状态，但依然无法充分地激发员工潜能。

本章将以双因素理论为分析框架，结合R社工机构在承办首届公益创投大赛中人力资源管理的具体情况，从保健因素中的薪酬水平、工作条件和环境、人力资源管理制度、激励因素中的自我实现和成就感、工作吸引力以及绩效考核这6个方面进行分析，研究社工机构在人力资源管理方面存在的问题及其成因，并制定相应的解决措施（见图9-1）。

---

① 弗雷德里克·赫茨伯格、伯纳德·莫斯纳、巴巴拉·斯奈德曼：《赫茨伯格的双因素理论》（修订版），张湛译，中国人民大学出版社，2016，第10页。

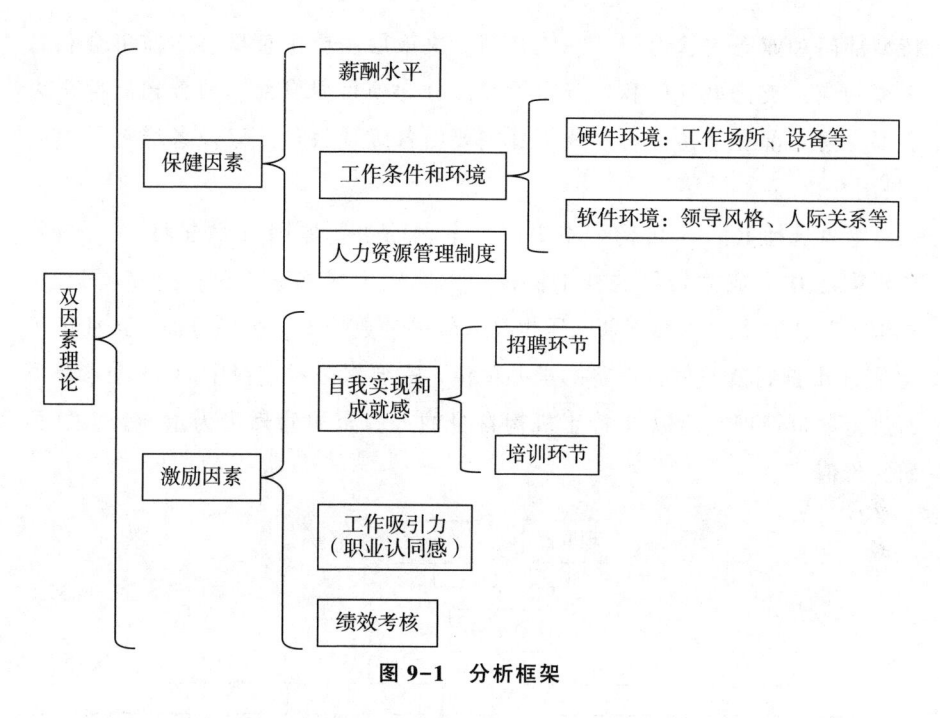

```
                    ┌─ 薪酬水平
                    │
       ┌─ 保健因素 ─┼─ 工作条件和环境 ─┬─ 硬件环境：工作场所、设备等
       │            │                  │
       │            │                  └─ 软件环境：领导风格、人际关系等
       │            │
       │            └─ 人力资源管理制度
双因素 │
理论   │            ┌─ 自我实现和 ─┬─ 招聘环节
       │            │   成就感     │
       │            │              └─ 培训环节
       └─ 激励因素 ─┤
                    ├─ 工作吸引力
                    │  （职业认同感）
                    │
                    └─ 绩效考核
```

图 9-1 分析框架

2. 社工机构人力资源管理的概念

社工机构人力资源管理是指社工机构从专业社会工作的价值理念出发，通过吸引、培训、发展、维系和评估等机制，帮助机构员工和志愿者挖掘其内在潜能，促进其成长和发展，以实现社会服务的目标。[1]

本章研究的社工机构中的人力资源指的是机构中的全职员工，分别为全职的社会工作者和全职的管理者，故访谈对象都是全职员工，兼职的专家团队、督导团队和志愿者不属于本章研究对象。

二　R 社工机构及其在公益创投项目中的人力资源管理现状

（一）R 社工机构的组织架构

R 社工机构的组织架构共分为 3 个层级，从上到下依次是决策层、支

---

[1]　唐斌尧编著《社会工作人力资源管理》，中国社会出版社，2011，第 9 页。

持型部门和业务主管部门、一线管理。决策层主要由理事会、监事会和总干事构成；支持型部门和业务主管部门分为项目研发部、服务拓展部、人资部、财务部和宣传部；一线管理主要由各级项目员工以及各级督导组成（见图9-2）。

笔者选择R社工机构为本书研究案例的主要原因有两方面，一方面，该机构是H市成立较早的社工机构，发展较为成熟，曾获得过多项荣誉，机构中存在的人力资源管理问题也具有较强的典型性；另一方面，R社工机构是H市首届公益创投大赛的承办单位，需要对公益创投中的15个参赛项目进行项目管理，所以R社工机构自身的人力资源管理更为重要，也更具研究价值。

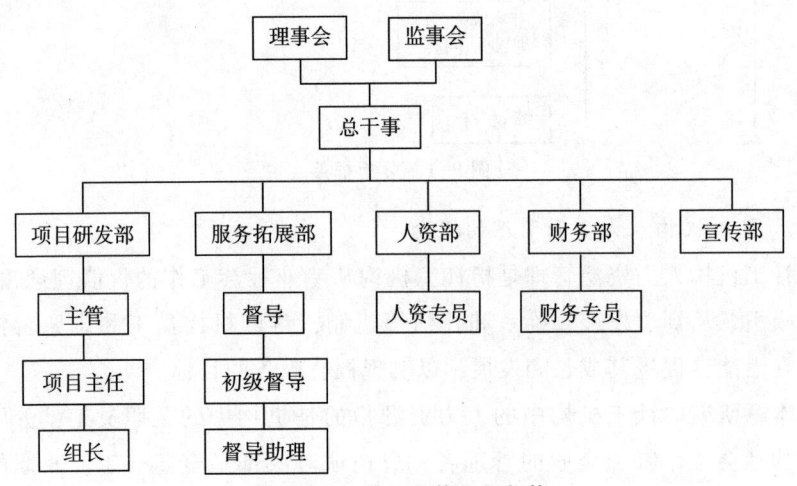

图9-2 R社工机构组织架构

（二）R社工机构在公益创投项目中的人力资源现状

1. 人员数量情况

由于本书的研究对象是R社工机构中的全职员工，且机构中的所有全职人员都参与了公益创投项目，所以机构和项目的全职员工人数是相同的，根据问卷调查结果可知：机构全职员工有12名，分别为机构负责人1名，人力资源专员1名，财务专员1名，一线社工9名。

2. 人员性别情况

根据问卷调查结果可知，R社工机构全职员工中女性有10人，占项目全职员工总人数的83%，男性仅有2人，占全职员工总人数的17%。

3. 人员年龄情况

根据问卷调查结果可知，R社工机构中年龄在25岁及以下的有3人，占总人数的25%；年龄在26~35岁的有6人，占总人数的50%；年龄在36~45岁的有2人，占总人数的17%；年龄在45岁以上的有1人，占总人数的8%（见图9-3）。

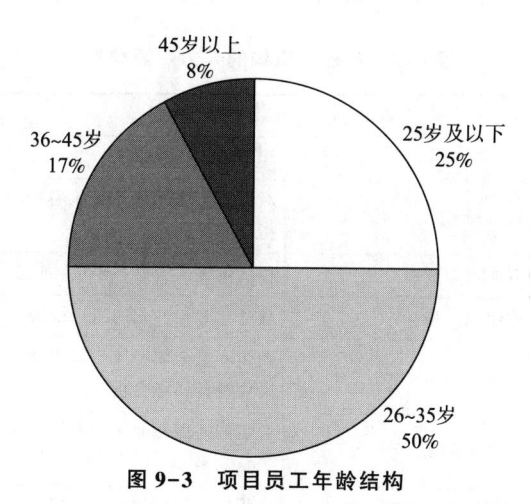

图9-3 项目员工年龄结构

4. 人员学历及专业背景情况

根据问卷调查结果可知，R社工机构中本科学历人数为9人，所占比例达到75%；研究生学历人数为3人，占总人数的25%。因为R社工机构为高校社会工作专业教师建立的社工机构，项目员工学历普遍较高。在项目员工专业背景方面，所学专业与社会工作、社会学相关的人数为8人，占比为67%，其他不相关专业的人数为4人，占比为33%，持有二级心理咨询师证的仅有3人，占比为25%。

（三）R社工机构在公益创投项目中的人力资源管理现状

R社工机构作为公益创投大赛的承办单位，其人力资源管理可分为人力资源规划、招聘、培训、薪酬和激励等方面。

1. 人力资源规划情况

R社工机构的人力资源规划工作的主要任务是了解人员需求，进而提前安排人力资源管理的相关工作，比如人员招聘规划、员工离职及接替规划、培训督导规划、绩效考核以及薪酬规划等，最终实现机构的目标。首先，输入机构目标、人力资源需求、机构组织结构、现有的人力资源、人力资源市场等要素；其次，应用人力资源规划工具和技术进行分析，分析工具和技术包括机构组织图和职位描述表、人际交往、专家判断以及组织会议；最后，输出规划结果，包括机构人力资源配置计划、机构人力资源培训督导计划、机构人力资源风险分析（见表9-2）。

表9-2 R社工机构的人力资源规划

规划过程	工作内容	
		人力资源规划
输入	机构目标	对H市首届公益创投大赛中的15个参赛项目提供指导服务和评估管理
	现有的人力资源	机构负责人、财务专员、5名一线社工
	机构组织结构	扁平化和柔性化的组织结构
	人力资源需求	缺少4名全职社工以及1名人资专员，针对各个岗位进行详细分析
	人力资源市场	分析所需岗位的人力资源在H市的供求关系以及工资水平
分析	机构组织图和职位描述表	分析每个岗位的角色、职责和所需能力
	人际交往	通过人际交往中的人脉关系，增加获取合适人力资源的机会
	专家判断	主要是机构负责人进行规划需求判断
	组织会议	R社工机构工作人员开会讨论规划事项
输出	机构人力资源配置计划	描述项目未来的人员数量和素质构成
	机构人力资源培训督导计划	每月培训次数为3次以上
	机构人力资源风险分析	招聘失败或者员工突然离职的应对措施

2. 招聘情况

根据问卷调查结果可知，第一，通过网络招聘的方式进入机构的员工有2名，占总人数的17%，R社工机构原有的员工有7名，占总人数的58%，通过学校招聘进入机构的应届毕业生有1名，占总人数的8%，通过其他人介绍来到项目中的有2名，占总人数的17%；第二，对招聘环节的人岗匹配度感到非常满意的有2人，占总人数的17%，感到基本满意的有3人，占总人数的25%，感到不太满意的有5人，占总人数的42%，感到非常不满意的

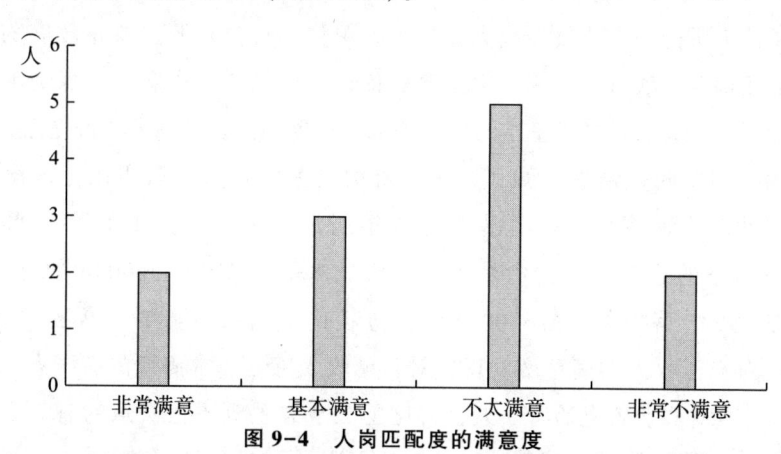

有 2 人，占总人数的 17%（见图 9-4）。

图 9-4　人岗匹配度的满意度

3. 培训情况

根据问卷调查结果可知，第一，培训次数不多，选择"每月培训一次"的有 8 人，选择"每月培训 2~3 次"的有 4 人；第二，员工参加培训的形式仅仅是单位内部培训，缺乏外部培训，在培训形式的选择中，12 名调查对象都选择了内部培训的相关培训形式，而没人选择外部培训；第三，在培训的内容方面，7 人选择了"更加侧重于专业理论知识培训"，5 人选择了"更加侧重于实务技能培训"，而无人选择"更加侧重于职业道德伦理培训"；第四，员工对项目培训感到"非常满意"的有 2 人，占比是 17%，对培训感到"基本满意"的有 4 人，占比是 33%，对培训感到"不太满意"和"非常不满意"的分别有 5 人和 1 人，分别占 42% 和 8%（见图 9-5）。

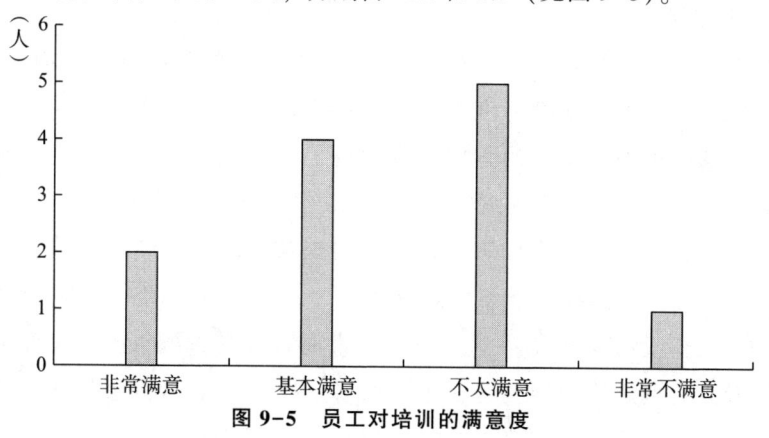

图 9-5　员工对培训的满意度

4. 薪酬情况

R社工机构作为公益创投大赛的承办单位，资金来源主要是政府购买服务的财政预算。项目资金来源渠道窄，依靠这些仅有的资金既要保证项目的顺利运行，又要满足员工基本的生活需求，难免会让公益创投项目捉襟见肘。

根据问卷调查结果可知，第一，机构员工的收入一般由固定薪酬、奖金、津贴、绩效薪酬、社会基本保险等组成。第二，员工的薪酬水平在2500元以下的有2人，占比是17%，薪酬水平在2500~3500元的有9人，占比是75%，薪酬水平在3500元以上的有1人，占比是8%。第三，根据调查员工对自己收入的满意度发现，对自己收入感觉非常满意的有1人，占比是8%，感觉基本满意的有3人，占比是25%，感觉不太满意的有6人，占比是50%，感觉非常不满意的有2人，占比是17%（见图9-6）。

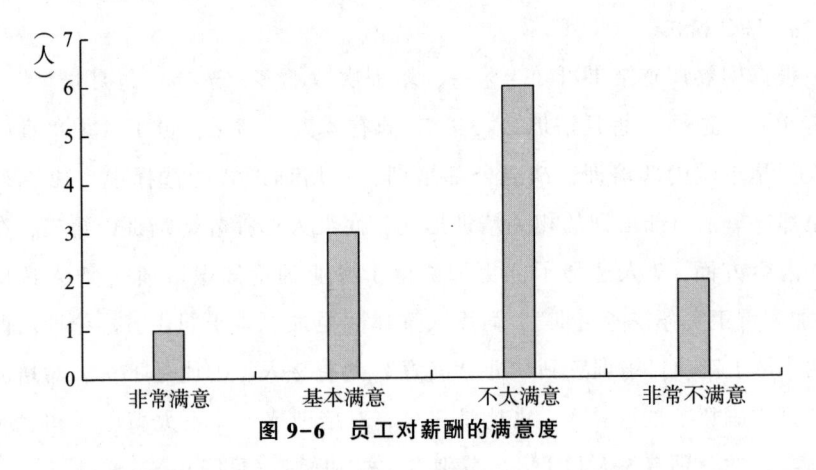

图9-6 员工对薪酬的满意度

5. 激励情况

根据问卷调查结果可知，R社工机构主要采取的激励方式为内在激励，因为薪酬水平较低，激励力度小，所以主要采取成就感激励和荣誉激励的方式，而忽略了外在激励的方式，机构员工虽然想得到机构负责人和同事的关怀和认可，但是他们在现实生活中也需要一定的物质基础。

第一，对于激励因素而言，在自我实现和成就感、绩效考核和工作吸引力这3个方面，选择"非常不满意"和"不太满意"的人较多，说明这3个方面的工作没有做到位；对于保健因素而言，在薪酬水平、工作条件和环境以及人力资源管理制度这3个方面，选择"非常不满意"和"不太满意"的人较多，说明R社工机构在这3个方面存在问题。第二，针对项目员工最喜欢哪种激励方式，5人选择了"薪酬激励"，占比是42%，2人选择了"荣誉激励"，占比是17%，2人选择了"工作成就感激励"，占比是17%，3人选择了"培训激励"，占比是25%（见图9-7）。

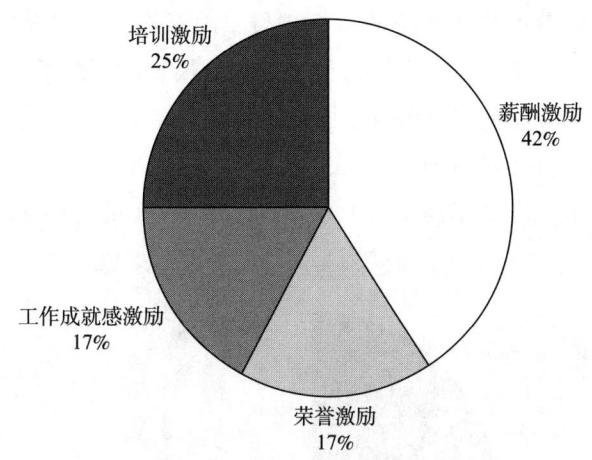

图 9-7　员工喜好的激励方式

6. 人员流动情况

根据问卷调查结果可知，机构员工流失的主要原因是员工对保健因素出现了不满意的情绪。其中认为是对薪酬不满意导致员工离职的有5人，占比是42%；认为是项目工作压力大导致员工离职的有4人，占比是33%；认为是对工作环境和人际关系不满意导致员工离职的有2人，占比是17%；认为是对项目制度不满意导致员工离职的有1人，占比是8%（见图9-8）。

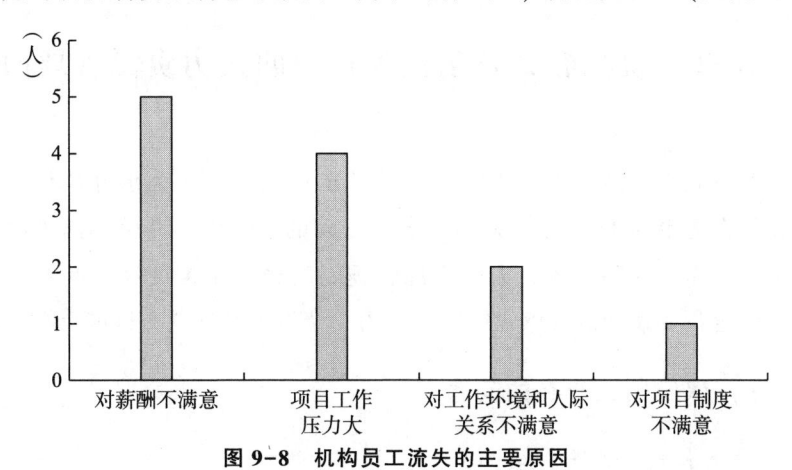

图 9-8　机构员工流失的主要原因

7. 绩效考核情况

根据问卷调查结果可知，公益创投项目的绩效考核主要以出勤率、完成的工作数量、完成的工作质量以及工作态度等为依据，但在实际执行当中，绩效考核没有严格按照考核指标进行，随意性大，绩效考核结果与薪酬关系不大，不公平的考核容易给员工带来消极影响，降低员工的主动性，反向消极作用明显。员工对绩效考核过程和结果表示非常满意的有 2 人，占比是 17%，表示基本满意的有 4 人，占比是 33%，表示不太满意的有 5 人，占比是 42%，表示非常不满意有 1 人，占比是 8%（见图 9-9）。

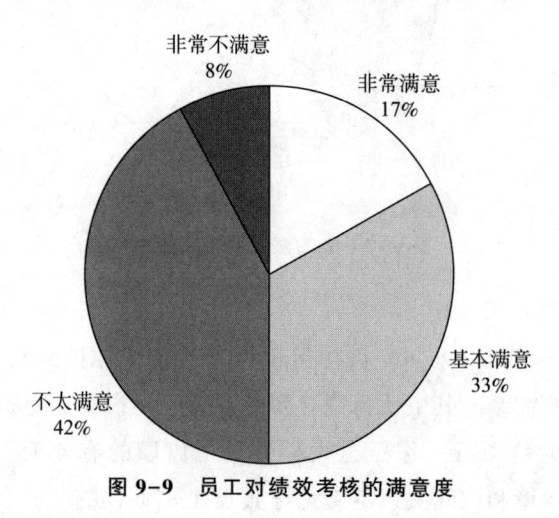

图 9-9　员工对绩效考核的满意度

三　R 社工机构在公益创投项目中的人力资源管理问题

本章以双因素理论为分析框架，发现 R 社工机构作为承办单位，在对公益创投大赛中的 15 个项目进行服务和管理的过程中，其保健因素中的薪酬水平、工作条件和环境、人力资源管理制度这三个维度存在问题，激励因素中的自我实现和成就感、工作吸引力、绩效考核这三个维度存在问题。

（一）保健因素存在的问题

1. 薪酬水平不够科学合理

保健因素中的薪酬福利具有保障和激励作用，薪酬水平对社会工作者的离职倾向有着重要的影响。① R 社工机构承办的公益创投大赛为政府购买公共服务项目，资金来源是政府的财政拨款，但是项目经费总量较小，而且很大部分经费要用于项目开展，难以给员工提供丰厚的薪酬，所以 R 社工机构的岗位薪酬较低，薪酬保健作用的发挥受到限制。另外，社会工作以利他主义为职业价值观，社工机构也是非营利性的民办非企业单位，其承办的公益创投大赛也不以追求利益为目的，故项目员工薪酬水平也较低，但是员工生活在社会大环境之下，有着正常的物质生活需求，面对着社会生活的沉重压力，生活幸福指数较低。

2. 工作条件和环境待改善

工作环境是重要的保健因素之一。工作环境可分为硬件环境和软件环境，硬件环境包括工作场所的通风条件、整洁程度、电脑设备等，软件环境包括领导风格、员工与领导间的关系、员工与员工之间的关系、文化氛围以及工作稳定性等。② R 社工机构作为公益创投大赛的承办单位，办公地点就在 R 社工机构，工作空间狭小，电脑设备陈旧，网络卡顿而影响工作效率。

在人际关系方面，同事之间互相对比薪酬容易形成一种薪酬分配相对不公平的现象，这也会在一定程度上破坏融洽的同事关系，同事之间在工作分配、工作合作以及其他关系到个人利益的事情上也会产生分歧和争论。

由此可见，硬件环境和软件环境都会影响员工的情绪，可能会导致员工产生不满意的想法，从而影响保健因素的作用发挥以及机构人力资源管理的效能。

3. 人力资源管理制度不完善

机构的人力资源管理制度也是重要的保健因素之一。制度性规定可以为员工提供一种安全性和稳定性的保障。经过评估分析，R 社工机构中的人力资源管理制度并不完善，在员工招聘配置、员工培训督导、绩效管理、薪酬管理、劳动关系管理等方面的制度规定也都是简单挪用其他企业的人事制度，没有针对社工机构的特殊性而制定相应的人力资源管理

---

① 唐立、费梅苹：《薪酬激励抑或情感支持：社会工作者流失之因探究》，《青年研究》2020年第2期。
② 简杜莹、陈虹霖：《社会工作机构的激励机制的困境及优化路径分析——基于双因素理论的视角》，《长治学院学报》2020年第5期。

制度。

社工机构中的人力资源管理制度对于机构目标和项目目标的实现起着至关重要的作用,能够保障机构运行项目过程中的人员稳定性,人员稳定性是机构和项目平稳运行的重要前提条件,由此可见机构人力资源管理制度的重要性。另外,社工机构也应该为机构的具体项目制定合适的人力资源管理制度,但是由于公益创投项目本身具有短期性和临时性,如本书中的H市首届公益创投大赛,服务周期不到1年,这就给R社工机构为公益创投项目建立人力资源管理制度带来一定的阻碍,机构没有足够的时间和精力制定项目管理制度,所以只能依托于机构原本的人力资源管理制度,机构中人力资源专员岗位的人员流动性也较大,这在一定程度上增加了制定完善的人力资源管理制度的难度,不能从根本上发挥人力资源管理制度的规范作用和保健作用。

(二) 激励因素存在的问题

1. 自我实现和成就感不强烈

对于社工机构的员工而言,自我实现和成就感主要来源于较高的人岗匹配度和有效的培训增能。一方面,工作内容激励是最有效的激励方式,员工只有在自己热爱的岗位上工作,才能够激发其工作主动性和潜力,从而获得成就感,达到自我实现的目标;另一方面,社工机构的员工对于自身能力的提高是有期待的,希望自己能够通过培训加深对于社会工作的理解以及提升项目管理的实践能力,同时培训也会增强员工在工作中处理问题的能力,提高员工自我效能感,获得工作成就感,从而形成激励,强化社工机构人力资源管理的效能,但是在公益创投大赛期间,R社工机构存在人岗匹配度低和培训增能效果不佳的问题。

(1) 人岗匹配度低

社工机构招聘的本质是招聘到与岗位相匹配的员工,员工须在工作能力、个人价值观、职业倾向等方面都满足岗位的需求,如果招到德才兼备的工作人员,不仅有利于提高R社工机构对15个参赛项目服务和管理的质量,还有利于推动公益创投大赛的平稳运行。然而现实中,机构招聘到的员工和岗位需求往往并不完全匹配,应聘员工在自己的工作岗位中较难实现自我价值,工作成就感低。

在公益创投大赛期间，R 社工机构的招聘渠道大概分为两种，一种是内部原有人员的整合和调配，另一种是外部招聘。由于薪酬比较低，高校社会工作专业毕业生往往流失到了其他行业，应聘的社会工作专业毕业生人数比较少，机构负责人为了防止出现项目停滞的现象，就降低了招聘要求，有的岗位甚至不限专业，只要具有热爱公益、乐于奉献的优秀品质即可，这便无法有效考察应聘者的工作能力以及专业素养。除了社会工作者岗位，R 社工机构中也缺少人力资源管理专业和行政管理专业的专业型人才，这使得一些社会工作者在完成自己本职工作的同时也担负着其他岗位的工作，工作压力比较大，容易产生职业倦怠现象，进而会在一定程度上影响自己的本职工作，一人兼多岗等人岗不匹配的问题，员工工作成就感低，不利于人力资源的高效管理。

> 机构在做项目的过程中有时候因为突然有人离职了，就急需一个人来顶替这个岗位，但是我们内部员工自己的本职工作已经令人焦头烂额了，说实话没人愿意再增加一份工作任务，这个时候就急需招聘一个合适的人员入岗，最后一个老师给推荐了一个人，她也没啥项目经验，入岗之后才开始慢慢学习社会工作的内容，各方面也不太符合岗位的要求，她也每天担心做不好工作。（访谈对象 G）

（2）培训增能效果不佳

培训激励在激励因素中扮演着重要的角色。① 培训可以增强项目员工解决问题的能力，提高自我效能感，带来工作成就感，是个人成长的重要途径。R 社工机构中的工作人员要为 15 个参赛项目的团队提供指导服务，那其自身的工作能力和综合素养便更为关键，但是 R 社工机构在运行公益创投项目的过程中存在培训增能效果不佳的问题。社工机构的工作并不是一些人所认为的只要有热爱他人、乐于奉献的优秀品质就可以胜任了，其需要员工在知识、技能、价值观方面都符合工作要求，新入职的员工可能并不完全具备这些条件，对于工作存在畏难情绪，工作成就感低，另外，老员工也可能随着时代的发展以及新问题的出现，需要不断地给自己充电学

---

① 袁小良、徐雯：《社会服务机构中社会工作者激励因素研究》，《社会建设》2016 年第 4 期。

习，这都需要加强培训督导，但是根据了解到的实际的机构培训情况来看，R社工机构培训中存在问题。

2. 工作吸引力不高

在H市首届公益创投大赛期间，R社工机构存在工作吸引力偏低的问题。首先，机构项目任务繁杂，而工作人员较少，存在一人兼多岗现象，故工作压力较大；其次，薪酬水平较低，和其他行业工作的薪资相比缺乏竞争力，难以进一步改善员工物质生活，生活压力沉重，故工作吸引力低；再次，机构中缺少对优秀员工的表彰和夸奖，仪式感强的表彰会议可以对员工形成强有力的内在激励，机构负责人对员工工作的认可反过来也可以增强员工对职业的认同感，提高工作吸引力；最后，招聘环节的人岗匹配度低的问题也会衍生出机构员工职业认同感低的问题，员工不适应岗位工作，就会产生职业倦怠问题，从而降低工作吸引力，不利于人力资源管理工作的开展。

> 但是有时候招聘环节可能没有把好关，有些其他员工进机构之后就不停地抱怨，感觉机构的工作和她自己当初想得不一样，没什么成就感和吸引力，她这样的工作情绪其实也会影响到我们，我觉得这样挺不好的。（访谈对象I）

四 R社工机构在公益创投项目中人力资源管理问题的成因分析

（一）保健因素存在问题的原因

1. 薪酬体系不灵活

（1）薪酬水平受项目经费限制

由于R社工机构承办的公益创投大赛为政府购买服务项目，政府预算是项目经费的重要来源，然而目前一些政府单位的财政预算中并没有包括政府购买服务专项经费或者编制的预算金额太低，这都会造成政府购买公益创投项目的服务经费紧张。① 在项目经费总量受限的情况下,政府部门还要求大部分的经费必须用在对 15 个参赛项目的服务和管理中,剩下的很少一部分才能用于 R 社工机构员工的工资发放中,进而导致机构员工薪酬水平较低。

> 当时和民政局工作人员开会的时候人家就要求要把绝大部分项目经费用在项目中,认为我们本来就是非营利机构,不应该自身得到那么多经费,但是我们机构也需要正常运行,我觉得主办单位也需要换位思考一下,不然给机构员工开工资都是问题。(访谈对象 A)

(2) 缺乏合理的岗位薪酬评估机制

在 H 市首届公益创投大赛期间,R 社工机构作为承办单位,缺乏科学合理的岗位薪酬评估机制。内在公平性和外在竞争性是薪酬管理的两大原则,员工如果感觉到自己比其他岗位员工付出得更多,但得到了相同或者相对较少的薪酬,内心则会逐渐产生消极怠工的情绪,削弱薪酬的保健作用,也降低了人力资源管理的效能。机构员工也会将自己的岗位薪酬和外部市场中的同岗薪酬进行对比,如果自己的薪酬相对较低,则降低了薪酬的外在竞争性。由此可见,科学合理的薪酬评估机制至关重要。社工机构中不同岗位的岗位职责及其重要性是存在差异的,薪酬是岗位内在价值的一种外在体现,所以薪酬应该与岗位价值相对应,如果缺乏科学的岗位薪酬评估机制,不同岗位的员工可能会萌生不公平的心理。

(3) 薪酬结构不合理

薪酬结构按照薪酬获得方式可分为直接薪酬和间接薪酬,直接薪酬包括基本工资、假日津贴、加班费、绩效奖金等,间接薪酬主要是五险一金。按照薪酬性质可分为不变薪酬和可变薪酬,不变薪酬主要指基本工资,可变薪酬指绩效工资。R 社工机构在直接薪酬中缺少加班费的构成,但是加班的现象又比较频繁,这是很多员工对薪酬感到不满意的原因。虽然可变薪酬即绩效工资确实存在,但是形同虚设,由于绩效考核结果未和薪酬挂钩,

---

① 刘丽娟、王恩见:《双重治理逻辑下政府购买社会工作服务项目的运作困境及对策》,《社会建设》2021 年第 3 期。

机构中相同岗位员工的绩效工资都一样。

> 当时由于项目工作时间比较紧，就没有来得及花精力去根据每个人的实际工作量来定薪，基本上是同岗同薪，这样做其实是不太严谨的；另外我们还经常加班，却没有加班费，有的员工负责的工作比其他员工多，拿的工资却一样，忽略了薪资结构和工作量的适应问题。（访谈对象 B）

2. 沟通机制不畅通

良好的沟通机制对于保健因素作用的持续发挥是至关重要的，利于营造良好的工作环境，形成融洽的人际关系，提高人力资源管理的效能。[①] 然而，在 H 市首届公益创投大赛期间，R 社工机构负责人与员工之间、员工与员工之间缺乏及时有效的沟通。

> 可能大家觉得关于工作任务分配的事情一旦沟通的话，就会伤了和气，其实不沟通才会伤和气，另外大家对绩效考核结果不满意，也可以和负责人进行沟通，我觉得任何问题都能通过沟通解决，大家沟通得多了，关系就越来越近了。（访谈对象 G）

由此可见，通畅的沟通机制对于形成良好的工作环境至关重要，大多数问题可以通过沟通得以解决，但是问题就出在 R 社工机构中的员工之间往往碍于面子不愿沟通或者不知道该如何沟通，这就需要机构进一步完善沟通机制，为社工机构中的人力资源管理工作排除沟通障碍。

3. 制度规划不完善

社工机构的人力资源管理制度可为人力资源管理工作提供一种制度保障，可避免因管理涣散而造成的团队不稳定现象，是一种重要的保健因素。[②] R 社工机构没有找到可以作为依据的与非营利组织相关的人力资源管

---

① 李昀鋆：《社工流失困境下的社会工作服务机构激励机制研究——基于双因素理论视角》，《学会》2014 年第 11 期。

② 李昀鋆：《社工流失困境下的社会工作服务机构激励机制研究——基于双因素理论视角》，《学会》2014 年第 11 期。

理制度，而采用了企业、事业单位的部分人力资源管理制度，其与非营利性质的社工机构具有很大区别，所以造成了 R 社工机构的管理框架不科学，直接影响了机构工作的整体进度，也影响了制度保健作用的发挥。

当时我觉得机构里边本来人就不是很多，没必要制定严格的管理制度约束大家，之前也有一些管理制度，不过是从网上下载的一些企业制度，我觉得很多内容也都是通用的，但是到了公益创投项目末期评估的时候，工作越来越多，就发现没有制度性的规定真不行，工作忙起来就容易忘记培训督导的时间节点安排，很多人事工作都乱了。（访谈对象 A）

（二）激励存在问题的原因

1. 招聘和培训的制度不够完善

（1）招聘制度不完善，主观性强

在 H 市首届公益创投大赛期间，R 社工机构中存在工作成就感弱、人岗匹配度低的问题的主要原因就是没有严格的招聘制度作为参照和约束，导致招聘主观性较强。招聘制度中有两个重点，一是对于机构岗位的职责分析，二是对员工特质的分析，其目的就是所招聘到的员工符合其岗位要求，做到"人适其职，职得其人"。

在岗位职责分析中，由于缺乏完善的制度性规定，机构只选择一些比较笼统的词来形容本岗位的主要工作内容和职责要求，这样做的目的可能也是防止在发布招聘公告的初始阶段就把大量人才排除在外，笼统的岗位职责分析词可以为后期筛选合适员工提供大容量的备选人才库，但是这样做也在一定程度上降低了招聘工作的效率，甚至可能最后所招聘到的员工名不副实。没有具体化岗位职责，没有制作工作分解结构图和内容明细表，这样招聘人员无法明确机构中每个岗位具体要做的工作内容，也不清楚自己真正想要什么类型的人才，应聘者也无法得知此岗位真正的需求是什么。

在对员工的特质进行分析中，R 社工机构从价值观、知识和技术这三个层面去筛选合适员工，但是忽略了胜任能力，胜任能力强调的是一个员工的自我概念和工作动机，这些因素可以直接影响员工的价值观、知识和技术是否能够在实际工作中以正常或者超常的水平发挥出来,有时机构在筛选员工时觉得某位员工很优秀,但是这位员工在后期实际工作中的表现让机构负责人有些失望,原因就是在招聘时忽略了胜任能力。①

(2) 缺乏培训需求分析

培训工作的真正目的是提升员工实际解决问题的能力,是在职业能力导向的前提下开展培训需求评估和培训结果评估。② 在 H 市首届公益创投大赛期间,R 社工机构培训增能效果不理想的主要原因可以分为两个方面:一是前期缺乏培训需求分析和培训计划方案,无法做到精准培训,对症下药;二是在培训的过程中缺乏被督导者的积极参与,无法发挥被督导者的主体作用,参与感低,激励效果不明显。

第一,机构缺乏培训需求分析。培训需求分析是培训工作的重要起点,对开展后续的培训工作有着重要的作用,需求分析可以分为机构员工需求分析和项目需求分析,一方面,通过需求分析可以得知每个岗位最需要的核心能力是什么、哪些员工应该成为被督导者、应该重点培训哪方面的内容、应该通过什么方式进行培训等;另一方面,通过培训需求分析可以提前明确机构项目当中可能会出现的问题,及时预防问题的产生及防止问题的严重化。

第二,培训的过程中缺乏被督导者的积极参与。培训督导工作不应该成为督导团队单方面的工作,机构当中的被督导者才是培训中的主体,如果没有被督导者的积极参与,督导工作就相当于是一个空壳子,失去了督导的真正意义,也弱化了激励效果。被督导者可以在前期需求分析、中期培训学习和末期培训结果评估中发挥主体性决策作用,只有督导和被督导者充分地互动和交流,才能提高员工解决问题的能力,加快项目的进度,提升 R 社工机构对公益创投项目的服务和管理水平,提高员工自我效能感,加大培训激励的力度。

2. 员工对项目的归属感不强烈

在 H 市首届公益创投大赛期间,R 社工机构中工作吸引力偏低的主要

---

① 项目臭皮匠:《项目百子柜——一本社工写给同行者的工具书》,中国社会出版社,2017,第 68~71 页。
② 陈仙歌:《职业能力导向下的社会工作人才培训模式探讨》,《中国成人教育》2014 年第 18 期。

原因是员工缺乏对项目的归属感，可把原因具体化为三个方面。

第一，社会工作行业人员的职业认同感会影响到工作内容的吸引力。[1] R 社工机构由于招聘程序并不严格，员工很容易就能够进入机构团队，之后员工发现在机构中实际所从事的工作和自己想象的工作内容并不一致，故工作积极性降低。另外，招聘到的社会工作专业人才较少，员工大多为非社会工作专业，他们缺乏对于社会工作专业和公益创投项目的认同感，对"助人自助"的专业理念和"利他主义"的价值观理解不透彻，在烦琐的工作中找不到自己真正想要寻找的价值，从而导致员工缺乏归属感，职业认同感降低，工作吸引力弱化。

第二，机构工作繁杂且缺乏认可奖励。R 社工机构中存在一人兼多岗的现象，有的员工在完成自己本职工作的同时还要兼顾其他方面的任务，在公益创投大赛期间，机构中的工作任务重、时间紧、压力大且工资水平低。另外也缺乏对表现优秀的员工的表彰，认可员工的工作能够增强员工的职业认同感和归属感，具有仪式感的表彰会议能够对员工起到强有力的激励作用。

第三，机构缺乏及时高效的培训。机构的培训督导机制不健全，很容易造成员工流失，因为员工可能会觉得在机构中无法得到成长。[2] R 社工机构缺乏完善的培训督导机制，一方面是督导的次数比较少，另一方面是督导的质量不达标，员工在机构的公益创投项目中提升能力的机会较少，职业成长速度缓慢。

> 工作中遇到问题我们也是同事间相互讨论，正式的培训活动较少。但是，我觉得工作吸引力这个问题一方面看工作情况，另一方面也看个人情况，主观性比较强，主要还是看个人喜不喜欢这份工作，我虽然感觉挺累，但是也没离职，项目期间其他人也有离职的，一些员工对工作不太满意就离开机构了，所以在招聘环节就要把好关。（访谈对象 E）

---

[1] 李正东：《社会工作从业人员职业认同及其影响因素研究》，《华东理工大学学报》（社会科学版）2018 年第 2 期。

[2] 刘文瑞：《民办社工机构社工人才流失问题的分析与思考——基于北京深圳成都三地的调查》，《中国社会科学院研究生院学报》2016 年第 1 期。

3. 忽视绩效考核且沟通不充分

在 H 市首届公益创投大赛期间，R 社工机构作为承办单位，其绩效考核无法实现双赢目标的主要原因有项目负责人对绩效考核的重视程度不够、考核工作中沟通不充分、缺乏完善的绩效考核体系。完善的绩效考核体系既有利于人力资源管理工作的开展，从而实现机构和项目的目标，也可对机构员工形成有效激励，实现其自身价值。另外，R 社工机构通过绩效管理也可以提升对 15 个参赛项目的指导管理水平，可以及时发现项目管理中存在的问题和疏漏，从而制定相应的解决方案来保障项目的高效稳定运行，另外也利于营造一个公平公正的工作环境，激发项目团队的工作动力和积极性，员工也可以获得自我认识和发展，完善自己的职业规划，形成有效激励。

五 优化社工机构公益创投项目人力资源管理的对策

（一）保健因素方面的对策

1. 制定灵活有效的薪酬体系

（1）科学评估岗位薪酬

机构中不同岗位的工作职责、任职资格存在一定差异，因为社工机构的岗位数量不是很多，可以采取岗位参照法评估岗位薪酬。岗位参照法是先成立一个评估小组，对于社工机构而言，员工人数并不是太多，这个评估小组可以包括机构所有成员，然后选出一个之前已通过岗位评估且评估小组对其薪酬都认可的岗位作为标准岗位，对于社工机构而言，将机构负责人的岗位定为标准岗位较为适合，然后将其他岗位的工作职责、任职资格与标准岗位进行对比，从而确定其他岗位的具体薪酬。

（2）合理调整薪酬结构

首先，项目中加班的时间比较长但没有相应的加班费，这引起了员工的不满，故机构需要按照员工加班的工作量或者加班的时间结算加班费；其次，虽然薪酬结构中包括绩效工资，但是实际发放的工资和绩效并无挂钩，故需将绩效考核的结果充分应用到薪酬当中来，让员工感受到多劳多得的公平性，避免员工产生不满意的情绪；最后，可以将社会工作师等级证书、国家心理咨询师等级证书作为定薪和加薪的依据,这样才能发挥薪酬的保健作用,降低项目员工的不满意程度。

2. 建立通畅高效的沟通机制

良好的正式沟通机制可以营造一种和谐融洽的工作环境,对于保健因素作用的发挥至关重要,有利于提高人力资源管理的效能。建立沟通机制可从工作任务分配沟通机制、绩效考核沟通机制、项目常规沟通机制三方面进行。

(1) 建立工作任务分配沟通机制

可以采用小组合作的形式分组完成任务,比如10个人的机构团队,可以分为三个组,每组3~4个人,将项目的任务分解为三部分,分别分配到三个小组当中,这样就形成了两个层级的沟通闭环,一个层级是小组内的沟通闭环,另一个层级是三个小组之间的沟通闭环,当把沟通的路径缩短,把沟通的范围缩小,沟通就会变得更加便捷畅通,减少出现因项目工作过于繁忙及任务分配不合理而造成的机构人员关系紧张的问题。

(2) 建立绩效考核沟通机制

在绩效考核前期的指标制定和解读阶段、中期实施考核阶段、后期考核结果反馈阶段都要与机构员工充分沟通,建立畅通的绩效考核沟通机制。首先,在前期制定指标的过程中,关于考核指标的设定及其所占比重,都要通过沟通听取员工的合理建议,提高员工对考核指标的认同感,当考核指标制定完成后,要将考核指标具体对应的工作内容向员工解读清楚,只有这样员工才会更加支持绩效考核工作,同时也降低了员工对绩效考核结果感到不满的可能性;其次,在绩效考核的实施过程中,要与员工本人、同事及其领导进行充分的沟通,全方位了解员工工作情况,同时也可以通过沟通了解员工对绩效考核的建议,及时调整绩效考核工作;最后,在绩效考核结果反馈阶段,也要通过沟通了解员工对绩效考核工作的满意度,同时也可以让员工清楚自己工作中存在的问题,并帮助员工制定相应的解决问题的措施。通过建立绩效考核沟通机制,机构可有效避免员工因对绩效考核过程或者结果感到不满而滋生消极情绪,从而营造良好的机构工作氛围和人际关系。

(3) 建立项目常规沟通机制

常规的沟通机制可以增进机构员工之间的感情,可以定期解决机构工作中遇到的问题,也可以控制整个项目的工作进度。机构可以采用早会、周会、月度会议等方法建立常规沟通机制。首先,早会可以简单地复盘一下昨日的工作,安排今日的任务,每天都能把一些简单的问题在当日解决掉,避免问题的滋生蔓延,保持融洽的人际关系;其次,周会以一个星期为单位,讨论解决一些平时难以解决的问题,推进项目工作进度,同时也可以增进机构负责人与员工之间、员工与员工之间的感情,员工也可以在会议中提出对硬件环境的建议和要求;最后,月度会议主要是总结本月的工作和计划次月的工作,做一些较为宏观的计划,比如项目财务资金和人力资源的安排,若月度会议把次月的工作计划安排妥当,也有利于次月的周会按照项目任务进度表推进工作进度。通过会议的形式,为社工机构中的所有工作人员提供一个沟通交流的平台和机会,防止一些问题和不良情绪因得不到及时解决而滋生蔓延,保持良好的工作环境和人际关系,使保健因素的作用得到有效发挥,提高人力资源管理效能。

3. 完善人力资源管理制度

社工机构的人力资源管理制度对机构和项目的顺利运行起着制度性的保障作用,是机构开展人力资源管理工作的重要依据,同时对机构员工发挥着保健作用。

(1) 在招聘制度方面

首先,在招聘制度中要说明招聘工作的开展需要依据前期的人力资源规划,调查清楚机构现有人力资源的状况,包括人力资源的数量、基本信息、受教育程度、职业资格证书获取情况和工作能力等,结合社工机构的发展规划,确定各岗位的工作量,进一步规划未来机构需要的人员的数量、类型;其次,在招聘渠道方面,要以制度化的形式说明不同招聘渠道的适用情况以及优劣点,介绍每种招聘方式的详细招聘流程;最后,岗位分析方法和原则、招聘信息发布的注意事项、筛选简历的方法以及后续面试等相关事宜都应该包含在招聘制度中。

(2) 在培训制度方面

培训制度可分为横向性培训制度和纵向性培训制度,横向性培训制度主要是针对培训的时间、地点、内容、方式等方面的制度性规定,纵向性培训制度则是针对阶段性的培训工作进行的制度性规定,包括前期培训需求评估和计划阶段、中期实施阶段和后期培训效果评估阶段的工作。

在横向性培训制度层面，首先，关于培训时间，要根据机构项目发展规划将培训时间分为例行定期培训和灵活性不定期培训。例行定期培训的时间可以依据项目规划安排而确定，因为公益创投项目具有短期性，但例行定期培训的时间间隔不能太久，可为半个月一次，灵活性不定期培训是根据项目进程中遇到的问题进行灵活安排，总体而言，培训工作要贯穿机构项目的时间轴，确保培训的持续性。其次，关于参训人员，要根据培训需求评估确定是全员参与还是部分员工参与，强化培训的针对性，减少培训资源的浪费。再次，关于培训内容，根据机构项目的具体需求情况来制定培训内容，要做到全面培训，可包括公益创投项目管理的知识和技能培训、社会工作价值观培训等。最后，关于培训方式，根据机构项目的经费情况以及时间安排，可采取内部培训和外派培训相结合、课堂讲授和案例研究相结合的方式。针对以上内容，要结合社工机构的具体情况，形成制度性规定。

在纵向性培训制度层面，在对阶段性培训工作的时间节点做出明确制度安排的前提下，再针对三个阶段的工作内容做出制度性安排。首先，要对前期培训需求评估和计划阶段需求评估的方式、评估机制、培训课程制作的安排、培训计划内容形成制度性规定；其次，要对中期实施阶段的培训计划的落地和培训中意外情况的应对措施形成制度性规定；最后，要对培训效果评估阶段的评估机制以及培训考核方法形成制度性规定。

（3）在薪酬制度方面

可根据社工机构的不同岗位类别，分别设定不同的薪酬体系，根据外部竞争性、内部公平性、激励性和经济性的原则设定薪酬结构，其中的内部公平性和激励性强调薪酬要与绩效考核紧密结合，外部竞争性强调项目薪资和其他行业薪资相比具有一定优势，经济性强调薪资体系的建构要考虑到机构项目的经费情况。在制度中要明确规定将可变薪酬和不变薪酬、直接薪酬和间接薪酬相结合，并在薪酬制度中解释清楚这几种薪酬种类的定义及其包含的内容，明确规定薪酬发放日期及其他相关事宜。

（4）在绩效考核制度方面

制定绩效考核制度，要对绩效考核目的、考核原则、考核内容以及考核方法形成制度性规定。制度中需明确说明绩效考核要以准确、公平、合理、易操作为考核原则，以月度为考核周期，以项目岗位工作完成量、项目合作关系和工作态度等为考核内容，采取定量考核和定性考核相结合的方法对员工进行360度考核，对项目员工形成全方位的、客观准确的评价；另外，在绩效考核制度中要规定考核指标和考核结果需要向员工公示，让员工清楚自己工作的方向以及工作中的不足。

（二）激励因素方面的对策

1. 提升工作的成就感

（1）优化招聘体系，提高人岗匹配度

完善的招聘体系是提升工作成就感、提高人岗匹配度的重要保障。一方面，多元化的招聘渠道代表着一种公平，需要拓宽招聘渠道，摆脱对之前"熟人介绍"招聘渠道的过度依赖，因为在熟人介绍的过程中可能掺杂了太多的不公平因素，公平的竞争可以增强新员工以及老员工对机构的信任感，这就形成了一种无形的激励；另一方面，较高的人岗匹配度能够激发员工工作热情，有利于实现员工自身价值，使员工获得强烈的工作成就感，形成有效激励。因此，优化招聘体系，强化招聘效果，可以从以下两个方面展开工作。

一方面，需要拓宽招聘的渠道。除了常用的网络招聘、校园招聘、内部推荐等方式，社工机构也可以和当地高校洽谈招聘合作，接收优秀本科生和研究生到机构当中参加实习。不管采用何种方式进行招聘，都要坚持按照客观公正、科学合理的招聘程序开展工作。当然，也可以根据实际情况适当地采纳经验丰富的招聘专家和机构负责人的合理建议，但是要避免出现因为"关系好"而录用的现象，否则就会给后期的工作埋下隐患，不利于对员工形成有效激励。

另一方面，应聘人员要与岗位需求相匹配。在招聘员工的过程当中，要把应聘人员的能力、求职意愿与岗位需求相对应，如果新入职员工实际从事的岗位不是员工最初想要应聘的岗位，后期的工作当中可能会出现很多的问题。由于社工机构具有非营利性和公益性，所以对于应聘人员个人价值观的要求非常严格，需要其个人价值观和社会工作专业价值观相一致，同时还需要其遵守社会工作者伦理守则，且符合社会工作理论知识和技能要求，这样才能达到人岗匹配的目标。

（2）完善培训计划，增强增能效果

社工机构的工作人员必须与时俱进，学习新知识和新技能，增加自己的理论储备，提高自己的工作技能，这就需要计划性强、增能效果明显的培训工作，完善培训计划是完成好培训工作和解决培训激励效果差问题的有效方法。

在制订培训计划前要进行培训需求分析，有效的培训需求分析是制订培训计划的重要前提，要根据员工的实际需求来确定培训的具体内容，了解员工最需要的是理论层面的学习还是实践技能的学习，培训的形式和时间都要和员工进行前期的沟通，不能机构负责人或者人力资源专员独自做决定，如果培训内容、形式和员工需求不一致，培训的效果就会大打折扣，造成一定的资源浪费，弱化培训激励效果。

在培训计划中完善培训内容，培训内容是培训计划的重要组成部分，以知识培训、技能培训、社会工作价值观培训为主。

培训计划中可能存在丰富的培训方式，但社工机构的项目工作具有时间紧、任务重、经费不足的特点，这种实际情况限制了外派培训学习的可能性，使机构只能丰富内部培训的形式。案例研究法是给大家提供一个案例，大家一起讨论案例中存在的问题，且制定出相应的解决措施的方法，在讨论的过程中，可以激发被培训者的潜能，将案例讨论中分析问题的思维应用到社工机构的实际工作中来，知识吸收快，激励效果明显。在培训中也可以通过老人带新人的方式促进彼此进步，老员工在给新员工讲解理论知识和实务经验的过程中，不仅新员工能够学习和成长，老员工也可以加深对理论以及之前遇到的问题的理解，通过互动形成双向激励。

2. 增强工作的吸引力

工作吸引力是重要的激励因素之一，提高岗位匹配度、丰富工作内容、减轻工作压力、增加对员工工作的认可度都可以增强工作的吸引力。

首先，需要提高岗位匹配度，员工只有在自己感兴趣的岗位上工作才能充满激情，充分发挥工作吸引力，提高岗位匹配度的措施在上文已有详细分析，故在此不做赘述。其次，需要丰富工作内容，社工机构在对公益创投参赛项目进行管理中，工作内容是比较丰富的，但是单个岗位的工作内容较为单一，虽然在工作较忙的时候员工也会参与其他岗位的工作，但这只是增加了员工额外的工作压力，并不是让员工真正地体验丰富的工作内容，因此，可以通过轮岗的形式丰富员工的工作内容、发掘员工潜力，帮助员工找到真正适合自己的岗位，但是在此过程中一定要防止出现丰富

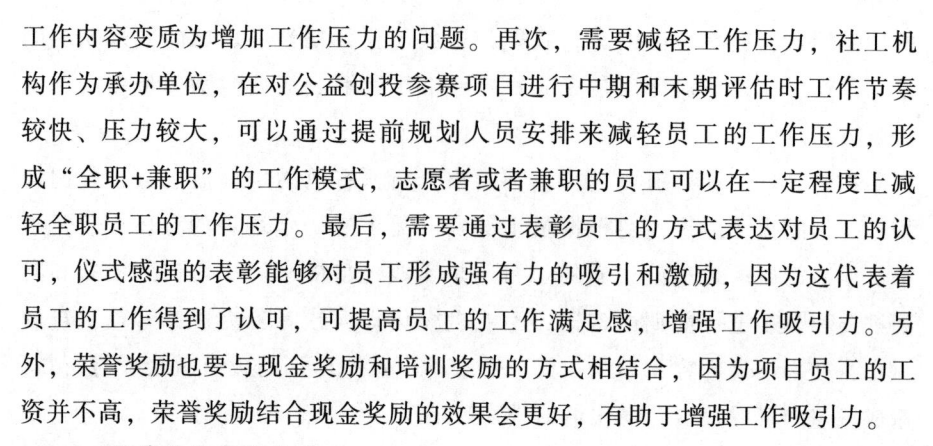

工作内容变质为增加工作压力的问题。再次，需要减轻工作压力，社工机构作为承办单位，在对公益创投参赛项目进行中期和末期评估时工作节奏较快、压力较大，可以通过提前规划人员安排来减轻员工的工作压力，形成"全职+兼职"的工作模式，志愿者或者兼职的员工可以在一定程度上减轻全职员工的工作压力。最后，需要通过表彰员工的方式表达对员工的认可，仪式感强的表彰能够对员工形成强有力的吸引和激励，因为这代表着员工的工作得到了认可，可提高员工的工作满足感，增强工作吸引力。另外，荣誉奖励也要与现金奖励和培训奖励的方式相结合，因为项目员工的工资并不高，荣誉奖励结合现金奖励的效果会更好，有助于增强工作吸引力。

3. 完善绩效考核体系

绩效考核是重要的激励因素之一，对于社工机构而言，不同岗位之间、相同岗位之间的实际工作量是存在较大差异的，有的一线社工在完成自己本职工作之后还要兼职其他行政岗位的工作，如果工作完成量的多与少根本不影响实际薪酬，员工会感觉到不公平，进而降低工作积极性，这不仅无法起到激励的作用，还可能适得其反，所以建立双赢的绩效考核体系对于激励因素作用的发挥至关重要。

（1）制定科学明确的绩效考核指标

一方面，应将定性指标和定量指标相结合，业绩考核固然重要，但是对于社工机构而言，更为重要的是对于员工价值观、工作态度、职业认同感、项目合作度、人际关系等方面的考核，在提高这些方面考核指标所占权重的前提下尽可能量化定性指标，把抽象的概念操作化为具体可测量的指标，可以选择一些适合社工机构的工作态度量表作为辅助性考核工具，也可以把分值较大的评分项进行细化分解，形成一个个小分值的指标，提高绩效考核的科学性和准确性。

另一方面，除共性指标外，项目中不同岗位的考核指标应根据每个岗位的具体特征有所区别，将机构的总任务根据不同岗位的职责进行逐层分解，最终形成每个岗位各自的个性化指标，比如一线社工和行政岗位都是全职工作，与兼职岗位具有很大区别，这种岗位性质的客观差异就要求考核指标的侧重点应有所不同，接着把每位员工的实际工作成果和考核指标进行对比分析，按照不同指标所占的比重得出结果，这样才能最大限度地发挥出绩效考核在人力资源管理中的激励作用。

（2）拓展绩效考核方式

在 H 市首届公益创投大赛期间，R 社工机构中的绩效考核方式过于单一，仅是机构负责人对员工进行上下级式考核，机构负责人确实拥有评价下属员工的职权和责任，但是这种方式具有一定的主观性，机构负责人不可能完全了解员工的具体工作情况或机构负责人对员工存在个人偏见而容易造成考核的不公平，最终导致考核的结果并不符合员工真实的工作情况。

社工机构可以采用可行性较强的 360 度绩效考核的方法进行考核。360 度绩效考核是将领导直评、同事互评和员工自评的方式结合起来，对员工的沟通能力、人际交往能力以及项目工作表现进行综合评价，让被评员工可从多个维度认识自己的优缺点，从而制定适合自己的职业规划，形成有效激励。

（3）加强对考核结果的应用

考核的根本目的并不是得到考核的结果，不是为了考核而考核，而是要将考核的结果应用到员工实际的工作中去，一方面要将考核结果和薪酬直接挂钩，R 社工机构的薪酬结构确实也是由基本工资和绩效工资两部分构成，但是在实践中，绩效工资并没有和绩效考核紧密挂钩，这就在很大程度上削弱了员工的工作积极性。项目应该根据绩效考核是否合格采取奖惩两种基本方式，然后分别在奖励和惩罚两个维度里进一步细化奖励和惩罚的规则和梯度，将绩效考核的结果和奖惩体系梯度一一对应。另一方面，也要针对绩效考核的结果进行深度剖析，通过分析不仅可以明确社工机构本身存在的问题，还可以帮助员工找到自身的问题，从而制定相应的解决方案，帮助员工成长，同时也摸清下一阶段机构培训的目标，明确员工职业规划方向，形成有效激励。

第十章　公益创投项目沟通管理

项目沟通管理是项目管理的十大知识领域之一，在非营利组织的项目管理中占据重要地位。一方面，项目沟通管理贯穿整个项目的生命周期，与其他领域相互依赖相互支持。沟通管理发挥协调的作用，将资源、风险、范围、质量、进度、成本的关键信息在合理的进度期限内传递给对应的相关方，并确保团队成员和相关方对项目目标、需求和进展的一致理解，协调各方期望，减少冲突，从而达成项目成功的共同目标。另一方面，良好的沟通实践可以提高项目的透明度。通过项目沟通管理，项目经理可以全面、及时地了解项目中存在的问题与障碍，沟通文件、沟通技巧的运用也可使项目经理能够快速地与各方互通意见，了解问题产生的本质与原因，为项目决策提供有力的支持。本章通过 R 社工机构承办公益创投大赛的案例分析，尝试推导出在类似模式的公益创投项目中，恰当的项目沟通管理实践可能是怎样的。

一　项目沟通管理的理论和概念

（一）项目沟通管理相关研究

项目管理虽然传入我国多年，但是我国对于项目沟通管理的研究与西方相比仍存在较大差距，一方面，由于我国项目管理相关知识、理论引入较晚，发展深度不足，对于项目沟通管理的理论研究还十分缺乏，应用研究也还处于初级阶段；另一方面，关于项目管理、沟通管理的研究多运用于企业管理与工程建设管理领域，非营利组织社会服务项目层面的项目管理、项目沟通管理的具体应用存在较大的研究空白。

笔者梳理项目沟通管理理论研究的文献资料发现，项目沟通管理其本质上就是所有项目管理过程中沟通活动的总和及效果，项目沟通管理贯穿在项目活动每项管理过程中，是各项项目管理工作的基础，是项目进展中各个方面管理的纽带。越来越多项目沟通管理研究成果的出现也恰恰印证了沟通管理在项目管理中的重要作用和现实意义，项目成功运行离不开项目沟通的设计和管理。学者们对项目沟通管理进行了深入研究，他们的研究方法围绕项目沟通管理内容和项目特征等多个角度进行，有的从大量项目实践过程和项目不同周期的角度进行分析，也有的从项目沟通管理体系构成的角度进行剖析，还有的从项目复杂性和多样性特点的角度进行探讨。此外，学者们还运用了诸如权重分析等多种数据研究手段。学者们进行了许多关于项目沟通管理方法和对策的研究，他们普遍认为，结合项目特征并从不同的项目沟通管理内容的角度进行研究是一种普遍适用的方法。这种方法不仅能够很好地适用于新项目应用领域，还能根据项目实际特征灵活设计项目沟通管理方法。

本章将首次从项目沟通管理理论角度出发，结合公益创投项目实际进行分析探讨，探究公益创投项目沟通管理的实践性应用。这是对项目沟通管理应用研究领域的补充，也是公益项目沟通管理的创新。这个创新具体而言可从两个方面论述。一是研究视角创新。由于政府购买服务的性质，以及公益项目的"社会利益"的特殊性要求，实践中必须使用专业的管理方法以保证项目的服务成效。公益创投项目是公益项目的一类，因此，运用科学知识体系来研究其项目沟通管理的过程正是本书的独特之处。这有利于增强社工机构的公益创投项目沟通管理效能，做好实践的动态调整工作，确保项目平稳运行。二是研究理论创新。由于公益创投项目以孵化和培育社会组织、促进社会组织能力建设为目标，这种能力的提高必然是随着相关知识的传递而进行的。而随着现代企业的发展，知识成为生产的关键性要素，学术界也进入了知识管理的时代。本书将公益创投项目与知识管理的内容相结合，运用项目沟通管理理论与知识型管理沟通理论，分析公益创投实践中知识型信息沟通传递的实现程度与影响因素，找到促进社会组织能力建设，也就是项目价值交付最大化的实现路径。

（二）理论基础和概念界定

1. 项目沟通管理理论

项目的沟通管理是一个系统性的工作。项目往往涉及社会经济、政治、文化、环境等诸多方面，这就决定了项目管理者要从全局的角度出发，具有大局意识，要运用系统的思维全方位进行沟通管理，以确保达成有效的沟通。项目管理者不仅需要对项目沟通的过程、渠道方式等进行明确，还要对沟通进行管控，以便及时发现沟通中出现的问题，确定需要进行的变更等。项目的沟通管理工作围绕项目的生命周期而展开，以规划沟通管理、管理沟通和监督沟通为核心。在项目的生命周期中其基本流程如图10-1所示：

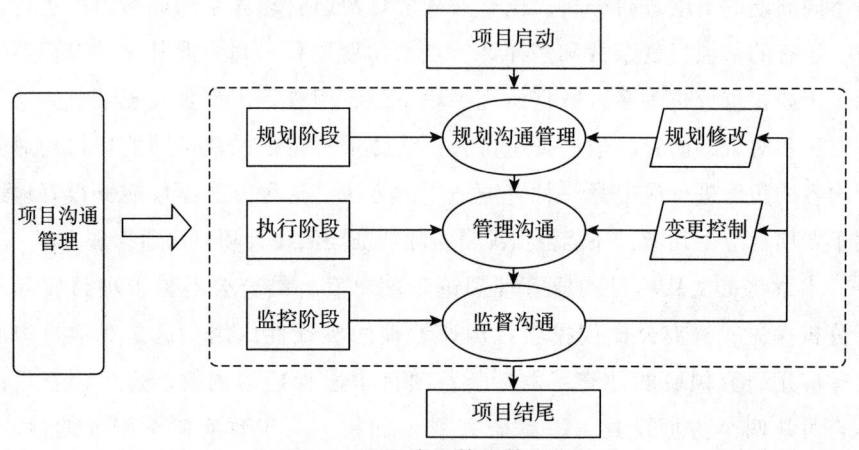

图10-1 项目沟通管理基本流程

规划沟通管理是基于每个相关方或相关方群体的信息需求、可用的组织资产，以及具体项目的需求，为项目沟通活动制定恰当的方法和计划的过程。项目沟通管理作为项目职能辅助范围的工作领域之一，是与项目相关方管理紧密联系在一起的，围绕项目的相关方进行沟通。

规划沟通管理，首先，管理者需要在前期相关方识别的基础上，重新识别沟通对象与沟通对象的沟通需求。其次，在此基础上，结合时间、质量、成本三个项目基本要素制订沟通管理计划，内容包括不同沟通需求满足的沟通方式、渠道、技术，还需要关注反馈信息机制。制定沟通管理计划就是识别、记录、选择最适合沟通方式的过程。如果计划不合理，很有可能会造成项目损失，由沟通问题引发蝴蝶效应。

管理沟通，是确保项目信息及时且恰当地收集、生成、发布、储存、检索、管理、监督和最终处置的过程。这些过程都是管理沟通的过程，信息被编码后传递给另一方，另一方再解码，反馈给前者。通过管理可以保障信息有效传递，从而实现沟通目标，让沟通者可以沿着计划进行沟通。

监督沟通，顾名思义就是对沟通过程进行监督、干预，以满足相关方的需求，通过监督可以减少"噪声"的影响，保障信息按时保质地传递，从而实现沟通目标。

在项目沟通管理中，各个环节都是独立存在的，但是这并不影响它们之间的衔接、相互作用。各个环节可以以独立的形式出现，也可以在项目沟通的过程中相互作用。通过图10-2，我们可以对项目沟通管理体系有基本了解。

项目沟通管理体系

规划沟通管理	管理沟通	监督沟通
·1.输入 ·项目章程 ·项目管理计划 ·项目文件 ·事业环境因素 ·组织过程资产 ·2.工具与技术 ·专家判断 ·沟通需求分析 ·沟通技术 ·沟通模型 ·沟通方法 ·人际关系与团队技能 ·数据表现 ·会议 ·3.输出 ·沟通管理计划 ·项目管理计划更新 ·项目文件更新	·1.输入 ·项目管理计划 ·项目文件 ·工作绩效报告 ·事业环境因素 ·组织过程资产 ·2.工具与技术 ·沟通技术 ·沟通方法 ·沟通技能 ·项目管理信息系统 ·项目报告 ·人际关系与团队技能 ·会议 ·3.输出 ·项目沟通记录 ·项目管理计划更新 ·项目文件更新 ·组织过程资产更新	·1.输入 ·项目管理计划 ·项目文件 ·工作绩效数据 ·事业环境因素 ·组织过程资产 ·2.工具与技术 ·专家判断 ·项目信息管理系统 ·数据表现 ·人际关系与团队技能 ·会议 ·3.输出 ·工作绩效信息 ·变更请求 ·项目管理计划更新 ·项目文件更新

图10-2 项目沟通管理体系

资料来源：美国项目管理协会《项目管理知识体系指南（PMBOK 指南）》（第6版），电子工业出版社，2018，第360页。

2. 知识型管理沟通理论

（1）理论介绍

随着现代信息和网络技术的发展，管理沟通理论也实现了飞跃。被称为"管理学之父"的彼得·德鲁克认为，由于信息技术的发展，"知识"已经成为关键性的经济来源和支配性因素，现代管理已经进入了"知识管理"的新阶段。

知识是人们通过学习、发现以及感悟所得到的认知的总和，是人类经验的结晶。在充分肯定知识对组织价值的基础上，知识管理旨在通过创造一种环境，让组织的成员能获取、共享和使用内部及外部的知识信息，从而形成个人知识，并鼓励个人将知识应用和整合到组织的产品和服务中，最终提高组织的创新能力和对外部的反应速度。

知识管理的基本职能包括外化、内化、中介、认知过程四个部分。外化是从组织外部广阔的知识海洋中捕捉对本组织现在和未来发展有用的各种知识，发现组织内部存在的各种知识特别是隐性知识，并进行集成以利于传播。内化则是从组织外部广阔的知识海洋中汲取知识，过滤后向知识接收方提供适用的部分，促进交流并将提取的知识以最合适的方式进行重新布局或呈现。中介是将知识寻求者与拥有相应经验的人联系起来，可以理解为一种"经纪人行为"，作用是为"知识需求者"匹配一个最佳的知识提供者。认知过程是根据现有的知识做出决策的过程，是在上面三种功能的交互后对知识的应用。

知识信息沟通的实施包括三个步骤。第一，知识获取。组织可以通过内部学习、外部合作等途径获取知识。内部学习可以通过培训、研讨会、知识分享等方式，提升员工的知识水平。外部合作可以与其他组织、研究机构、大学等建立合作关系，共享知识资源。第二，知识传递。知识传递是将知识从一个人或一个团队传递给另一个人或另一个团队的过程。组织可以通过编撰文档、制作培训材料、建立知识库等方式，将知识进行编纂和存储，并使其易于传递和使用。第三，知识使用。知识使用是组织获取知识和传递知识的最终目的。组织应该鼓励员工将所学到的知识应用到实际工作中，提高工作效率和质量。

（2）公益创投项目中的知识型沟通

根据前文对于公益创投的论述我们了解到，公益创投是将"创业投资"的概念运用到公益慈善领域，通过向初创期的社会组织提供资金、资源、知识、运营支持，以培育和促进社会组织的发展的一种创新方式。它所关注的不是单次的投入产出比，而是在这种投资行为的影响下，社会组织在未来所能产生的可持续性回报，即社会组织能力的可持续性与社会效益的最大化。[①]

---

① 周俊、杨鑫源：《从资助到赋能：公益创投如何回归本源——基于新力公益创投的个案研究》，《广西师范大学学报》（哲学社会科学版）2022年第2期。

在公益创投项目中，社会组织的能力建设是非常重要的，它涉及组织的管理能力、项目执行能力、创新能力等方面。而知识型管理沟通理论与公益创投项目二者之间具有十分合适的耦合性，知识型管理沟通理论可以为公益创投项目的社会组织能力建设提供有力的支持。

首先，知识型管理沟通理论强调知识的共享和传递。在公益创投项目中，社会组织需要不断获取和积累专业的投资知识和行业经验，以提高项目的执行能力和专业水平。通过知识型沟通，支持型社会组织可以将公益领域的最新知识和经验传递给接受资助的15家社会组织，促进双方的共同学习和进步。同时，社会组织内部也可以通过知识共享和沟通，将不同部门和团队的专业知识和经验进行整合，利用显性知识与隐性知识共同提高组织的综合能力。

其次，知识型管理沟通理论注重沟通的质量和效果。在公益创投项目中，社会组织需要与第三方平台、培训专家、督导专家和服务对象等多方进行沟通和合作。有效的沟通可以帮助社会组织与利益相关者减少沟通障碍，迅速达成服务目标。接受资助开展社会公益项目的社会组织，除了需要学习运营发展的知识，还需要拥有对公益理念的认同感和相应的价值观。能力培训与服务督导是传递包括价值观、理念在内的隐性知识的重要途径。

最后，知识型管理沟通理论还强调学习和创新的重要性。在公益创投项目中，社会组织需要不断学习和适应变化的外部环境，以及不断创新解决社会问题的方法和模式。知识型沟通还可以帮助社会组织建立"知识库"，获取最新的行业动态、了解需要的组织技能和专业服务技巧，在显性知识和隐性知识的相互碰撞、转化中，实现社会组织能力的螺旋式提升，从而提升自身的创新能力和对外部环境的适应能力。

因此，知识型沟通在公益创投项目中的使用逻辑如图10-3所示。

3. 项目沟通管理

"项目管理"是管理科学的重要分支，西方经过长期的探索和实践，形成了一套面向项目的科学管理方法体系。项目沟通管理是项目管理的十大知识领域之一，在《项目管理方法论》中项目沟通管理被解释为：是保证及时、有效地生成、收集、分发、利用和存储项目信息的全过程。项目沟通管理由两部分组成：第一部分是制定策略，确保沟通对相关方行之有效；

第二部分是执行必要活动，以落实沟通策略。[①]

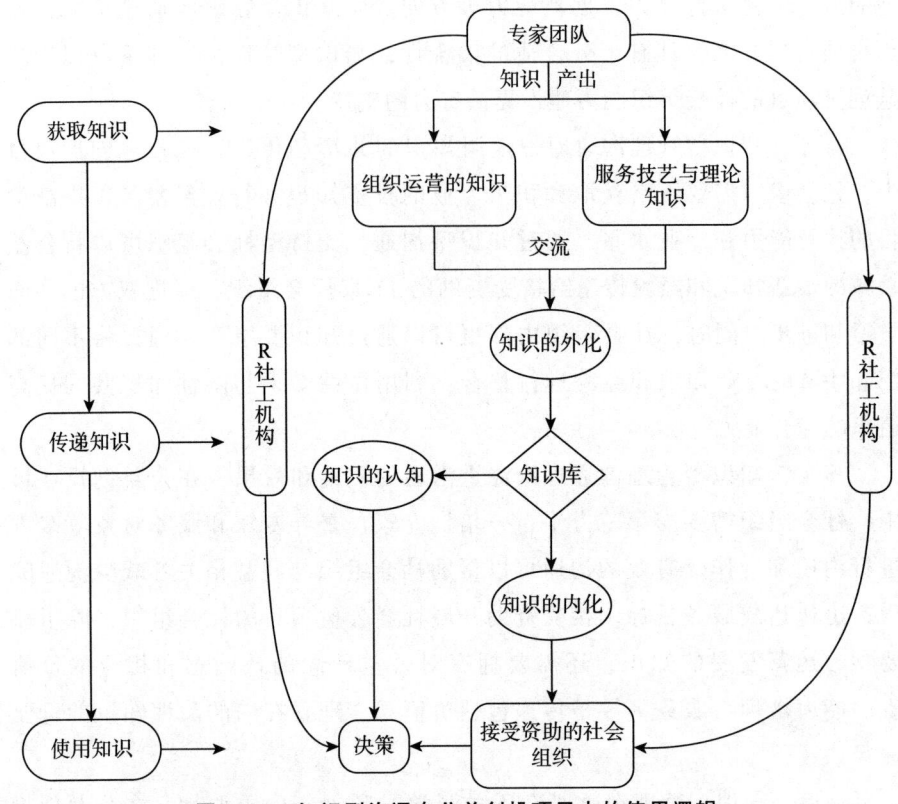

图 10-3　知识型沟通在公益创投项目中的使用逻辑

二　R 社工机构在公益创投项目中的沟通管理概况

（一）参与主体

本次 H 市公益创投大赛以培育和促进社会组织发展为目的，是在 H 市民政局的主导下联合 H 市妇联、残联等其他政府部门作为支持平台，委托 R 社工机构作为承办方扮演管理者的角色，并发挥资源平台的优势链接高校专业教师和其他地区的优秀督导作为项目指导专家、有社会工作学科背景

---

① 汪小金：《项目管理方法论》（第 3 版），中国电力出版社，2020，第 478 页。

的学生作为参与公益创投项目和社会组织服务的志愿者、社会服务项目管理平台等其他主体,吸引本地社会组织参与项目招投标服务,实现多元群体的合作参与,促进项目的顺利进行。H市公益创投大赛实施架构如图10-4所示:

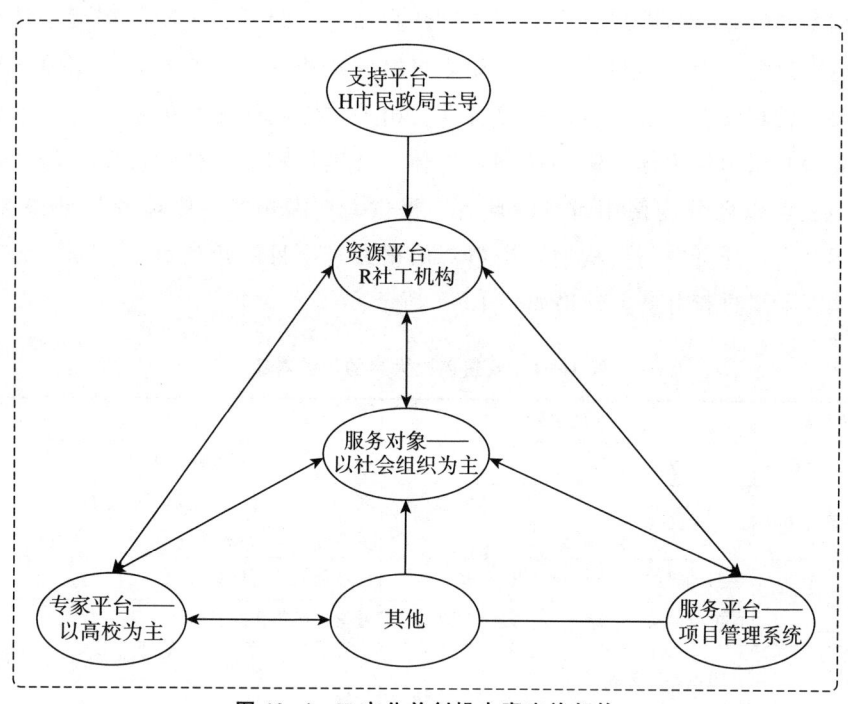

图 10-4 H 市公益创投大赛实施架构

本章将通过半结构式访谈所得的资料与机构现存的资料结合进行分析,初步筛选出的H市首届公益创投大赛参与主体涉及作为项目甲方的民政局、其他政府管理部门、作为公益创投项目管理主体的R社工机构、创投培训的专家团队与辅导社会组织服务的专业督导、参与创投项目招标的所有社会组织(获得资助资格的15家社会组织与竞争失败的15家社会组织)、服务公益创投大赛与社会组织服务项目的志愿者、社会组织服务项目的参与者(工作人员、服务对象、相关政府部门)、合作机构与合作媒体(善爱社会工作服务管理系统、12355平台等)这几类群体组织。

(二) 项目沟通对象分析

项目相关方是指会受到项目影响或者影响到项目结果的各种人、团体、组织。这些既可能促进项目的成功，又可能对项目的进展产生不利影响。项目沟通主要是围绕项目相关方进行的，对相关方需要了解的信息进行及时传递。在范围上，项目相关方与项目沟通对象的群体是重合的。因此，对于项目沟通对象的识别可以参照对项目相关方的识别。项目相关方可以根据不同的划分标准划分为不同维度的群体，按照承担风险的程度、紧密程度可以划分为自愿利益相关方和非自愿利益相关方、首要利益相关方和次要利益相关方；按照项目的独特性、相关方之间的相互关系标准可以划分为核心层利益主体、中间层利益主体、外围层利益主体；按照参与项目的角色可以划分为使用者、治理者、提供者、影响者、依赖者与维持者。本书结合访谈资料与机构现存资料，依据参与项目的角色对公益创投大赛的沟通对象进行分类，结果如表10-1所示：

表 10-1 公益创投大赛的沟通对象

参与角色	对应主体	工作内容
治理者	H市民政局	项目甲方，监管项目进展
提供者	R社工机构	项目乙方，此次公益创投大赛的运营管理方
使用者	参与创投的15家社会组织	公益创投的培育对象
	D街道的家庭、老年人、残疾人群体	社会组织服务的对象
影响者	H市妇联、残联	在政府层对项目方向产生正负影响的人、群体
	12349平台	在社会层对项目方向产生正负影响的人、群体
	合作媒体	
依赖者	善爱社会工作服务管理系统	项目管理系统，承担信息传递功能
	评审专家	资助项目的筛选与中期、末期评估
	培训专家	对社会组织进行财务管理、档案管理、风险管理等社会组织能力提升的培训
	志愿者	服务公益创投大赛与社会组织服务项目的两类志愿者
	项目督导	对社会组织服务项目的内容和质量进行督导

由于沟通对象总体范围较大，每一类参与角色作为主体时都存在诸多相关方，全面分析沟通需求、规划沟通行为的任务量较大，研究较为困难。

因此，结合公益创投项目的孵化培育性、R社工机构公益创投大赛项目管理的单次性特点，本章仅从R社工机构作为管理主体的角度，从项目中治理者、提供者、使用者、影响者、依赖者五种不同的角色对其沟通主体进行识别并分析沟通需求。

（三）R社工机构在公益创投项目中的沟通管理实践

根据项目管理理论可知，公益创投项目分为十大知识领域和五大过程组。在项目沟通管理领域，根据启动、规划、执行、监控和收尾的五大过程组，沟通管理的工作内容主要集中在规划、执行、监控三个阶段。公益创投项目在实施过程中有很多相关方作为参与主体，彼此之间存在一定程度的联系，且在文化背景、组织架构、专业领域、技能水平及利益诉求等方面有多重差异，将对项目产生多方面影响。在不同阶段相关方的角色、需求、对公益创投项目的影响程度也各不相同，因此，不同阶段需要采取的沟通管理策略也不同。

本章以项目沟通管理工作的三个阶段为标准，结合项目沟通管理体系，具体分析了R社工机构在不同阶段沟通管理的客观情况（见表10-2）。

表10-2　R社工机构公益创投项目沟通管理实践

项目周期	内容	参与沟通主体	目标	沟通成果输出
公益创投项目筹备阶段	项目论证	治理者、提供者	论证项目可行性	部分项目文件
种子项目试点筹备阶段	公益创投章程——沟通管理计划	治理者、提供者、依赖者、影响者、使用者	制定规则	部分项目文件
竞争评选阶段	项目征集；项目评审；报请审批；签订合同	治理者、提供者、依赖者、影响者、使用者	服务项目初步征集	沟通记录；沟通文件；部分项目文件更新
公益创投项目实施阶段	孵化培训；项目实施督导服务	治理者、提供者、依赖者、影响者、使用者	开展公益创投；内容培训	沟通记录更新；沟通文件更新；部分项目文件更新
评估阶段	项目变更；中期评估；结项评估	治理者、提供者、依赖者、影响者、使用者	评估成效	沟通记录更新；沟通文件更新；部分项目文件更新；输出项目变更文件

续表

项目周期	内容	参与沟通主体	目标	沟通成果输出
项目验收阶段	项目材料汇总	治理者、提供者、依赖者、使用者	项目结项	完整的信息留存文件

第一，在规划沟通管理阶段，我们需要根据每个相关方或相应的相关方群体的信息需求、可用的组织资源以及具体项目的需求来制定适当的方法和计划，以实施项目沟通活动。在此阶段，R社工机构先对试点社区进行了需求评估，然后建立了H市公益创投大赛的项目管理办法，并进行了信息的多方传递。其中提到了需要制订沟通管理计划。通过此阶段沟通的输出成果，我们得出了一些项目具体信息以及与其他九大知识领域相关的沟通信息，具体如表10-3所示：

表10-3　公益创投项目规划沟通管理阶段的实践

项目周期	沟通实践	具体沟通输出成果
前期评估阶段	对D街道社区需求进行评估	社区需求评估报告
	对D街道社区资源进行评估	社区资源评估报告
	了解D街道社区居民最期待满足的需求与解决的问题	社区服务项目清单
公益创投项目规划阶段	公益创投项目实施的制度规定	《公益创投项目管理办法》
	项目内容阐释	项目说明会
	项目实施安排	《项目实施指引手册》
	社会服务文件的制定	进度、财务等状态报告
		项目从策划到结项的任务文件
		个案、小组、社区等服务记录文件
	各方合作协议	志愿者、督导等不同群体的合作协议

第二，在管理沟通阶段的主要任务是确保及时且准确地收集、生成、发布、储存、管理、监督和最终处置项目信息，以促进项目团队与相关方之间信息的有效流动。对应公益创投项目流程当中的竞争评选和创投实施阶段，在该阶段的实践管理中，R社工机构购买了善爱社工（武汉）信息服务有限公司的社会工作服务管理系统作为管理沟通中的主要项目管理工具，通过多次培训/说明会的形式进行知识型信息的传递，并根据活动内容输出了相关活动的项目沟通记录和部分项目变更文件。具体如表10-4所示。

表 10-4 公益创投项目管理沟通阶段的实践

项目周期	沟通实践	具体沟通输出成果
项目征集	项目征集通知	《关于征集公益创投项目的通知》
		《H市社会组织公益创投项目征选流程》
项目评审	项目初评	创投项目书
		《项目创投初评综合评审意见》
		新闻稿
	评审答辩会	《关于公益创投项目答辩会的通知》
		《项目答辩环节评审意见汇总》
		新闻稿
	项目评审会	大众评委会招募
		公益创投宣传片
		《公益创投项目综合评审意见》
		《公益创投项目评审结果公示》
项目实施（项目培训）	档案管理培训	演讲PPT、新闻稿、签到表
	社会工作服务管理系统	
	创投项目说明会	
	项目写作培训	
	财务培训	
	创投项目执行培训	
	志愿者管理培训	
	项目设计与执行培训	
	社区领袖培育培训	
	社区干部培训	
	专题培训	
项目收尾	项目信息的归类整理	公益创投项目结项报告 社会组织服务项目的结项报告

第三，在监督沟通阶段的主要任务是确保满足项目及其相关方的信息需求，以优化信息传递流程。其对应项目公益创投项目流程当中的评审和项目变更事件。在该阶段的实践管理中，R社工机构继续使用项目信息管理系统、不同类型的会议、督导服务作为监督信息传递的工具，并根据实践内容输出了项目变更文件，如朝阳便民养老服务中心服务人数的变更申请；同时线下的督导与评估也是监督环节的实践。具体如表10-5所示。

表 10-5 公益创投项目监督沟通阶段的实践

项目周期	沟通实践	具体沟通输出成果
项目实施（系统监控）	检测各项工作的进展与实施情况	定期的项目状态文件
实地考察	了解社会组织服务项目开展情况	专家评审及实地考察评分汇总表
		实地考察时间表
项目实施（督导服务）	项目指导与意见反馈	督导记录表
项目实施	项目变更部分的申请说明	项目变更记录
项目评估	项目中期评估检查	中期评估方案
		中期评估报告
	项目末期评估检查	末期评估方案
		末期评估报告

三 R 社工机构公益创投项目沟通管理问题分析

要想进行有效的沟通管理，就必须了解当前沟通管理的不足之处及其原因，在此基础上完善沟通管理模式。根据项目管理理论的沟通管理阶段要求以及 R 社工机构沟通管理的经验调查资料，笔者结合 R 社工机构的现存资料和对部分参与公益创投项目的相关方进行访谈收集的资料，从规划沟通管理、管理沟通、监督沟通三个方面分析 R 社工机构沟通管理的不足之处及影响因素。

（一）在规划沟通管理阶段

1. 未制订有效的沟通计划，使得后续管理缺乏依据

项目的沟通计划是根据项目工作计划而建立并需要明确落实的计划，为更好地完成项目的规划，R 社工机构通过与相关方的充分沟通，制订项目管理工作计划。公益创投项目的沟通管理是项目成功实施的重要组成部分，然而，项目中存在的沟通管理问题给项目的规划和终期评估带来了一定影响。我们通过分析 R 社工机构现存资料得知，项目章程虽然明确了项目工作计划的范围与作用，也指出了沟通管理计划属于项目管理计划的一部分，

但是实践中缺乏对沟通管理重要性的认识,并没有对沟通计划进行细化和落实。这意味着缺乏具体有效的沟通管理措施,无法规范指导沟通活动,给项目的沟通流程、渠道和方式带来了困扰。

  在进行终期评估时,我们聘请了专家,这些专家的专业性较高,但是由于沟通不到位也出现了一些问题,其中一个典型问题便是评估专家们用评估国际性项目的高标准对孵化基地正在成长中的项目进行评估,从而导致评估分数较低。当出现这种情况后,我们主要负责人及时与专家进行了沟通,专家了解到这些社会组织的实际情况后又重新设定标准、重新打分,以免过高的标准导致社会组织无法通过终期评估,影响社会组织后续成长。(访谈对象 A)

缺乏具体有效的沟通管理计划以及对相关方情况的不全面掌握,使得公益创投项目各个相关方的沟通需求和沟通方式等信息不明确,使后续的管理缺乏指导,无法发挥规范化的作用。

2. 对知识型信息的重视不足,忽略对"能力掌握"的沟通

为了贯彻公益创投项目的特点,实现对社会组织的能力建设,R 社工机构对参与创投的社会组织进行了财务管理、档案管理、志愿者管理、服务方案设计等诸多方面的培训。为了评估这种知识型信息的传递效果,R 社工机构在中期评估与末期评估的指标中,都结合了各类能力掌握与实现程度的指标。虽然这种沟通管理在某种程度上强调了知识的传递和应用,但整体上存在规划不足的问题。相关的培训高估了社会组织知识沟通的解码能力,只强调了"知识"的外化传递,缺乏"知识"的内化训练与培养。

前述诸多方面的培训多为一次性讲座,一次性的知识传递限制了社会组织对"知识型信息"的充分理解和掌握。公益创投项目要求社会组织在多个领域具备相关的专业知识和技能,在此情形下社会组织可能无法在有限的时间内完全消化和掌握这些复杂的知识内容。特别是对于一些专业术语或技术操作的培训,一次性知识的传递可能无法满足社会组织对这些知识的深入理解和应用需求。知识型信息在传递过程中被不断损耗,沟通的质量与效果较差。

3. 忽略沟通"噪声"，缺乏对项目有效沟通障碍的识别

根据项目沟通管理理论，在有效沟通的过程中会遇到很多的"噪声"，这些"噪声"会在不同程度上阻碍或者扭曲有效沟通。在公益创投项目实践中，R 社工机构缺乏对于项目有效沟通"噪声"的认识，没有预估各个沟通主体在信息传递中的实际困难。

作为政府购买服务的一部分，公益创投项目在政府部门的参与和支持下进行。然而，政府部门作为庞大的组织机构，其工作流程复杂且灵活性较差。这可能导致政府部门在项目实施过程中频繁变化需求。R 社工机构由于缺乏对政府部门工作流程和需求的深入了解，可能难以适应这种变化并满足其要求，从而导致信息传递的延迟和不准确。

鉴于这是 H 市第一次举办公益创投大赛，社会各界对于这类项目的理念和工作内容了解甚少。这可能导致一定程度上的沟通恐惧，使得信息在传递时存在理解误差和沟通"噪声"。R 社工机构应该认识到这一点，意识到项目参与者可能对项目的目标、流程和期望结果存在疑惑和不理解。此外，公益创投项目涉及许多相关方，其中包括本土社会组织和来自广东、香港的专家团队。然而，H 市社会工作发展基础相对薄弱，本土社会组织与顶尖的专业督导存在明显的差距。这可能导致在沟通过程中出现专业水平的差异、工作理念的不一致等问题，从而造成明显的沟通障碍。

（二）管理沟通阶段

1. 社会组织数字化基础薄弱，项目管理工具掌握困难

项目管理信息系统是为承接项目的团队获取、储存和向相关方发布有关项目成本、进度、绩效等方面信息的标准工具。在 H 市公益创投实践中，R 社工机构购买了善爱社工（武汉）信息服务有限公司的社会工作服务管理系统作为管理沟通中的工具。其服务包括15家社会组织服务信息的收集、储存、管理，督导方的督导申请与监督信息的发布、管理，以 R 社工机构为代表的管理方对信息的检索、发布、管理。社会工作服务管理系统发挥了沟通渠道、沟通工具、信息存储等重要工具职能。但是根据访谈所收集的资料，该项目信息管理平台在提供信息交流便捷的同时也增加了15家被服务社会组织人员的工作、学习压力和 R 社工机构的培训压力。

开始推进这个平台的时候发现那些社会组织对于学习怎么运用系统有很大的困难，我们做了多次关于如何使用这个平台的培训，但当时学会了，等正式使用时，还是会出现很多问题。而且因为要上传系统，其中涉及很多的表格模板，也收到反馈说给他们增加了很多文字处理上的工作。(访谈对象 A)

面对现代社会中社会组织的能力提升，类似的项目管理平台能发挥良好的规范流程与便捷沟通的功能。但 H 市社会组织发展较为落后、社会组织能力欠缺，将精力放于现代技术与行政文件当中，一方面会增加社会组织的学习压力和降低服务质量；另一方面会使承接孵化任务的社工机构在培育过程中发生目标的偏移。

2. 依赖项目管理系统，管理沟通的内容与手段单一

笔者分析 R 社工机构的现存资料发现，管理沟通阶段的沟通内容主要可以分为两部分。一是所购买的社会工作服务管理系统中的 15 家社会组织提供服务的服务过程记录表、督导服务的内容与沟通记录、机构人员管理方面的过程记录。二是 R 社工机构对于参与项目的社会组织的孵化培训内容资料，如培训讲义、培训通知、新闻稿件等。总体来看，R 社工机构对项目进展的主要沟通内容都进行了管理，但是这种管理内容单一，仅停留在档案管理的层面，缺乏对所遇问题、经验教训的深入总结，对进度管理、风险管理、相关方管理等领域与沟通融合部分的管理呈现不足。

结合知识型管理沟通理论，R 社工机构在项目管理中缺乏项目知识库的建设，既包括整体公益创投项目实施过程的项目知识库，又包括 15 家社会组织自身服务的项目知识库。项目知识库是一种储存项目管理最佳实践、经验教训、方法论和相关文档的系统。它是一个强大的工具，可以帮助项目团队成员了解项目管理的各个方面，包括从初步的项目概念化到实施，再到项目的完成和评估。但在实践中，R 社工机构缺乏对整个创投项目过程中遇到问题的分析与总结。

公益创投项目管理是对项目科学管理的过程，要想使项目运作效率化、标准化、现代化，就必须在完成项目运作的基础上，运用项目管理的知识体系去不断完善项目的每一个部分，分析总结每个阶段、每个领域的问题与教训，拓宽与丰富项目发展的知识库。

3. 对知识型信息的管理不足，仅停留在信息的传递阶段

R社工机构链接了高校教师和不同社会领域的专家向社会组织提供专业的能力建设培训。然而，在管理沟通阶段，R社工机构没有做到知识型信息的深入传递和共享，导致这些信息仅停留在信息传递阶段，未能真正实现知识的内化和能力的提升。这主要表现在缺乏深入传递和共享知识的努力，培训内容规划不合理，缺乏有效的互动和反馈，以及忽视社会组织的个体差异性等方面。

H市社会工作发展基础相对薄弱，R社工机构在与社会组织进行沟通时，尚不能充分发挥出其应有的支援和引导作用。这可能是由于缺乏与社会组织的充分互动和讨论，导致社会组织对知识的深入理解和应用能力有限，无法将这些知识转化为实际能力。例如，在沟通过程中，R社工机构没有更多地提供相关培训的具体案例和经验，难以以具化知识激发社会组织对知识型信息的兴趣和加深其理解。

培训内容的规划安排不合理也是导致知识型信息停留在信息传递阶段的重要因素。R社工机构在培训计划中可能未能充分考虑社会组织学习的时间和需求，导致培训过于紧凑，无法为社会组织提供足够的时间和机会来吸收和应用所传递的知识。

综上所述，R社工机构在沟通过程中可能忽视了社会组织的个体差异和需求的多样性。每个社会组织都有不同的背景、资源和能力，单一的传递方式和内容无法满足所有社会组织的需求。R社工机构未能充分了解和考虑到社会组织的个体差异性，导致知识型信息对不同社会组织的适应度差异较大，信息的传递效果和内化程度也有所不同。

（三）监督沟通阶段

1. 过度依赖项目专家团队，监督作用受限

R社工机构在项目沟通管理阶段存在过度依赖项目专家团队的问题。从监督沟通的角度看，这一问题可从社会组织项目服务督导的依赖和公益创投项目整体设计上的依赖两个角度来论述。

第一，社会组织项目服务督导的依赖对R社工机构的沟通管理造成了一定影响。根据现有资料分析，R社工机构在实践中主要依赖社会组织项目服务督导来进行监督沟通，并为此购买了社会工作服务管理系统作为信息交换工具。这已成为R社工机构在社会组织服务方面监督沟通的重要方式。

然而，督导团队与机构之间存在地理上的距离，只能通过社会工作服务管理系统进行线上的监督。这种线上监督模式虽然提高了监督的便捷性和实时性，但也可能导致督导团队对项目的了解不全面，仅仅通过社会工作服务管理系统中的数据和信息，督导团队无法获悉项目的实际进展情况，无法充分掌握项目的具体细节和面临的挑战。

第二，公益创投项目整体设计上也存在过度依赖的问题。该地区首次开展公益创投项目，H市政府、R社工机构都缺乏相关经验，因此在项目设计过程中过度依赖项目专家团队的意见和指导。但过度依赖外地专家团队可能导致项目缺乏针对性和创新性，对于H市的特殊环境因素缺乏考虑。同时，过度依赖也可能使机构忽视对自身资源的整合，无法从根源上促进社会组织能力的建设。

2. 虚化了沟通的控制作用，对沟通管理与其他管理的关系认识不足

在R社工机构运行公益创投项目的风险预估方案中，从人、财、物三个维度中7个相关方预估了11个不同类别的风险，具体如表10-6所示。然而，在应对措施中，"沟通"被认为是风险的最佳应对措施，并且被认为可以解决70%以上的问题。结合对访谈资料的分析，笔者认为R社工机构在公益创投项目管理中虚化了沟通的控制作用。沟通并不是可以控制风险的绝对有效因素。在实际的实施过程中，沟通对于风险的控制作用相当有限。

表 10-6　R 社工机构风险预估方案

维度	相关方	风险	可能性/影响力	应对措施
人（专家、行政人员、提供服务人员等）	社会组织	服务内容不全面	中/高	沟通社会组织工作人员和受众群体，提前做好需求评估工作
	第三方服务力量	服务质量不高	中/高	督促提升质量；强制解除合同，重新竞标服务方
		中途退出	低/高	依据合同回收项目资金，重新竞标服务方
	民政局	人员不支持	低/低	沟通民政局相关负责人，沟通社区工作人员
	督导	人员不专业	低/高	沟通总督导，沟通社会组织相关工作人员进行协调
	受众群体	人员不配合	低/高	沟通提供服务工作人员，沟通受众群体，进行协商

续表

维度	相关方	风险	可能性/影响力	应对措施
财（项目资金）	第三方服务力量	资金不到位	高/高	沟通社会组织、第三方服务力量负责人协助配合劝说
	自筹资金	资金不到位	低/高	沟通社会组织、第三方服务力量负责人，依据合同申请资金
	社会组织	资金不支持	低/中	争取相关配套资金，承接政府购买服务
物（场地、物资、基础设施等）	社区	场地不足	中/中	协调社区场地；寻找其他场地
	社会组织	链接资源不到位	中/中	沟通社会组织负责人，加强资源链接
	第三方服务力量	物资质量差	低/高	督促更换物资；随机抽查物资情况

资料来源：R 社工机构文本资料。

在公益创投项目中，不同的风险往往涉及多个维度和相关方的协同配合，仅依靠沟通来解决问题是片面的，需要综合考虑其他控制措施，例如明确责任分工、建立有效的监督机制、制定合理而有力的规章制度等。

在项目管理体系之中，将沟通任务安排在项目管理的不同阶段之前，说明在实践中，沟通是实现项目目标和控制风险的手段之一，而并非控制风险的绝对主导因素。这也呼唤着我们在项目管理中要更全面地考虑其他因素的作用，如监督和评估机制、人员能力和资源投入等。因此，尽管沟通在公益创投项目中扮演着重要的角色，但我们不能过度依赖沟通来解决所有问题，要明白沟通只是在项目管理中的一种工具和手段，而非绝对的解决方案。

四 优化社工机构公益创投项目沟通管理的对策

一方面，政府主导下的公益创投项目，因其特色的培育社会组织的目标和以政府为主导、以财政为支持、由公益项目孵化平台承接项目的特殊模式，在我国社会发展中有一定的模式性和普遍适用性。另一方面，公益创投项目要想得到预期的成效，不仅需要获得组织层面的支持，还需要各参与主体的积极配合。科学地组织和开展好公益创投项目中的沟通管理工作，成了社工机构参与、组织、实施公益创投项目实务过程分析的重要方向之一。

因此，本章结合 R 社工机构项目沟通管理的现状以及在过程中遇到的问题，认为沟通管理工作应该侧重于对沟通对象主体及需求的识别，完善沟通规划体系。根据项目管理理论在沟通不同阶段的规范要求，笔者认为可以从完善规划沟通体系、提高管理沟通效率、丰富监督沟通实践三个方面尝试改进其管理工作。

(一) 完善规划沟通体系，充分识别相关方

规划沟通管理是沟通管理的第一环节，在这一环节对沟通对象也就是相关方进行充分的认识和管理十分重要，只有管理好了项目相关方才能助力项目目标的实现，而相关方管理的好坏又在于与其沟通的效果。因此在项目实施之前，必须对相关方进行充分识别，了解各相关方扮演什么角色、是否需要沟通、怎样沟通以及沟通到什么程度等，并借此确定沟通目标。

1. 建立并完善相关方登记册

在 Project DPro 之中，将项目利益相关方分为项目治理者、项目使用者、项目提供者、项目影响者、项目依赖者、项目维持者六类群体。在很多情况下，相关方中的某个人或者团体可能归属多个类别，在身份上存在重叠，并且随着时间的推移，新的相关方加入项目中，已有的相关方类别也会随着时间的推移而变化。本书按照 Project DPro 中的分类方式，在公益创投项目具体组织结构、职权划分的基础上，识别公益创投项目不同相关方的沟通需要，建立相关方沟通登记册。

相关方沟通登记册主要由三个部分构成：项目相关方沟通列表、项目相关方分析矩阵、项目相关方沟通需求矩阵。

第一，项目相关方沟通列表记录了各类相关方的主要成员信息、项目角色、在项目中的工作职责、主要联系方式与备用联系方式，是项目沟通管理的最基础信息。

第二，项目相关方分析矩阵是深入识别，详细阐述，传达项目相关方的利益、能力和潜在作用的文件，在整个项目过程中的某些特定节点应该不断进行更新，可以一起重新评估利益相关方，确保在适当的层级与他们

保持沟通，并让他们参与项目。具体如表10-7所示：

表10-7 公益创投项目相关方分析

项目相关方	项目相关方角色类别	在项目中的需求	权力与影响力	关系
H市民政局	项目治理者	促进社会组织能力发展、提升社会服务质量	提供项目资金、对项目方向和实施过程有监管权	项目甲方
R社工机构	项目提供者	实现创投项目的顺利实施	实施、管理创投项目的全过程，对项目负责	项目乙方
15家社会组织	项目服务者	申请运行项目、获得组织能力建设	被服务人群，有开展其项目的资产与能力	创投项目的受益者
社会组织服务项目服务的社区与人群		获得社会组织的服务	被服务人群，有监督的权力	创投项目的受益者
H市妇联、残联	项目影响者	对相应群体的服务	次要政府部门，有一定监督管理权	与规则制定者关系密切
合作媒体、12349平台		涉及自身的工作内容	社会监督权力	
专家团队	项目依赖者	通过提供指导获得报酬	指导社会组织的发展与项目开展	是项目开展的辅助者，与承接平台关系密切
善爱社工（武汉）信息服务有限公司		提供项目管理系统获得报酬	指导社会组织的发展与项目开展	
志愿者		进行志愿服务	服务项目开展	

第三，项目相关方沟通需求矩阵。项目相关方沟通需求矩阵有助于明确每个相关方诉求，确定沟通渠道，为项目沟通搭建清晰的框架，确保信息高效传递（见表10-8）。

2. 编制项目沟通管理计划

项目沟通管理计划作为一项贯穿项目全过程的工作计划，与项目组织计划和实施方案紧密相连。项目沟通管理计划涉及与公益创投各项目相关方之间需要进行的信息交流内容，以及沟通方法、渠道等各个方面的安排。因此，对于项目沟通管理计划的编制，我们应以实现每个阶段乃至整个项目的目标为前提，对目标实现过程可能遇到的阻碍和问题进行分析，确定相关方和其利益诉求，并将其沟通需求转化为具体的沟通任务，以期后续

表 10-8 公益创投项目相关方沟通需求矩阵

	H 市民政局	R 社工机构	15 家社会组织	社会组织服务项目的社区与人群	H 市妇联、残联	合作媒体、12349 平台	专家团队	……
H 市民政局		定期汇报（面对面、材料）……						
R 社工机构	定期监督（会议、材料）……		项目团队内部的通知、会议、计划……		定期监督（会议、材料）……		咨询指导（会议、文件）……	
15 家社会组织	通知、启动、结束会议……	通知文件、解释说明……		合作实践、交流分享……	通知、启动、结束会议……	服务报道宣传……	咨询指导（会议、文件）……	
社会组织服务项目的社区与人群		服务评估……	服务诉求……		服务评估			
H 市妇联、残联		定期汇报（面对面、材料）……	直接服务沟通……	意见表达……				
合作媒体、12349 平台		合作协议、会议……						
专家团队		合作协议、服务会议……	督导诉求、信息反馈……			服务报道宣传……		
……								

能高效、务实地贯彻和落实沟通管理计划，提高公益创投项目管理工作的效率。

第一，项目沟通管理计划内容。根据 PMBOK GUIDE，项目沟通管理计划内容如表 10-9 所示。

表 10-9 项目沟通管理计划

序号	内容	说明
1	沟通要求	沟通方向：明确哪些类型的信息需要在哪些干系人之间进行沟通。例如管理类信息在社工机构和创投参与政府（项目发起方）进行、专业服务类信息在项目督导与创投参与组织间进行等 沟通形式：例如会议纪要、传真、报告、电子邮件等 格式：规范联络文件的格式，例如项目名称、文件编号、日期、主题类型等 信息处理：接收方和发送方在用各种联络形式进行沟通时的规范要求，如会议纪要由谁编制、编制时限等 问题升级流程：向社工机构主管报告；机构主管与各方协调，协调不成功由承接平台的项目团队向项目发起方汇报
2	技术要求	各类会议：会议召集和参与者、主题、地点、举行时间、会议主持方负责编制会议纪要，会议参与方签字并下发 各类报告：由谁在什么时间段向谁提供什么样的报告，如项目末期要提供财务运行报告、结项报告
3	更新沟通计划	随着项目不断深入，沟通管理计划也可能会根据实际情况进行调整。比如干系人变更、召开临时会议等，都需要对沟通计划进行更新调整

第二，确定沟通方式与手段。在全面总结和参考以往已有的公益创投项目和其他工程类项目实施过程中所采纳过的沟通方法的基础上，决定采取正式与非正式沟通方式相结合的办法实施沟通工作，借此营造良好的沟通氛围。

第三，制定沟通使用工具表。比如会议记录模板、财务报告模板、专业服务记录表等。

3. 重视知识型信息的沟通

在政府购买模式下支持社会组织开展公益创投项目的沟通管理中，极易忽视对知识型信息的有效沟通。公益创投项目要求社会组织具备多个领域的专业知识和技能，一次性培训难以在有限时间内完全消化和掌握这些复杂的知识内容。此外，末期评估指标只注重社会组织对知识型信息的实施程度，忽视了对解码能力的评估，可能高估了社会组织的能力。为了解决此问题，实现社会组织能力的有效提高，可以从以下三点来进行考虑。

第一，采取渐进式培训模式。将培训划分为多个阶段，并根据项目的复杂程度和社会组织的实际情况进行个性化的培训计划安排。分阶段逐步深化社会组织对知识型信息的理解和掌握，使其能够更好地消化和应用所学知识。这样可以避免一次性培训的限制，提高社会组织对知识的掌握程度。

第二，提供定期继续培训机会。考虑到一次性培训难以覆盖社会组织在公益创投项目中所需要的各个领域的专业知识和技能，可以在项目期内提供定期的继续培训机会。通过定期的培训，社会组织能够实时更新所需的知识，并通过持续学习来提高对知识型信息的解码能力。

第三，完善评估指标体系。在评估指标中不仅要注重社会组织对知识型信息的掌握程度和实施能力，还要综合考量社会组织在实际操作过程中的解码能力。通过评估解码能力，可以更全面地了解社会组织对知识型信息的真正掌握程度，从而客观评估其能力。这样可以准确衡量社会组织的能力和水平，提供具有针对性的帮助和支持，促进公益创投项目的成功实施。

（二）提高管理沟通效率

1. 完善项目沟通文件

报告是项目中最主要的沟通文件，记录了正式的信息或摘要。报告可向项目相关方传达有关的信息。每个管理领域都有需要传递的信息，沟通与其他管理领域相结合也就有多种主题的报告。总的来说，以项目管理领域划分，在一个项目之中沟通报告的类型与种类如表 10-10 所示：

表 10-10 根据项目管理领域划分的沟通报告类型

项目管理领域		报告内容	
定义沟通工具	范围管理	● 客户需求报告 ● 项目可行性研究报告 ● 项目范围报告	● 项目范围管理计划报告 ● 系统需求报告 ● 工作分解结构任务报告
	时间管理	● 项目基线计划报告 ● 控制变更报告	● 项目进度计划报告 ● 项目进度报告
	成本管理	● 预算报告 ● 成本估算报告	● 挣值分析报告 ● 估算工具报告

续表

项目管理领域		报告内容	
定义沟通工具	质量管理	• 综合计划报告 • 项目控制图报告 • 德尔菲法报告	• 项目流程图报告 • 项目质量管理计划报告 • 项目质量指标报告
	人力资源管理	• 项目关键链报告 • 项目直方图报告	• 项目人力资源管理计划报告 • 责任矩阵报告
	沟通管理	• 沟通计划报告 • 沟通需求报告 • 展演报告	• 新闻稿报告 • 项目状况报告 • 项目会议报告
	风险管理	• 决策树图报告 • 项目问题报告 • 项目问题管理计划报告	• 风险评估报告 • 风险登记册报告 • 安全报告
	采购管理	• 采购系统报告 • 验收文件报告 • 用户验收报告	• 使用经验教训报告 • 阶段收尾报告 • 项目采购计划管理报告
	相关方管理	• 相关方识别报告 • 相关方登记报告	• 项目相关方管理计划报告

表10-10中的每一个报告性文件，都是项目从启动到收尾过程中各环节需要向项目团队内部或项目有关相关方展示、传递的信息。

2. 灵活使用管理工具

在标准化公益创投项目中，项目管理系统被广泛应用作为支持工作流程和协调团队活动的工具。虽然项目管理系统能够提供清晰的任务分配、进度跟踪以及文档管理等功能，但系统过于僵化缺乏人的艺术处理方式，导致在项目沟通管理过程中出现了一系列问题，进而可能产生增加行政性工作、降低工作效率的风险。对此，社工机构要做到以下几点。

首先，灵活运用系统。尽量在标准化要求允许的范围内，灵活运用项目管理系统，选择适合公益创投项目的任务清单，减少程序化压力。就像R社工机构做的，招募高校大学生作为志愿者帮助社会组织进行相应规范文件的上传与下载，但是考虑到社会组织能力提升的目标，进行数字化的学习才是未来长远的方法。

其次，与服务的社会组织沟通。与15家社会组织、项目督导等系统使用者进行沟通，并共同讨论系统的使用方式，听取他们的意见和建议，了解大家在实际工作中的需求和困难。通过充分的沟通和协商，可以找到更适合团队的工作方式，使系统更好地满足工作需要。

最后，补充人的艺术处理方式。项目管理系统虽然能够提供标准化的管理方法和流程，但并不代表所有工作都要完全依赖系统，需要保持一定的人的艺术处理方式，灵活运用系统以外的工作方法和沟通手段，比如可以利用会议、讨论或面对面交流等方式，充分发挥社会工作专业的优势。

（三）丰富监督沟通实践

1. 开展满意度调查

在公益创投项目的监督沟通管理阶段，定期开展满意度调查是一个重要的策略。旨在保障项目的顺利实施，并确保最终满足项目治理方和项目服务方（社会组织、政府部门等）的需求和期望。他们的满意程度是衡量沟通管理效果的关键指标，通过定期开展满意度调查可以对沟通的效果和满意程度进行评估和监控。

首先，定期开展满意度调查可以检验沟通的效果。满意度调查包括评估专家团队和项目督导在公益创投项目中提供的能力支持是否到位，以及项目资助方对于社会组织在项目中的能力提升是否满意。通过对项目参与者的反馈，可以了解他们在整个项目过程中的沟通和协作是否顺畅、是否能够有效解决问题和缓解冲突，从而进一步提高沟通管理的效果。

其次，定期开展满意度调查可以评估沟通的满意程度。作为项目发起方的政府部门需要对社工机构的运营情况进行评估，判断其是否良好运作。通过调查，政府部门可以了解社工机构在项目实施过程中的沟通工作是否得到了各相关方的认可，以及沟通过程中是否有效地解决了各相关方之间的冲突。这有助于政府部门对整个公益创投项目的运行情况做出全面的判断，从而进一步优化沟通管理策略和提升项目整体的效果。

2. 及时更新项目沟通文件

项目管理的核心是对不确定性进行控制，因此在项目执行过程中难免会出现各种问题和挑战。如何记录和处理这些问题，对项目的后续发展有着重要的影响。及时更新问题日志和变更手册以及经验教训册可以有效促进沟通管理的实施，提高项目的效率和质量。

首先，问题日志应该包括项目协调会上出现的问题、每天工作中遭遇的问题等。通过记录并清晰描述问题，团队成员可以更好地了解问题的性质和紧急程度，有助于及时制定解决方案和采取行动。定期更新问题日志有助于团队对问题有一个明确统一的认识，并避免项目犯同样的错误。其次，及时更新变更手册是确保项目变更得到有效管理的重要措施。在项目执行过程中，随着环境变化和需求变动，项目可能需要进行调整和变更。变更手册的及时更新能够使团队掌握项目的最新状态，有效管理变更的范围和影响，避免变更给项目带来不必要的风险。同时，通过记录和更新变更手册，可以为项目成员提供一个参考和依据，确保各方对于变更的理解和认可一致。最后，经验教训册作为问题日志和经验教训登记管理的一部分，对于监督沟通管理具有重要作用。

3. 贯彻落实沟通管理计划

在公益创投项目的监督沟通管理中，贯彻落实沟通管理计划是一个重要的对策。监督沟通的关键是了解团队成员的沟通现状，并评估所采用的沟通方式的科学性和实用性。在执行沟通管理计划的同时，R社工机构需要灵活处理现场的沟通情况，并根据团队成员的沟通特点进行培训和指导，以及更新沟通管理计划。

首先，负责运营和监管项目的社工机构需要清楚团队成员的沟通特点。不同的团队成员可能有不同的沟通风格和偏好，了解这些特点有助于社工机构更好地与团队成员进行沟通。R社工机构可以通过个别交流、团队会议等方式了解团队成员的沟通偏好和需求，以便在项目开展的过程中进行针对性的培训和指导。

其次，R社工机构的项目团队需要根据项目实际情况更新沟通管理计划。沟通管理计划是为了指导项目中的沟通活动和决策而制定的，但在项目执行过程中，可能会出现团队冲突以及内外部环境的变化等情况，这些都可能触发对沟通管理计划的更新。通过持续监督和评估沟通管理的效果，R社工机构的项目团队可以发现沟通管理中的问题和不足，并根据实际情况对沟通管理计划进行调整和改进。

最后，对沟通管理进行监督和评估的好处在于，可以发扬沟通管理中做得好的方面，并进行经验总结，同时复盘并改进沟通不足之处。通过监督和总结，R社工机构的项目团队可以确定哪些沟通方式和策略在项目中得到了良好的效果，可以将这些好的实践继续发扬。

第十一章　公益创投项目风险管理

在我国，由于公益创投和风险管理正处于发展期，学术界关于社工机构参与公益创投项目风险管理问题的文献资料较少。本章选择 R 社工机构参与的公益创投项目进行研究，结合风险管理理论和项目生命周期理论，试图从理论层面探索社工机构如何运用系统科学的风险管理理论和方法形成新的发展动力，对项目的风险管理问题进行分析并提出了针对性的对策建议，以期填补社工机构参与公益创投项目风险管理领域的文献空缺，推动政府职能的进一步转变，促进社会公共服务提供模式的进一步完善。本章也试图探索从事公益创投项目的新方向，为项目稳健运行提供新思路，拓宽社会工作的实践领域，补充公益创投项目风险管理的本土化理论，进一步探索社工机构承接政府购买服务的新方式，为其他区域开展公益创投活动提供本土化理论经验参考。

一　项目风险管理的理论和概念

（一）项目风险管理相关研究

通过分析与研究主题相关的国内外文献资料，笔者发现以下几点。第一，风险管理来源于国外并在不断发展中逐渐成熟进而形成知识体系，然而目前我国的风险管理理念仍处于借鉴消化阶段，与国外相比，风险管理水平较低。但是，我们应该积极地看到国内许多高校和科研机构正投入大量精力进行风险管理探索。第二，国外风险管理理论与实践共同发展，研究成果丰硕，然而国内风险管理理念和方法应用不足，相关研究成果有限。第三，国外学者主要以实际项目为例研究其风险管理状况，其应用范围已经从最初的国防、建筑等部门，普及到公益、金融以及科技等领域，然而结合中国风险管理现状以及行业特征，其应用范围大多仅涉及工程、建筑等重大项目，应用领域相比国外较窄。

上述文献资料虽然为社工机构参与公益创投项目风险管理提供了理论和实践参考，但是还存在如下缺失。第一，近几年，随着政府购买服务和公益创投的兴起，社工机构成为参与公益创投项目、提供社会服务的重要载体之一，但是很少有学者分析社工机构参与、承接以及实施公益创投项目的具体实践过程，因此难以总结出社工机构参与公益创投项目的实务模式；第二，在我国风险管理理念和方法主要被运用到工程、建筑等具体项目中，但是针对公益创投领域的风险管理研究文献较少，很少有学者基于项目管理视角，研究社工机构参与公益创投项目的风险管理问题，然而缺少科学的风险管理可能会导致社工机构无法有效识别项目风险因素，无法快速评估风险发生概率和影响，难以解决项目各阶段出现的具体问题，导致项目无法完成预期目标。

（二）理论基础和概念界定

本章基于风险管理理论和项目生命周期理论对社工机构参与公益创投项目风险管理实践过程进行分析。首先，利用项目生命周期理论识别出此次公益创投项目的风险管理工作集中在开发和实施阶段中；其次，运用风险管理理论客观分析开发和实施阶段中具体的风险管理内容；再次，基于项目生命周期理论和风险管理理论，对 R 社工机构参与公益创投项目风险管理过程和出现的问题进行分析；最后，根据风险管理理论的内容有针对性地提出对策建议。

1. 风险管理理论

（1）风险管理理论概述

本书所研究的风险管理理论是项目管理理论的重要组成部分之一，项目管理最早出现于 20 世纪 30 年代，2000 年美国项目管理协会出版的《项目管理知识体系指南（PMBOK 指南）》表明项目管理的理论框架初步形成。[①] 风险管理理论和实践均来源于美国，国外的风险管理理论依据发展阶段形

---

① 丁锐：《项目管理理论综述》，《合作经济与科技》2009 年第 7 期。

成了不同的理论脉络。

在国内,徐潘阳教授将中国风险管理理论划分为两类,一类是传统风险管理理论,另一类是现代风险管理理论。① 传统风险管理理论是指项目管理的参与者,必须系统分析项目管理过程中可能存在的风险,从而采取相应的预防和管控措施将其降到可接受程度,确保项目成功运行。但是由于经济形势的快速变化,现代风险管理理论应运而生。

本书主要介绍以下三个现代风险管理理论,一是全面风险管理理论,它认为项目风险管理应从整体角度,对各层次的风险进行系统管理②;二是全寿命周期风险管理理论,它认为项目风险管理应贯穿项目全寿命周期,并且管理过程应该是动态的;三是集成风险管理理论,它是一种基于信息技术的项目风险管理模式,它将项目所有风险加以整合分析并运用专业风险管理方法进行控制③。

(2) 风险管理核心过程

有关风险管理的核心过程,不同的组织或个人有不一样的分类。本书主要采用《中国项目管理知识体系(C-PMBOK 2006)》中关于风险管理理论的核心过程描述,将其分为五部分:一是风险管理规划,规划设计项目风险管理活动,主要包括制定项目成员的行动方案、选择风险管理方法及确定风险判断依据等;二是风险识别,识别项目潜在风险因素,包括确定风险的来源、描述风险特征以及确定哪些风险会影响项目运行;三是风险评估,针对已识别的风险发生的概率以及一旦发生所产生的影响进行评价,并对风险进行排序;四是风险应对计划,对已识别出的风险依据风险定性及定量分析结果,制定与项目的目标、内容相适应的风险应对方案;五是风险监控,指通过补充、更新数据信息,对风险事件进行动态跟踪监控,实现风险的全面性和动态性管理。④

---

① 徐潘阳:《项目风险管理理论及方法研究》,《企业改革与管理》2016 年第 22 期。
② 朱启超、陈英武、匡兴华:《现代技术项目风险管理研究的理论热点与展望》,《科学管理研究》2005 年第 2 期。
③ 徐潘阳:《项目风险管理理论及方法研究》,《企业改革与管理》2016 年第 22 期。
④ 中国(双法)项目管理研究委员会:《中国项目管理知识体系(C-PMBOK 2006)》(修订版),电子工业出版社,2008。

2. 风险的概念

对于风险的认识，不同的人有不同的观点，但都主要从风险的不确定性和可能性方面描述风险。比如，《项目管理知识体系指南（PMBOK 指南）》认为风险是一种不确定事件，一旦发生就会造成影响。[1] 丁荣贵和赵树宽认为风险是指客观或主观环境的变化造成的不确定性，导致风险相关方不能准确预见及控制影响因素，从而使其受到损失的可能性增大。[2] 沈建明认为风险就是在追求目标的过程中，相关活动或事件的不确定性和可能发生的危险。[3]

在具体项目中，风险可以分为单个项目风险和整体项目风险。单个项目风险是指对项目造成影响的特定事件，整体项目风险是指不确定性对项目的整体影响。在项目启动之前，需要通过制定项目范围、内容等决策间接管理整体项目风险，项目启动后，便可采用传统的风险管理过程直接管理单个项目风险。

3. 风险管理的概念

关于风险管理的内涵，学者们有不同的观点，主要从方法和过程两方面描述风险管理，比如中国（双法）项目管理研究委员会认为，项目风险管理是通过对项目中的风险进行识别、评价和分析，对项目风险应对策略做出科学合理的决策，同时在实施过程中进行有效控制和监督的过程。[4] 又如何清华和杨德磊认为风险管理主要有以下两方面的含义，一是指全过程全方位的风险管理，二是用科学的方法对各类风险进行管理。[5] 本书采用董明伟关于风险管理的定义，他认为应通过风险识别、风险评估、风险应对等工作了解风险，并基于此通过合理采取各种应对措施和方法对其进行有效控制，保证项目总体目标的实现。[6]

---

[1] 美国项目管理协会：《项目管理知识体系指南（PMBOK 指南）》（第 6 版），电子工业出版社，2018，第 398 页。

[2] 丁荣贵、赵树宽主编《项目管理》，上海财经大学出版社，2017，第 248 页。

[3] 沈建明主编《项目风险管理》（第 3 版），机械工业出版社，2018，第 7 页。

[4] 中国（双法）项目管理研究委员会：《中国项目管理知识体系（C-PMBOK 2006）》（修订版），电子工业出版社，2008。

[5] 何清华、杨德磊：《项目管理》（第 2 版），同济大学出版社，2019，第 266 页。

[6] 董明伟主编《社会工作项目管理》，中国商务出版社，2022。

二 R社工机构参与公益创投项目风险管理概况

项目生命周期内的风险管理内容主要集中在开发阶段和实施阶段,本章从公益创投项目整体出发,研究R社工机构在开发阶段和实施阶段的风险管理状况。

(一) 开发阶段的风险管理

项目开发阶段是项目生命周期过程中重要的策划和计划环节,这一阶段的风险管理工作可以为后续的风险监控奠定基础,本章将通过开发阶段的具体资料以及项目文件更新情况来分析R社工机构参与公益创投项目风险管理概况,具体的风险管理内容如图11-1所示。

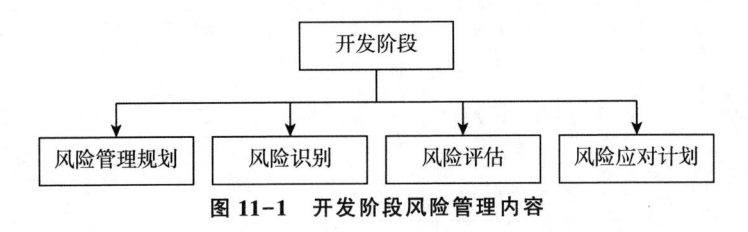

图 11-1 开发阶段风险管理内容

1. 风险管理规划

在风险管理规划方面,R社工机构主办了首届公益创投大赛项目设计与执行培训会,主要依据项目实施方案、项目章程等资料,从风险识别、风险评估、风险应对计划以及风险管理负责人这几方面制定公益创投项目风险管理计划书,部分项目风险管理计划书如表11-1所示。

表 11-1 部分项目风险管理计划书

风险识别		风险评估(每项1~10分,然后相乘)				风险应对计划		风险管理负责人
风险事件	风险来源	可能性	严重性	不可控性	风险级别	应对措施	预防措施	责任人
人员流失	项目组	3	8	5	120	总部求援	提升工作满足感、团队归属感	中心主任
个案不足	服务对象	3	9	6	162	督促社工	拓宽个案来源	项目主任

资料来源:根据R社工机构资料整理。

2. 风险识别

在风险识别方面，R社工机构采用风险识别清单作为风险识别的有效工具，对此次公益创投项目的整体风险进行识别。风险识别清单是一种有效的风险识别工具，它由专业人员设计表格，表格内容应当涵盖项目所有领域的风险，这种方法简单方便，可以全方位识别项目潜在风险。R社工机构主要识别出三大类风险，一是项目相关方风险，来源于社会组织、第三方服务力量、民政局、督导以及服务对象；二是项目资金风险，来源于第三方服务力量、社会组织内部；三是项目场地和物资风险，来源于社区、社会组织以及第三方服务力量，具体风险识别清单如表11-2所示。

表11-2 风险识别清单

风险主体	风险识别结果	
项目相关方风险	社会组织服务内容不全面	第三方服务力量服务质量不高
	第三方服务力量中途退出	民政局人员不支持
	督导人员不专业	服务对象不配合
项目资金风险	第三方服务力量资金不到位	社会组织资金不支持
	自筹资金不到位	
项目场地和物资风险	社区场地不足	社会组织链接资源不到位
	第三方服务力量物资质量差	

资料来源：根据R社工机构资料整理。

3. 风险评估

在风险评估方面，R社工机构基于风险识别结果，分别从可能性和影响力两方面评估已识别的风险因素。经过评估发现，项目运行过程中发生概率较大的风险是第三方服务力量资金不到位，对项目影响较大的风险包括社会组织服务内容不全面、第三方服务力量服务质量不高、第三方服务力量中途退出、督导人员不专业、服务对象不配合、第三方服务力量资金不到位、自筹资金不到位以及第三方服务力量物资质量差等，具体情况如表11-3所示。

表11-3 风险评估表

风险主体	风险识别	风险评估（可能性/影响力）
项目相关方	社会组织服务内容不全面	中/高
	第三方服务力量服务质量不高	中/高

续表

风险主体	风险识别	风险评估（可能性/影响力）
项目相关方	第三方服务力量中途退出	低/高
	民政局人员不支持	低/低
	督导人员不专业	低/高
	服务对象不配合	低/高
项目资金	第三方服务力量资金不到位	高/高
	自筹资金不到位	低/高
	社会组织资金不支持	低/中
项目场地、物资	社区场地不足	中/中
	社会组织链接资源不到位	中/高
	第三方服务力量物资质量差	低/高

资料来源：根据R社工机构资料整理。

4. 风险应对计划

在风险应对计划方面，R社工机构基于风险识别和评估结果，对于项目整体风险制定了一系列风险应对措施旨在降低风险对项目造成的不利影响。

首先，R社工机构针对公益创投项目的档案管理风险，组织举办了档案管理培训会。对于社工机构而言，有效的档案管理有助于记录机构的发展历程，保障机构各项工作正常开展，防范各类潜在档案管理风险。本次培训特邀资深档案管理师为各项目负责人讲解相关知识，包括实物档案和电子档案管理标准。此次培训一方面督促项目负责人及时归档纸质档案，做到随时装盒；另一方面把所有纸质档案全部数字化备份，配备档案管理专用电脑和扫描仪，及时扫描归档电子档案。

其次，为了提高公益创投资金使用效率，R社工机构针对公益创投项目财务管理风险，制定了财务管理办法，并开展了项目财务个性化辅导活动。《公益创投项目财务管理办法》规定R社工机构在项目运行过程中需要履行财务监督职责，指导各项目负责人编制公益创投资助资金和配套资金预算，并按照项目所需类别分类编制项目支出预算。另外，R社工机构邀请了上海市政府购买服务评审专家开展项目财务培训，培训内容包括民办非营利组织会计科目设置、财务报表编制、财务管理制度制定、财务票据管理、经费来源和资金使用要求，目的在于提升项目财务的实务能力，解决项目运行过程中面临的各类财务问题。其中个性化辅导采取小班制辅导方式，人数为每班25人，根据项目需求现场进行答疑解惑，帮助各项目负责人为降低财务风险而制定针对性的风险应对措施。另外，R社工机构制定了《自筹资金管理办法》来保证自筹资金的来源，规避资金使用风险，该管理办法规定公益创投项目必须有自筹资金，筹集金额至少占项目总金额的20%，对于外界捐赠的资产，应与捐赠方签订协议约定其性质与用途，明确该资产作为项目配套资金且有利于公益创投项目发展并开具捐赠收据；对于以非货币资产为自筹资金的，公益创投项目负责人必须履行必要的验证程序。

再次，R社工机构针对公益创投项目的安全风险，制定了《项目安全管理办法》，要求项目负责人对项目的所有安全事项负责，并依据项目服务领域不同，合理制定项目安全风险应对措施，包括宣传安全管理、人身安全管理、财产安全管理、项目实施活动安全管理等方面内容。各项目负责人应该从保障项目参与人员和服务对象安全的角度出发，若在项目实施过程中出现风险事件，应该果断采取以下风险措施：一是要自身保持镇定，立即启动风险应急预案，依据现场情况拨打110、120寻求专业帮助，并立刻上报督导和上级部门；二是对伤者进行急救措施，疏散其他活动参与者，避免造成恐慌；三是由于此次公益创投项目的服务对象为青少年、老年和身体有缺陷的人群，在活动开始之前，应该与其监护人签订协议，并针对不同服务人群制定个性化的风险应急方案。

最后，R社工机构为了保障公益创投项目服务质量，促进公益创投项目能力建设，制定了公益创投活动能力建设规范指引。指引中强调了加强公益创投项目能力建设的两个主要途径，一方面项目负责人需要参加R社工机构组织的相关培训课程，培训内容涵盖项目运营及专业服务，培训形式包括集中授课、沙龙等；另一方面公益创投项目负责人需要参加由其他组织举办的各类有助于提升项目团队能力的活动，或者在项目内部组织开展各类有助于项目实施团队自身发展的能力建设活动，R社工机构负责登记参加培训的时数并进行统计，培训统计结果会纳入公益创投项目中期、末期评估考核体系中。

总之，R社工机构在项目开发阶段制定了风险管理计划书，并运用风险识别清单识别出三大类风险因素，基于风险识别结果，从风险发生的可能性和影响力两个层面对已识别风险进行评估，依据评估结果结合项目实际运行情况，制订了沟通协调服务群众、民政局负责人以及社会组织，督促提升服务质量等风险应对计划。

(二) 实施阶段的风险管理

项目实施阶段的风险管理工作以风险监控为主，通过更新项目资料来识别新风险、监控已存在的风险及提出应对措施。基于此，本书将通过实施阶段的具体工作记录以及项目文件更新情况来分析R社工机构参与公益创投项目风险管理概况（见表11-4）。

表11-4 实施阶段项目风险管理内容

	发展阶段	
	实施阶段——风险监控	
	工作记录	项目文件更新
R社工机构	社会工作服务管理系统录入辅导	个案、社区服务、探访、小组、咨询表格
	督导、评估服务	更新专家团队辅导记录
	中期评估	更新中期评估结果、补充中期意见反馈表
	末期评估	末期评估报告、专家意见反馈表

资料来源：根据R社工机构资料整理。

由表11-4可知，项目实施阶段R社工机构开展了社会工作服务管理系统录入辅导，督导、评估服务，中期评估以及末期评估等活动。在此阶段，通过更新专家团队辅导记录以及补充中期和末期评估意见反馈表等资料识别新风险，持续监控项目已有风险并完善风险应对措施。

1. 社会工作服务管理系统录入辅导

公益创投项目进入实施阶段后，据各项目负责人反映他们在整理服务活动记录过程中，出现了项目资料过多无法形成标准化的问题，这个新出现的风险因素在一定程度上影响了项目进度。R社工机构接到反映后，集中讨论分析了该风险因素对项目造成的实际影响，并立即制定了一套风险应对措施——引入社会工作服务管理系统。

社会工作服务管理系统是一个专门针对社会工作行业进行社会工作服务管理的专业化信息系统。该系统由中国社会工作学会与善爱社工（武汉）信息服务有限公司共同研发。它将线下的社会工作服务监管过程以线上的方式进行管理和操作，把专业的社会工作服务嫁接到互联网技术上，让社会工作服务更规范、管理更科学，顺利实现对社工服务动态和服务成效的实时评估，这种对社会工作服务管理过程进行监督的方式，有利于提高社工机构的服务水平与效率。

为了更好地使用该系统，R社工机构组织公益创投项目负责人进行了两次社会工作服务管理系统录入辅导。辅导员分别对每个阶段需要填写的内容进行逐条讲解，解答项目负责人的问题，系统管理人员针对项目负责人提出的技术问题进行了一对一辅导。

2. 督导、评估服务

为了提高公益创投项目规范化管理和专业化运作水平，R社工机构采取"线上+线下"双重督导的方式，督导团队同步指导各项目实施。线上辅导方面，R社工机构聘请了5名专家，以线上督导的方式与被督导对象建立微信群，通过微信群内沟通的方式开展督导服务，主要包括向受督导者传达项目要求、对被督导者的项目实施状况进行监督、对于被督导者出现的意外风险给予指导帮助其落实应急风险预案。线下督导方面，H市民政局委托上海春晖社工师事务所为项目提供全程督导、评估服务。上海春晖社工师事务所的社工督导团队对15个公益创投项目展开实地走访督导。督导们采用"四全为本"的创新督导模式，从查阅财务凭证、进行现场观摩、查看台账、开展访谈等方面入手，对各项目的活动进展、取得的成效、已存在的风险以及活动计划进行了全方位监控，最后对于项目执行过程中出现的风险因素督导们一一给出了专业化的改进意见并进行了针对性的答疑解惑，为各项目解决难题。

3. 中期评估

为真实掌握公益创投项目执行进度，客观评估项目资金使用情况。R社工机构组织开展了中期评估，3位评估专家小组对入围的15个项目分别进行考核评估，评估时间共计4个月。在中期评估开展之前，各公益创投项目负责人需要提交一份自评报告，内容包括项目实施的背景、主要状况、达成的目标及成效、人员及经费投入使用情况以及项目存在的问题等。项目中期评估流程如下，首先，现场评估专家通过项目汇报、资料查阅以及问答的方式就各项目的运营管理、执行成效、财务状况进行综合评估；其次，专家小组提供中期评估意见反馈表，对各项目的成效给予肯定，对项目开展过程中出现的问题进行补充；最后，专家通过访谈交流和指导的方式对项目问题进行针对性辅导。总而言之，本次评估，专家小组以发现问题、提供建议和解决问题为主要目的，以评促建，对于规范和提高公益创投项目的实施质量具有重要意义。

4. 末期评估

末期评估由于不可抗力因素推迟，评估方式以线上为主。R社工机构邀请了4位第三方评估专家，评估专家每月线上为15个公益创投项目评估指导1次。评估内容包括专业服务评估和财务管理评估：专业服务评估主要从服务成效、运营管理、服务对象评价以及购买方评价等方面进行综合评分；财务管理评估主要从资金使用管理水平以及资金支出的合规性两方面进行综合评分。第三方评估专家需要秉持真实诚信、证据为本、保密尊重及客观公正的评估原则，严格遵循评估程序，通过查阅项目实施资料和服务对象访谈等多种方式，对公益创投项目的运营建设、服务对象权利保障、服务团队、财务管理、各领域专业服务以及服务对象满意度等进行综合考察。另外，为了解答末期评估中的问题，R社工机构举行了公益创投项目末期评估视频答疑会，进行集中答疑并给出建议，帮助各项目负责人理解并澄清专家指出的项目问题。

三 R社工机构参与公益创投项目风险管理问题分析

公益创投项目风险管理对于项目目标的实现有着至关重要的作用。本章主要从风险管理的核心过程，即风险管理规划、风险识别、风险评估、风险应对计划以及风险监控5个方面，深入分析R社工机构参与公益创投项目风险管理过程中出现的问题。

（一）风险管理规划片面化

风险管理规划作为风险管理的重要组成部分，只有制定全面的多角度的规划，才能有效发挥预防、控制、转移风险的作用，提高项目抗风险能力。风险管理规划主要通过输入项目方案、章程以及相关方登记册等，规定本项目的风险管理工作将由谁来做、如何做以及将要做到什么程度，以此输出风险管理计划，即R社工机构的重要的工作是编制风险管理计划。

在公益创投项目开发阶段，R社工机构主办了公益创投项目设计与执行培训会，此次培训会各项目负责人均报名参加，首先，由来自广州社工机构的专家向大家介绍了项目的特点及逻辑模式；其次，运用"问题树"模式就某一项目梳理其风险管理计划书；最后，R社工机构根据项目合同书、标书、项目实施方案以及项目相关方资料编制了风险管理计划书，该计划书有利于项目负责人清晰界定问题、自主发掘需求并设计服务方案回应当前需求。

虽然R社工机构组织开展了培训活动并制订了风险管理计划，但是笔者通过项目资料及机构工作人员访谈信息发现，该风险管理计划存在片面性，没有涵盖风险管理所有过程。该风险管理计划仅是风险信息的简单罗列，比如只包括风险评估方法、应对措施以及责任人等基本内容，缺乏对风险分类、相关方风险偏好以及目标影响概率等方面的数据描述。另外，R社工机构缺少标准的风险管理计划编制方法和模板作为参考。

> 培训会上解释了风险管理计划是什么，但是我们对于制订计划的一些方法掌握得不熟练，只能参考项目方案资料，依据专家和项目主管的意见来制订，另外我们对于风险管理计划应该包括什么内容不太清楚，也没有标准的风险管理计划模板。（被访者A）

> 在培训会上广州的专家给我们举了两个例子讲解了风险管理计划书应该怎么做，但是我们对于风险的影响等方面还是不太懂，也没有明白详细的打分标准，所以对风险重要程度的认知可能存在主观偏差。（被访者K）

总之，风险管理规划是对整个风险管理活动的总结，缺少完整的规划会导致后续的风险管理出现偏差，无法有效对项目进行科学管理影响项目成效。

（二）风险识别内容模糊化

风险识别是风险管理的基础，旨在进一步确认何种风险因素会影响项目目标，并将其整理成文档。风险识别主要通过输入项目管理计划、项目文件以及项目协议等资料，输出风险登记册和风险报告，即R社工机构重要的工作是编制风险登记册和风险报告。

本章基于 R 社工机构在开发阶段形成的风险识别清单，具体梳理了入围此次公益创投大赛的 15 个项目的资料，包括项目答辩会评审会、项目书、项目中期和末期评估报告、服务活动记录、培训记录、督导记录等，将其结合项目主管以及工作人员的访谈资料进行分析后发现，15 个项目中只有 9 个项目涉及风险识别相关内容。因此，本书将按照此次公益创投项目的服务领域将 9 个项目分为儿童青少年服务项目、助残服务项目以及老年人服务项目三大类阐述具体领域的风险识别情况，并分析其存在的问题（见表 11-5）。

表 11-5 项目风险识别清单

儿童青少年服务项目风险	
活动指标无法达成	活动秩序混乱
活动流程不明确	项目相关方不支持
恶劣天气影响活动	活动场地不方便
设备不支持	人员配置风险
受益人群风险	资金风险
项目所需物料风险	自筹资金不到位
社会组织资金不支持	场地风险
成效风险	服务对象的安全风险
助残服务项目风险	
服务对象的安全风险	服务效果风险
可持续风险	资源整合风险
老年人服务项目风险	
项目资源单一	服务对象的安全风险
活动参与度不高	资源整合
服务对象不配合，成效难保障	服务对象知识掌握不牢
服务对象不愿意参加活动	服务风险

资料来源：根据 R 社工机构资料整理。

由表 11-5 可知，R 社工机构对于公益创投不同服务领域的项目进行了初步的风险识别并形成了清单，但是也存在以下问题。首先，风险识别没有涉及全部公益创投项目，儿童青少年服务项目共有 6 个但仅有 3 个项目有明确的风险识别内容、助残服务项目共有 3 个但只有 2 个项目有明确的风险识别内容、老年人服务项目共有 6 个但仅有 4 个项目有明确的风险识别内容；其次，笔者经过访谈发现，此次风险识别并未形成文本性的风险登记册和风险报告，只是针对不同服务项目的共性风险进行了概括性总结，风险识别内容比较模糊；最后，R 社工机构虽然对项目风险进行了初步识别，但是仍然一直处于被动状态，只有在项目开展过程中发现风险时，机构工作人员才会着手去补救，因此其风险识别存在滞后性。

> 我包括我的同事可能对于风险登记册和风险报告的理解都不太深刻，我们的风险意识不强，对于一些新出现的风险，后期也没有及时补充文字性的材料，如果发生了风险，就会立刻联系督导、项目工作人员进行解决。我们在进行项目书填写培训时，专家强调了需要填写风险识别部分，但还有部分项目没有填写。（被访者 B）

> 我们请专家开展培训会，和他们一起坐下来探讨在项目开展过程中可能会遇到哪些方面的风险，比如人、财、物等方面可能会出现哪些风险，但是我们的识别方法更偏向于专家经验介绍类，没有详细的风险报告之类的文字内容整理，至于有一部分项目没有风险识别部分，可能是机构对于风险识别方法培训不足的原因。（被访者 K）

总之，风险识别是风险管理活动的开端，只有清晰识别项目风险，才能为后续制定相应的风险应对措施奠定良好的基础。因此，欠缺风险登记册和风险报告，就无法对风险进行全方位控制，可能无法构建起动态的风险识别机制，导致项目目标定位不明确，无法达到预期目标，从而影响项目进度，对公益创投项目整体运作造成伤害。

（三）风险评估方法主观化

风险评估是通过输入项目风险管理计划、风险登记册以及风险报告等资料，对风险的可能性和影响力进行评估并排序。项目风险评估的方法可以分为风险定性分析和风险定量分析。

R 社工机构在风险管理计划中制定了风险评估的相关内容，依据专家意见从可能性、严重性以及不可控性 3 个维度对项目风险进行了评估，并依据所得数据对其进行排序，优先关注并处理风险等级较高、对项目可能造成重大影响的风险，部分风险评估情况如表 11-6 所示。

表 11-6 部分风险评估情况

风险事件	风险评估			
	可能性	严重性	不可控性	风险级别（每项1~10分，然后相乘）
人员流失	3	8	5	120
个案不足	3	9	6	162

资料来源：根据 R 社工机构资料整理。

由表 11-6 可知，人员流失风险发生的可能性是 3，发生后对项目造成的影响性即严重性是 8，它的不可控性即不可解决性是 5，因此它的风险级别得分为 120。个案不足风险发生的可能性是 3，发生后对项目造成的影响性即严重性是 9，它的不可控性是 6，因此它的风险级别得分为 162。综合比较这两个风险因素，可以看出个案不足的风险等级更高，所以社工机构应该优先关注并解决该风险。

为了进一步探究风险对服务人群影响的严重性，推进公益创投项目有序开展，R 社工机构邀请了公益创投项目管理专家，举办了小组工作法培训会。要求公益创投项目负责人参加，培训会主要针对小组工作的特点和主要模式两方面进行详细讲解，培训专家将小组工作法的理论知识与大量实际案例相结合，让各项目负责人以亲身参与的方式了解风险的来源、风险发生背景以及对服务人群产生的影响，从而达到解决服务人群的心理或其他问题的目的。

虽然此次培训使项目负责人掌握了一定的风险评估方法，但是笔者在对机构工作人员进行访谈后发现，R 社工机构虽然运用了风险评估方法对项目风险进行分析，也邀请了专家讲解不同的风险评估方法，但是对于项目风险可能性和影响性的判断会受个人能力不足等因素影响，导致风险评估主观化，评估结果和实际情况存在偏差。

机构也会开项目答辩会、评审会，针对个别项目出现的风险事件评估其对项目的影响程度并给予专门指导，但是我们对于大部分风险的打分依赖于自身经验，可能也会存在一些不准确的地方。（被访者 B）

我们在项目管理的培训活动上，有请广州那边的专家讲解一些风险评估的方法，比如看风险对项目的影响程度是多少，还有看风险发生的概率是多少，但是我们还是只能凭借自己以前的实务经验自行判断，只掌握了一些简单的方法，更加复杂的方法没把握使用。（被访者A）

我对于风险评估的认识不太多，只是参加过几次培训会，在会上听专家讲解过一些评估内容，但是我也没有相关实践经验，况且这些评估方法对我而言太难了。（被访者L）

（四）风险应对计划单一化

风险应对计划是针对风险识别和评估结果，为了降低风险发生的概率、减轻损失而制定一系列方案和措施的过程。风险应对计划主要通过输入风险管理计划以及项目相关文件，选择合适的风险应对策略制定有针对性的风险应对措施，进而更新风险管理相关文件。风险应对计划可以帮助机构工作人员以及项目相关方提前了解风险应对方法，增强其风险意识、提升其抗风险能力。

依据机构内部资料，包括《公益创投项目管理办法》、《安全管理办法》、《财务管理办法》、《督导管理办法》、《档案管理办法》、《资金使用规范》以及《公益创投运行指南》等，笔者在系统梳理R社工机构制订的风险应对计划后，发现其主要可以分为以下两方面内容。

一方面，讲解风险应对计划的制订方法及风险应对策略。R社工机构在项目设计与执行培训会上提出了4种制订风险应对计划的策略：一是回避策略，即发生可能性较大，严重性也大但可控性低的风险，这时需要修改项目实施方案；二是转移策略，即让第三方承担一部分风险；三是减轻策略，即提前采取行动降低风险发生概率和影响程度；四是接受策略，即先暂时接受风险事件带来的影响，待风险发生后再由社工机构进行处理。

另一方面，基于前期识别出的风险制定相应风险应对措施。儿童青少年服务项目的风险应对措施主要从项目人员、资金、进度、场地、安全等方面考虑，项目人员方面的措施包括预约培训讲师、组建拥有国家二级心理咨询师资质的 12 人专家团队；资金方面的措施包括主资金 50000 元按照标准发放、自筹资金 10000 元用于购买道具；进度方面的措施包括做好任务分工表和相关方沟通好活动流程、及时调整活动计划；场地方面的措施包括前期联系好活动场所；安全方面的措施包括开展活动时提供安全场地、配备急救人员和应急车等内容。助残服务项目的风险应对措施主要从项目人员、安全、宣传、服务效果等方面制定，项目人员方面的应对措施包括对孤独症儿童进行评估、寻求孤独症康复机构意见、整合项目资源；安全方面的应对措施包括成立专家应急组、提供安全的场地、配备急救人员、配备应急车辆；宣传方面的应对措施包括加强项目宣传，制作宣传手册宣传服务项目扩大影响力；服务效果方面的应对措施包括定期进行志愿者教学培训、授课老师阐述课程目标、一对一定制化教学等。老年人服务项目的风险应对措施主要从安全与项目人员方面制定，安全方面的应对措施包括提前了解服务对象生理心理状况、提高安全意识预留联系方式、提供符合长者需求的服务、及时发现长者状态、寻求家属和社区的支持以及制定居家养老服务应急预案；项目人员方面的应对措施有开展活动前填写需求表格、严格筛选受益对象等。

通过整理项目和访谈资料后发现，R 社工机构虽然邀请专家学者讲解了有关风险应对策略的具体内容，并针对不同项目类型制定了部分应对风险措施，项目督导也给予了专业意见。但是，总体而言 R 社工机构的公益创投项目风险应对策略缺乏可操作性、风险应对措施欠缺完整性，导致风险应对计划单一化，项目工作人员无法及时依据应对计划提前制定风险应对策略和措施以解决风险事件。

> 我们对于风险应对策略不是特别了解，对它的运用也不熟练，在项目开展过程中，如果出现风险，我们会有督导团队，机构工作人员会立即上报督导，督导专家会给予一些建议。（被访者 C）

> 我们有项目安全管理规定、有档案整理规定也有专门的财务规定，这些规定会告诉我们当项目实施过程中出现风险时，工作人员以及项目负责人应该怎么做，怎么样去寻求外界的帮助，但是在项目中我们

可能也没有办法熟记这些措施，所以也不一定会全部按照提前制定的措施解决问题。（被访者A）

我了解的风险应对策略只有培训上讲解的那几种，但是在具体应对措施的制定上我不知道怎么样和策略相结合，可能是风险应对策略太宽泛了，不知道如何去运用它。（被访者K）

（五）风险监控机制碎片化

风险监控主要是通过输入项目风险管理计划书、风险登记册等内容，更新调整项目相关文件。风险是不断发展变化的，因此风险监控应该贯穿项目始终，实时动态跟踪已识别的风险因素，监测新风险因素，修改风险管理计划，保证风险应对计划的顺利实施。R社工机构主要通过以下两种方式进行风险监控：一是从外部引入社会工作服务管理系统，实时监管项目服务活动，避免出现新的风险因素，从而保证服务效果；二是机构内部设立多个部门，明确岗位职责，动态监管项目风险及实施情况。

首先，R社工机构引入了社会工作服务管理系统，帮助其对公益创投项目实施情况进行实时监督。在此次公益创投中，R社工机构运用此系统的社工机构管理、服务记录（个案、小组、社区以及项目）管理、服务监督管理、服务评估以及服务数据统计等功能，利用大数据、云计算等现代化信息技术手段，采用"互联网+社会工作"的形式将项目实施状况记录在系统内部，以供工作人员线上实时监控各项目服务情况，对于项目出现的风险因素及时给予反馈，以提高监管效率。

其次，R社工机构在参与公益创投过程中，将机构部门做出调整，整合后共计11个岗位，并设有专门岗位进行风险监控。具体情况如表11-7所示。

表11-7　R社工机构公益创投项目岗位职责

序号	岗位	工作内容
1	中心主任岗	检查、督促员工执行理事长指令
2	项目运营岗	负责项目策划，编制项目实施方案，包括项目预算、风险管理等
3	项目管理岗	负责项目实施过程中的监督、控制，确保项目按计划进行

续表

序号	岗位	工作内容
4	宣传与信息化岗	负责各类宣传品设计与制作,负责公众号的编辑推送和日常运行管理
5	行政综合岗	负责会议的通知、组织、会议记录整理;负责对外关系的维护
6	人力资源岗	做好机构设置、人员配置、薪酬绩效福利等工作
7	财务监管岗	制定财务管理制度;在项目过程中,全程监控预算的执行情况
8	出纳岗	审核报销票据的准确性、完整性,做好报销工作
9	会计岗	做好会计凭证的编制、保管等工作,对原始凭证进行审核
10	督导岗	指导项目实施方优化项目书,指导、督促督导制订督导计划
11	总督导岗	指导项目优化实施方案,对活动进行现场督导并做好记录

资料来源:根据 R 社工机构资料整理。

由表 11-7 可知,R 社工机构的项目运营岗和项目管理岗负责管理项目风险并对其进行监控。我们通过对相关资料进行分析发现,虽然此次公益创投项目实施阶段有一定风险监控手段,但仍然存在不足,尤其是在风险监控机制方面,R 社工机构没有标准的风险监控流程,导致风险监控机制呈现碎片化。一方面机构内部由于并未设置专门的风险管理岗位,导致风险监控工作分散在运营和管理岗位,无法及时准确实现项目风险的点对点预防和监控;另一方面由于社会工作服务管理系统内部有众多标准化表格、服务记录等数据,机构工作人员无法对数据和资料进行全面系统的监控,因此难以对项目各环节的风险加以整合形成监控机制。

> 我们机构有项目管理岗,但是由于项目管理是一件非常复杂涉及领域也很广泛的工作,它更需要一些综合型的人才,对于我们机构来说,暂时没有这样的人才,所以没有专门设立风险管理部门,对于风险可能会存在无人监控或者交叉监控等情况。(被访者 A)

> 我们机构全程参与了 H 市首届公益创投大赛,但在项目风险监控方面的经验有很多也是自己摸索出来的,有很多不足,在风险监控方面,没有形成一套科学标准的流程和机制。我们对于风险监控也是阶段性、零散的。(被访者 B)

四 优化社工机构公益创投项目风险管理的对策

本章通过梳理 R 社工机构参与公益创投项目的风险管理资料，对 R 社工机构存在的风险管理问题进行分析，并结合机构工作人员的访谈意见与当前发展现状，考虑到机构的项目风险管理能力，从社工机构角度提出优化管理对策，具体内容如图 11-2 所示。

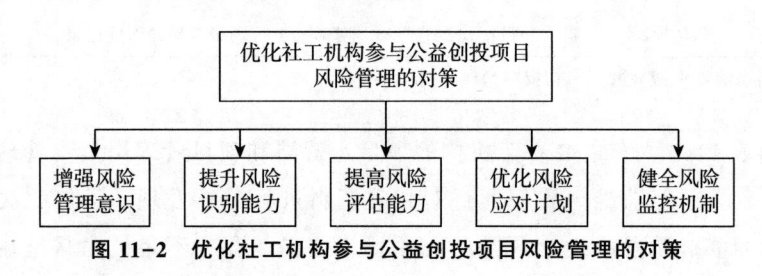

```
           优化社工机构参与公益创投项目
                风险管理的对策
    ┌──────┬──────┬──────┬──────┬──────┐
  增强风险  提升风险  提高风险  优化风险  健全风险
  管理意识  识别能力  评估能力  应对计划  监控机制
```

图 11-2 优化社工机构参与公益创投项目风险管理的对策

（一）增强风险管理意识

上海、深圳等地的公益创投活动开展时间较早并形成了具有地方特色的模式，然而 H 市由于条件所限公益创投活动开始较晚，导致社工机构员工对于公益创投了解较少。但是社工机构的员工对于项目风险的敏感程度直接关系到项目目标的达成度，风险意识应该成为其日常行为的基本准则，尤其是在参与公益创投时能够做到未思变先思乱，从行为与思考之初，就要考虑到行为与思考本身的风险及其可能性。R 社工机构可以通过以下方法进一步增强风险管理意识。

首先，积极开展宣传活动，营造良好的机构氛围。公益创投在学者和专家当中讨论热烈，但对于首次举办公益创投大赛的社工机构员工来说是一个陌生概念，作为该活动的直接参与者，社工机构可以通过制定公益创投活动宣传管理文件的方式，规范公益创投活动的宣传，积极引导各公益创投项目发挥广播、报刊以及网络等新媒体的优势，扩大公益创投活动的宣传覆盖面和影响力，努力营造良好的公益氛围。

其次，针对公益创投项目风险管理进行专题培训。R 社工机构虽然在项目实施方案以及项目书的培训中提及风险管理相关知识，但是没有区分其核心过程。因此，R 社工机构一方面需要定期安排公益创投方面的专家传授项目风险管理理论知识，介绍项目各阶段需要做的风险管理工作，另外通过举行知识讲座、竞赛等方式了解员工对于风险管理知识的掌握程度，并将风险管理知识有关指标纳入个人考核标准中，逐步增强其风险管理意识；另一方面机构负责人需要对参与公益创投的项目相关方，比如各项目负责人、志愿团队以及民政局相关人员普及并强调风险管理工作的重要性，打造机构内外部共同重视风险管理的良好氛围。

最后，为确保社工机构的项目风险管理得到有效实施和取得良好的风险监控效果，应该结合 R 社工机构的部门设置和分工情况，抽调部分精通项目风险管理的成员设立风险管理小组，风险管理小组主要由社工机构负责人牵头开展，与其他部门联合工作，其主要职责为制定风险管理方案、开展风险识别以及评估工作、依据项目实际情况制定风险应对措施、对项目全过程风险进行监控并及时更新项目风险管理计划和风险登记册。

（二）提升风险识别能力

风险识别工作是风险管理的基础，只有清晰识别项目风险，才能为后续的风险评估、制订相应的风险应对计划奠定良好的基础。社工机构需要在项目实施过程中自觉进行风险识别实践活动，更加准确地识别项目所有类型风险。因此，社工机构可以通过以下三种方式提升风险识别能力。

首先，社工机构的工作人员要保证自身对风险有清楚的认识，能准确表述出社会工作服务项目的风险特征以及类型等知识。基于此，社工机构的工作人员应该学会运用科学的风险识别工具进行风险识别，提升风险识别概率以及准确性。风险识别方法主要有以下几种，风险识别清单法，它将潜在风险列在纸上以供项目人员识别核对；因果图法，它可以了解风险所处阶段以及来源；头脑风暴法，它可以通过发挥集体智慧的力量共同识别风险因素等。目前，R 社工机构运用了风险识别清单法，这种方法可以全方位识别项目潜在风险，且使用简单方便，适合社工机构进行初步风险识别，但是这种方法会导致项目风险产生的根源无法确定，因果图法可以依据风险识别清单，识别项目风险产生的根本原因，这两种风险识别方法可以互相弥补，共同应用于项目风险识别。因此，社工机构可以将多种风险识别方法同时运用于公益创投项目中。

其次，风险识别需要输出的成果就是风险登记册，社工机构需要在风识别完成后制作风险登记册。风险登记册一直被人们认为是进行风险管理的重要工具之一，一份好的风险登记册包含所有与项目风险相关的信息，它是项目风险评估、应对以及控制工作的基础。制作风险登记册可以有多种方式，可以通过数据库、段落形式的文档展示风险因素，也可以通过电子表格的方式清晰展现风险的基本情况。在机构中，最常用的方式是制作电子表格。风险登记册的内容依据项目实际情况而定，但大部分风险登记册都包括以下内容，风险编号用来区别不同风险、风险描述用来记录风险、记录时间用来及时更新风险、应对策略与措施用来制定应急预案、责任人用来实时监控风险状态。

另外，风险登记册可以记载风险信息，提供风险影响力的分析和可能的应对措施。因此，它需要由专人管理，风险登记册制定完成后，需要逐一登记已识别风险信息，并在整个项目生命周期内及时补充新的风险因素。风险登记册可以分为单个风险登记册和汇总风险登记册，单个风险登记册对项目中的单个风险进行深入描述，而汇总风险登记册会更容易发现项目的众多风险，具体选择依据公益创投项目实际而定，下面提供了单个风险登记册和汇总风险登记册的通用表格，项目可以依据实际情况选择合适的风险登记册（见表11-8和表11-9）。

表11-8 单个风险登记册

记录时间：

风险编号		风险名称		风险描述	
受影响的工作范围					
发生的概率		发生的后果		风险严重性级别	
应对策略与措施					
责任人				风险追踪	

资料来源：汪小金《项目管理方法论》（第3版），中国电力出版社，2020，第334~335页。

表11-9 汇总风险登记册

编号	记录时间	风险描述	发生概率	风险影响				风险级别				应对策略	预防措施	应急措施	责任人	追踪要求
				范围	进度	成本	质量	总体	范围	进度	成本	质量	总体			
1																
2																

资料来源：汪小金《项目管理方法论》（第3版），中国电力出版社，2020。

最后，风险识别需要输出的另一个成果是风险报告，风险报告可以提供关于项目整体风险的概述信息，主要包括项目整体风险、单个风险、风险储备状况以及风险审计结果等内容。对于小型的、短期的项目，风险报告内容可以简略只涉及风险的基本情况，对于复杂的、长期的项目，为了使风险报告更完善，可以包括风险登记册以及风险定量评估模型等内容。风险报告的编制是一项渐进的工作，它需要在整个项目中不断更新，随着风险识别、评估、应对以及监控过程的完成，这些过程的结果都需要记录在风险报告中。本书主要介绍风险报告所需的文件要素（见表11-10），具体内容需要依据项目实际情况而定。

表 11-10 风险报告要素

文件要素	描述
执行总结	对项目整体和单个风险进行描述，提出针对发展趋势的建议
项目整体风险	发展趋势说明
	主要驱动因素以及来源
	建议的应对计划
单个风险	在风险概率和影响矩阵图中的数量
	主要度量指标（风险类型）
	关键风险的变更
	建议的应对计划
风险分析	风险评估结果
	达到项目主要目标的概率
	建议的应对计划
风险储备状况	描述储备状态（应急计划与预案）
风险审计结果	总结风险管理过程的审计结果

资料来源：笔者根据《活用PMBOK指南：项目管理实战工具》（第3版）整理。

（三）提高风险评估能力

项目风险评估，也就是对已识别的风险从可能性即风险发生的概率和影响力方面（风险造成的后果）进行的分析，风险的定性分析通常是一种确立风险排序的快速有效便捷的方法；而风险的定量分析是对风险事件的严重程度进行量化，通过量化可以确定需要特别关注的风险。对于公益创投项目而言，所有风险都需要进行定性分析，而风险的定量分析一般视项目情况及风险管理水平自由选择。定性分析的目的在于对风险的可能性和影响力做出初步分析，以便确定风险的等级，采取行动减小风险的负面影响，且定性分析省时省力。

本章主要介绍一种在项目中使用频繁且简单方便的风险定性分析方法——风险概率和影响矩阵，该矩阵依据风险发生的概率以及风险发生之后的影响程度，对每个风险进行评级，可以帮助社工机构厘清风险的严重程度，提前采取行动制定风险应对措施，保障项目顺利运行。风险概率和影响矩阵有两个指标即发生概率和影响后果，并将其划分等级。例如，可以把发生概率分成很可能、可能、偶尔、不太可能、很不可能5个等级，影响后果可分成很可能、可能、偶尔、不太可能、很不可能5个等级，总之把等级划分得越多，发生概率和影响后果的组合也就越多，具体如表11-11所示。

表11-11 风险概率和影响矩阵

	很不可能	不太可能	偶尔	可能	很可能
灾难性	2	1	1	1	1
非常严重	2	2	1	1	1
严重	3	2	2	2	1
轻微	3	3	3	2	2
非常轻微	3	3	3	3	2

资料来源：根据《项目管理方法论》整理。

由表11-11可知，数字"1"代表不可承受风险，数字"2"代表中等风险，数字"3"代表可承受风险。这个通用的风险概率和影响矩阵可以清晰展现风险的严重程度，如果已识别风险落入"不可承受风险"区域，那就代表该风险很可能会发生且发生后造成的后果严重甚至是灾难性的，必须予以重点处理；如果已识别风险落入"中等风险"区域，就代表该风险等级适中，社工机构需要处理此类风险；如果已识别风险落入"可承受风险"区域，就代表该风险发生的可能性相对较低且造成的影响是轻微的，社工机构可以采取更为缓和的方式或策略处理此风险。

通常情况下，经过风险评估确定的风险一般会有两种情况。一是项目整体风险超出了社工机构的可接受范围;二是项目整体风险在社工机构可接受范围之内。对于第一种情况,社工机构至少有两种应对策略可以选择:一是当项目风险落在"不可承受风险"范围内,由于机构无论作何努力都无法承受该风险带来的影响且风险带来的后果是灾难性的,所以应该主动放弃或取消项目;二是当项目风险落在"中等风险"范围内,由于社工机构可以通过改变主客观条件采取措施减少风险发生的可能性和降低影响力,所以应该及时制定相关措施。对于第二种情况,当项目风险落在"可承受风险"范围内,社工机构完全可以接受该风险,及时制定应急预案。

本章所介绍的风险概率和影响矩阵评估方法,基于社工机构和项目相关方对风险因素的觉察程度,所以为了提高该方法的有效性,需要认清项目相关方对于关键风险所持有的态度,如果出现偏差,应该及时找出偏差产生的原因并加以纠正。在公益创投项目生命周期内,需要定期进行风险评估,及时更新风险最新发展趋势确定风险级别,为之后风险应对策略的选择和风险应对措施的制定奠定基础。

(四) 优化风险应对计划

风险应对计划不仅包括风险识别、评估内容,还应该包括风险应对责任方、资源分派等内容。风险应对计划的制订一般与风险的重要程度挂钩,社工机构需要在可选方案中选择一套最合适的应对计划,因此制定完善的风险应对计划主要包括以下内容。

第一,选择合适的风险应对策略。风险应对策略是制定风险应对措施的理论依据,在公益创投项目开展过程中有多种风险应对策略可以使用。本章参考风险管理理论的相关内容,结合项目实际开展情况,根据风险发生的严重性选择不同的策略,主要介绍四种风险应对策略,即风险接受策略、风险规避策略、风险转移策略和风险减轻策略,具体的制定风险应对策略的流程如图11-3所示。

由图11-3可知,社工机构制定风险应对策略的流程主要有以下几方面内容。首先,如果风险造成的严重性是在可接受范围内的,就可以选择风险接受策略,分为主动接受和被动接受两种情况,最常见的主动接受策略是提前建立应急资源储备,储备包括时间、资金在内的各类项目所需资源;其次,如果风险造成的严重性不能接受,但是可以选择其他方式规避,就可以选择风险规避策略,主要有取消工作(风险等级较高可以采用最极端的方法取消项目工作)和隔离威胁(改变项目管理计划以隔离威胁)这两种方式;最后,如果风险造成的严重性无法规避,就可以选择风险转移策略和风险减轻策略,通过购买保险、工作外包等方式将风险转移给第三方承担,或者采取行动将风险降低到可以接受的程度,但是无论是风险转移还是风险减轻,都不可能把风险完全消除,总是还会有一定的残余风险,对这些残余风险就只能采取风险接受策略。

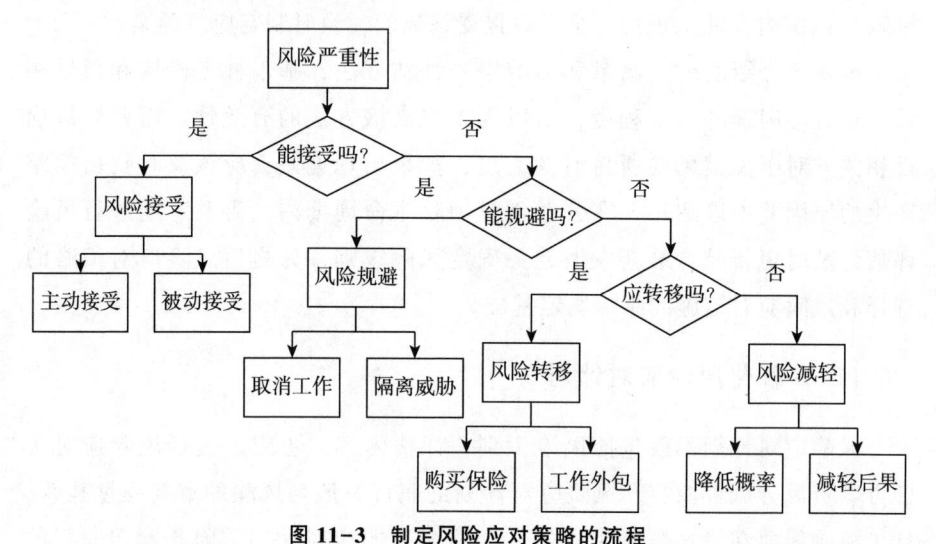

图11-3 制定风险应对策略的流程

资料来源:根据《项目管理方法论》整理。

在公益创投项目实际开展过程中,除了以上四种主要应对策略外,社工机构还应该准备其他的备用策略,比如上报,如果社工机构发现风险超过可接受范围,应该及时上报给公益创投项目主办方;又如开拓,社工机构可以采用全新的技术或者通过技术升级来节约项目预算并提高服务效率。

第二,制定符合项目实际情况的风险应对措施。选择合适的风险应对策略后,依据项目风险管理计划、风险识别清单、风险登记册、风险报告以及风险概率和影响矩阵图等资料确定项目风险发展趋势及状况。经机构内部的风险管理小组分析决策后,对于复杂的风险级别较高的风险使用定量方法进行分析、计算,最终确定风险应对措施;对于其他已识别出的风险等级中等或较低的项目风险逐一制定应对措施,并在具体项目运行过程中加强管理,保证最终的风险管理效果。

(五) 健全风险监控机制

公益创投项目的风险监控可以对风险因素进行再次识别与预警，旨在监控已识别风险因素以及监测未识别的新风险因素。社工机构应该建立常态化的公益创投项目风险监控机制，定期跟踪风险监控结果，随时启动风险应急预案，并由专人负责跟进。机构负责人需要监督风险监控情况，适当地通过会议、日常交流等方式向机构工作人员了解风险监控情况，保证项目顺利进行，主要可以通过以下几种方式健全风险监控机制。

第一，社工机构应该定期召开风险监控会议。每周或者每月召开一次，参会者应该包括机构内部的业务主管部门、支持型部门以及一线管理部门等在内的全体工作人员、专家督导团队、民政局相关负责人、公益创投项目负责人以及合作平台的相关技术人员等，在监控会议上，项目相关方及时汇报项目实施过程中的风险监控状况，做到风险信息实时共享，并确定固定的风险责任人及时处理已识别风险。

第二，社工机构应该建立即时通信制度。在微信沟通群中，由机构工作人员对当日实施的公益创投项目以日报的形式进行反馈，项目各方可以快速了解每日的风险情况。对于已识别的风险因素，及时汇报其发展趋势、严重程度、应对策略的有效性以及应对措施的完整性。对于项目实施过程中出现的新风险因素，及时寻求项目相关方的支持、确定风险等级、提交风险管理小组分析其影响，并选择应对策略提前制定应急预案，避免影响项目成效。

第三，社工机构应该建立紧急避险制度。依据风险识别结果，明确风险监控的责任人，并建立紧急避险制度，一般要任命两个风险监控的责任人，分 AB 角设立，防止发生意外风险事件时无人指挥，以实时监控合理管控重大风险。

第四，社工机构应该严格按照风险监控流程进行监督管理。公益创投的风险监控贯穿项目全生命周期，应该对已识别风险进行全过程控制。首先，基于风险识别和评估结果建立项目风险监控体系并确定拟监控风险责任人，若发生风险立即选定责任人进行处理；其次，制定风险监控计划及方案，按照计划实施风险监控，由风险管理小组结合其他部门制定风险监控方案监督执行；最后，跟踪风险监控结果并采取风险应对措施，如果采取了相应的风险应对措施,风险监控过程中止,如果没有采取相应的风险应对措施,就需要重新建立项目风险监控体系进行风险监控。

第五,社工机构应该制定风险审计报告。通过数据展现风险监控效果,有利于提升风险管理活动的有效性。本章主要介绍风险审计报告所需的文件要素(见表11-12),具体内容需要依据项目实际情况而定。

表 11-12　风险审计报告的文件要素

文件要素		描述
风险事件审计	事件	依据风险登记册列出风险事件
	起因	风险产生原因
	应对	风险应对措施
风险应对审计	事件	依据风险登记册列出风险事件
	应对	风险应对措施
	成功	风险识别和应对措施是否成功
	改进措施	有无改进机会
风险管理过程审计	风险管理规划	是否运用科学的工具和方法
	风险识别	
	风险评估	
	风险应对计划	
	风险控制	
风险审计结果	结果	总结风险管理过程的审计结果

资料来源:笔者根据《活用 PMBOK 指南:项目管理实战工具》(第 3 版)整理。

第十二章　公益创投项目采购管理

公益创投项目采购管理的困境成因十分复杂，因此对于采购有效管理方式的探索也应基于多元化视角，尤其是重视采购的实施工作。本章以 R 社工机构为研究对象，以其承办开展的公益创投大赛为研究内容，借助项目管理与采购管理的方法与工具，进行项目采购管理的探讨和分析，为公益创投项目采购管理提供新的工作视角与思路，为社工机构开展公益创投项目采购管理工作提供一套行动指南。

一　项目采购管理的理论和概念

（一）项目采购管理相关研究

随着国家政策的推动以及社会实践的探索，国内外学者对于公益创投与采购管理的研究成果较为丰富，具有启发意义。通过梳理与研究主题相关的国内外文献资料，我们可以得出以下内容。

在采购管理方面，国内外学者的研究主要集中于采购的流程与采购的方法，各种可指导实践的研究成果较多，但分析发现这些流程和方法很少有针对公益创投项目提出的。项目采购管理的相关研究已较为丰富，为本章分析提供了很好的思路。但是，上述研究还有如下缺失。公益创投研究多围绕其成效、实践模式等方面进行，缺乏对其研究领域的细化研究、缺少公益创投项目采购管理领域研究；采购管理概念界定标准不统一，致使其主体过于宽泛，对服务类项目采购管理界定尚不明确，参考性不强更不便于实际操作；项目采购管理策略缺乏应用研究，一般只是进行概念意义上的逻辑推理与论证，缺乏实证支持和检验，实际运用存在可操作性不强的问题；公益创投项目研究领域较多，其中，针对公益创投项目采购管理领域的研究一般只限于在某一文章进行泛泛之谈，缺乏在社会工作视角下将公益创投项目采购管理领域作为核心问题的细化研究。

鉴于此，在对比分析国内外学者对公益创投和采购管理问题的相关研究的基础上，聚焦社会工作项目，从社工机构作为公益创投项目的整体运营者、支持者的角度，并基于项目采购管理理论和项目采购合同管理理论，具体分析项目采购管理存在的问题，提出针对性的策略。

（二）理论基础与概念界定

本章基于项目采购管理理论和项目采购合同管理理论对公益创投项目采购管理中存在的问题进行分析。

1. 理论基础

（1）项目采购管理理论

项目采购管理包括从项目组织外部获得所需产品、服务或成果的各个过程，采购管理实质是对采购流程进行全面管理，当项目从组织之外获取所需产品、服务和成果时，每件产品、每项服务都需要经历从规划采购到合同收尾的各个流程。公益创投采购项目生命周期是指从项目立项提出采购需求，进行项目采购规划，到实施项目采购、签订采购合同、项目验收付款和项目投入使用的全过程。项目采购管理包括项目的规划、执行、控制三个过程，其中控制过程又包含监控和收尾过程组。各项目采购管理过程看似界限清晰其实在项目采购管理实践中是相互交叠和相互作用的。[1]

公益创投项目采购管理在项目规划阶段需要考虑包括是否采购、采购方式、内容、数量和时间等因素，即进行需求识别，描述需求的过程就是制定规格的过程。在进行需求分析时，无论直接还是间接需求，都需要对其准确描述，以便使买方在采购产品或服务时，能够找到。公益创投项目采购管理在这一阶段的主要工作包括项目启动立项，项目可行性研究，需求分析，编制项目采购预算，编制采购计划、询价计划、招标计划、项目

---

[1] 美国项目管理协会：《项目管理知识体系指南（PMBOK 指南）》（第 6 版），电子工业出版社，2018，第 459~460 页。

管理计划、合同总体策划，等等。在执行阶段的主要工作有采购申请和审批、实施招投标、选定供应商、合同谈判、签订合同等。在监控阶段的主要工作有合同交底、监督、跟踪，以及合同的变更、项目验收、付款和项目绩效评价等。在收尾阶段的主要工作有完结采购的相关工作，包括检查已完成的工作、结算合同价款、总结经验教训。

（2）项目采购合同管理理论

公益创投项目规划、执行和控制采购阶段都涉及项目采购合同管理的工作。合同管理工作从采购规划阶段对合同规划的谈判开始，经过采购执行阶段正式签订合同，再到采购控制阶段执行合同的监督、跟踪、诊断以及合同的变更和合同的收尾。合同管理经历项目采购管理全生命周期，合同管理的主要目的是保证合同双方合法权利获得应有的保护，各自根据合同内容完成相应的履约义务。

2. 概念界定

项目采购管理是项目管理控制的主要职能之一。项目采购管理的实质就是为满足项目生产运营的需求而进行的活动，也是为提高项目采购管理水平而对产品进行计划、执行、控制的全过程。在项目采购中采购活动主要分为两大类：有形采购和无形采购。有形采购顾名思义就是产品物料、用于生产的零部件等，而无形采购则是服务性采购。项目采购管理一般遵循以下原则。一是经济性、效率性。项目采购是整个项目实施过程的重要活动之一，此外，项目采购最重要的工作是在兼顾采购效率和采购成本的基础上，确保采购订单保质保量地完成。二是公正、公平、公开性。在项目采购活动中需要做到公开透明，给予每家参与的供应商公平的机会，这有利于提高项目采购管理活动的公平、公正以及客观合理性。

二 R社工机构公益创投项目采购管理概述

项目生命周期内的采购管理内容主要集中在规划阶段、执行阶段、监控阶段和收尾阶段，本书从公益创投项目整体出发，研究R社工机构在这四个阶段中的采购管理状况。

根据项目采购管理理论，公益创投项目的采购被分为四个阶段，项目

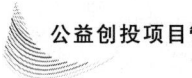

采购管理在不同阶段有着相对应的不同内容。以此为标准，具体分析R社工机构在不同阶段对采购管理的客观情况。

（一） 规划阶段

在项目规划阶段，项目采购管理的主要工作是规划采购，具体工作包括制订采购计划、明确采购方法、识别潜在社会组织（因本章研究的采购内容为服务性采购，所以接下来有关供应商一词皆用社会组织一词指代）。

首先，制订采购计划。根据H市民政局关于社会组织创新服务基地运营服务项目工作要求，为进一步培育扶持H市社会组织发展，激发社会组织公益服务活力，通过项目支持发挥示范引领作用，推动社会组织专业化服务，促进公益事业发展，构建共建共治共享社会治理格局，H市面向社会组织征集公益创投项目。

公益创投项目旨在培育孵化H市社会组织，推动社会组织发展壮大，构建共建共治共享社会治理格局。遵循"扶老、助残、救孤、济困"原则，让有能力且项目可行性和创新性较高、预期社会效益良好的公益性社会组织获得更多的资助资金，有效解决社会公共服务需求问题。本次公益创投支持五大类别15个项目，单个项目资助金额为50000元。

其次，明确采购方法。申报单位阅读申报要求后，填写《H市社会组织公益创投项目申报书》后提交至项目主管单位进行资质审核及项目评审。申报时间自2019年7月22日起，至2019年8月4日止；遴选时间为2019年8月1日至8月8日；评审时间为2019年8月13日；项目实施时间为2019年8月至2020年2月。

最后，识别潜在社会组织。申报主体必须满足以下几项条件：要有明确的服务对象，且对服务对象进行必要的需求调研，需求调研数据及分析完整；有项目实施团队，团队分工明确；项目实施方案具体清晰，项目的服务内容具体且进行量化；按要求填写了项目预算，预算内容基本符合公益创投的资金使用要求；项目服务能回应项目书提出的服务对象的需求；项目目标设定合理，符合实际；项目的服务指标设计符合实际，能促使项目目标的达成；有自筹资源，支持项目服务的开展；项目预计能形成可复制的服务模式或在H市属于社会服务创新探索方面的尝试。

（二）执行阶段

在项目执行阶段，项目采购管理的主要工作是实施采购，具体工作包括收集项目书、选择社会组织并授予服务协议。

首先，收集项目书。收集项目书，对申报单位进行资质审核，举办公益创投项目说明会。初筛标准为项目书框架完整清晰；服务对象和服务区域清晰明了；项目服务符合公益创投的宗旨和资助范围；申报主体符合要求。

其次，选择社会组织并授予服务协议。在这个过程中包含以下六个内容。

第一，项目申请答辩会。R社工机构组织了公益创投项目的初步评审，并开展了项目答辩活动。在答辩会上，共有30家社会组织参与，评审团为所有组织优化了项目书，并筛选出15家符合资助条件的社会组织，与他们签订了服务协议。

第二，公益创投大赛评审会。答辩会结束后，R社工机构随即举办了公益创投大赛的评审会。评审小组根据社会组织的需求和重点，对项目的可持续性和实用性等多个方面进行了现场评分，并公布了分数，从而保证过程的公开和透明。

第三，设计与执行培训会。公益创投项目正式实施一段时间后，R社工机构发现大部分社会组织对什么是项目、如何整理档案等不甚了解。因此，R社工机构举办了设计与执行培训会，各社会组织负责人参加了本次培训。培训老师向大家介绍了项目的定义及特点，阐述了项目的逻辑模式，讲解了项目管理及规划的具体内容。

第四，实地考察。通过申报项目答辩会选出15家社会组织后，R社工机构组织了一次实地考察。在实地考察前，R社工机构通过专家讨论确定了评审标准，该评审标准包括三级指标：硬件设施指标、人力资源指标、制度建设指标等。根据指标现场考察，以确定社会组织的得分情况，从而确定社会组织是否具备开展公益创投项目的资格，以及识别社会组织的不足之处以进行改进。

第五，公益创投项目专题培训会。2019年9月12日，公益创投大赛入围的15个项目正式签约。签约仪式后，R社工机构对15家社会组织开始进行专题培训。由机构宣传与信息化负责人向大家讲解社会工作服务管理系统的操作方法和项目资料上传方式；项目管理与人力资源负责人向各社会组织讲解如何办好活动；R社工机构负责人向各社会组织讲解公益创投专项项目资金的支出标准及报销流程。

第六，小组工作法培训会。R社工机构举办了小组工作法培训会，各项目负责人参加了此次培训。培训老师对小组工作的类型、特点和主要模式进行了详细讲解。

（三）监控阶段

在项目监控阶段，项目采购管理的主要工作是控制采购，具体工作包括监测协议执行情况。在这个过程中包含四部分内容。

第一，督导服务。当公益创投项目进入实施阶段时，R社工机构同步组织了项目人员的培训与其他支持服务。督导团队在此过程中为各项目提供指导，传递广东、香港地区先进的社工服务经验，切实提升社会组织的服务能力。为提升督导质量，R社工机构创新性地采用了"线上+线下"的双重督导模式，以更有效地保障服务成效和扩大覆盖范围。

第二，社会工作服务管理系统录入辅导。公益创投项目进入执行阶段后，据各项目负责人反映，他们在整理服务活动记录过程中，出现了项目资料过多无法形成标准化的问题，这个新出现的问题在一定程度上影响了项目进度。R社工机构接到反映后，集中讨论分析了该问题对项目造成的实际影响，并立即制定应对措施——引入社会工作服务管理系统，进行了两次社会工作服务管理系统录入辅导，以进一步提高项目服务信息化管理水平。

第三，中期评估培训会。R社工机构为了深入了解和全面评估公益创投项目的服务情况，提升项目服务的质量，并推进服务的规范化进程，专门在中期评估前举办了一场中期评估培训会。会上，强调评估应该由第三方社会组织承担，以确保其客观性和中立性。通过引入科学与专业的方法，评估专家小组严格按照合同指标和要求对15个项目进行了全面的中期检视与效果评估。这种评估方式有助于发现问题、改进策略，并在未来提高项目的整体效率和影响力。

第四，中期评估。为真实掌握公益创投项目执行进度，客观评估社会组织项目资金使用情况，11月下旬组织开展中期评估，评估专家小组对15家社会组织的工作情况分别进行考核评估。R社工机构提前告知社会组织需要提交的中期检查材料，要求其在中期评估前提交完成。评估现场，专家们通过项目汇报、资料查阅以及问答的方式全面了解了各个项目的运行进程与成效，通过访谈、交流、指导的方式，就各项目的运营管理、执行成效、财务状况进行了综合评估。

（四）收尾阶段

在项目收尾阶段，项目采购管理的主要工作是结束采购，具体工作包括完结采购相关工作。

根据合同约定，2020年1月公益创投项目进入末期收尾阶段，但由于不可抗力因素影响，部分项目的服务未能在约定的服务期限内完成，经过社会组织、R社工机构与H市民政局的层层沟通，变更了服务期限，确保服务的有效完成。两个月之后，评估专家小组对15家社会组织工作分别进行末期考核评估，社会组织项目组织负责人通过视频形式进行项目汇报。

三　R社工机构公益创投项目采购管理问题分析

公益创投项目采购管理对于项目目标的实现有着至关重要的作用。本章主要从采购管理的核心过程，即规划采购管理、实施采购、控制采购和结束采购四个维度深入分析R社工机构参与公益创投项目采购管理过程中出现的问题。

（一）规划采购管理维度

根据资料可知，在项目管理的规划阶段，应当进行项目采购管理，即明确项目采购决策、计划与识别潜在的社会组织。在此阶段，本次H市公益创投大赛在项目采购管理的规划采购管理中存在如下几个值得提升的地方。

1. 未形成完整的采购管理计划

首先，采购管理计划作为采购管理的重要组成部分，只有制订完整的采购流程计划，才能有效提高项目抗风险能力。采购管理计划主要通过输入项目文件以及项目管理计划等，规定本项目的采购管理工作将由谁来做、如何做以及怎样做，以此输出采购管理计划、招标文件以及供方选择标准等，即R社工机构的重要的工作是编制采购管理计划。在公益创投项目开发阶段，R社工机构发布了项目征集通知，明确了项目征选的范围与条件。R社工机构根据项目合同书、标书、项目实施方案以及项目相关方资料编制了采购管理计划书，该计划书有利于项目负责人清晰界定问题、自主发掘需求并设计服务方案以回应当前需求。

其次，虽然R社工机构开展了培训活动并制订了采购管理计划，但是通过整理项目资料和机构工作人员访谈信息发现，该采购管理计划存在片面性，没有涵盖采购管理的所有过程。该计划仅是采购信息的简单罗列，比如只包括采购方法、招标文件等基本内容，缺乏对采购管理计划、采购策略等方面的数据描述。此外，R社工机构缺少标准的采购管理计划编制方法和模板作为参考。

由此可见，采购管理计划是整个采购管理活动的标准，缺少完整的计划会导致后续的采购管理出现偏差，无法有效对项目进行科学管理进而影响项目成效。

2. 未形成标准的采购流程表

采购流程在实践中存在不透明的问题。在项目的采购过程中缺乏采购的标准化流程表，导致R社工机构和供应商之间存在不确定性和不信任。具体表现在以下几个方面。首先，R社工机构采购流程的决策与执行过程不够透明。在项目的采购决策阶段，往往缺乏明确的规范和程序。这容易导致采购结果的不公正性和偏向性，损害项目的合理性和可信度。其次，R社工机构采购信息的披露不够充分和透明。在采购过程中，R社工机构没有及时向服务提供方公开采购信息，如需求细节、评标标准和程序等。这使供应商在参与竞标过程中无法获得足够的信息，导致采购的公正性和竞争性受到质疑。再次，采购结果和决策的公示不够及时和透明。在采购的决策结果产生后，R社工机构未能及时向社会公布采购结果和竞标的评价标准。这容易导致公众对于采购结果的质疑和不信任。最后，对于采购的监督和评估不够透明。这样的情况不仅会损害项目的利益，也对公益创投项目的信任和合规性产生负面影响。

由此可见，为了解决这些问题，需要加强采购各个环节的透明度并进行信息公开，建立健全的监督机制和评估机制，确保采购过程的公正性和规范性。只有这样，公益创投项目的采购管理才能更加有效和可持续。

（二）实施采购维度

根据资料可知，在项目管理的执行阶段，应当实施项目采购管理，即收集项目书、选择社会组织并授予服务协议。在此阶段，本次 H 市公益创投大赛在项目采购管理的实施采购中存在如下几个值得提升的地方。

1. 未形成专门的选择标准表

在实施采购维度，R 社工机构面临的主要问题之一是缺乏专门的选择标准表。这一缺失导致采购程序缺乏规范性和一致性。选择标准表的重要性在于它为评估和筛选供应商或合作伙伴提供了明确的标准，以确保决策的客观性和透明度。由于没有这一工具，R 社工机构未能充分明确项目需求，采购过程出现不必要的变更和调整，增加了时间成本。此外，社会组织的选择过程缺乏透明和统一的标准，容易受到主观因素的影响，这可能导致选择的社会组织不具备必要的能力和资源，从而影响项目的执行效果和预期成果。

2. 未形成专门的采购制度表

调查发现，R 社工机构在实施采购维度的另一问题是缺乏专门的采购制度表。这一问题导致采购过程缺乏科学性和规范性，从而缺乏有效的监管和约束。采购制度表是一套用于指导和规范采购活动的文件，包含明确的操作流程、规定和标准，其重要性在于为采购活动提供清晰的框架和步骤，确保透明度和公正性。然而，R 社工机构在这一方面存在几个问题：首先，采购流程不够清晰，缺乏明确的操作指南，导致过程混乱且容易形成漏洞，不同人员可能对采购过程的理解存在差异。其次，采购合同缺乏规范性和约束力，内容不够明确，易引发争议，且履约监督不到位，服务商可能未履行足够的义务。缺乏采购制度表意味着管理环节的薄弱，使得项目实施过程中面临风险。

由此可见，选定合格的供应商并签署服务协议是项目顺利进行的基础，在此阶段要建立完善的合同管理制度，以此来保证项目的顺利进行。

（三）控制采购维度

根据资料可知，在项目管理的控制阶段，应当进行项目采购管理，明确监测协议执行情况，在必要时进行变更。在此阶段，本次 H 市公益创投大赛在项目采购管理的控制采购中存在如下几个值得提升的地方。

1. 未形成专门的采购合同管理制度

在合同管理体系中，问题具体表现在以下几个方面。首先，合同内容存在漏洞。在签订合同的时候，相关人员草率行事，对合同内容的把关不仔细，合同内容中经常出现遗漏或缺失的问题。如果工作人员没有对合同的内容进行更深程度的调查以及了解，就会导致所签订合同的文本内容并不符合相应的规范和要求，影响合同的正常履行。例如，有的合同漏掉了违约责任，或者违约责任可操作性不强，就会为日后索赔经济损失埋下隐患。

其次，合同审批效率低下。合同的审批涉及众多部门，比较容易出现问题。如果遇到紧急情况，耽误了合同的签订时间，就会对项目造成很大影响。

最后，合同履行不到位，双方签订的合同，是在一定条件下及指定的时间内生效的，如果在这个时间段出现问题，合同双方需要及时协商或补签。如果因为签订方的粗心大意，忽略了在履行合同过程中发生的意外情况，最后责任只能由签订方承担。在签订合同前，双方都会非常关注对方的资信情况，但是须知，这些资信情况只能代表签订合同之前的状态，而签订合同之后的资信情况随时都可能出现变化。合同的履行是一个过程，任何时刻都可能出现变化，在此过程中，一旦出现问题，双方就要及时协商。因此，在合同中绝不能忽略意外情况的处理协定，按合同办事或违约处理方法一定要仔细说明。R 社工机构在合同的动态管理方面和对解除或变更合同的处理方面存在不足之处，亟须建立专门的采购合同管理制度。

2. 采购合同管理中采购文档未进行更新

在项目规划阶段，朝阳便民养老服务中心原计划服务 100 人，但在实际操作中发现服务人数过多，服务质量未达预期，自身评估效果不佳。因此，项目团队申请将服务人数减少至 50 人，同时增加每位老人的服务次数，以确保服务质量的提升。尽管 R 社工机构同意了这些变更，但相应的采购文档并未及时更新。这反映出采购合同管理中存在的一个关键问题，即未能在变更发生时对采购文档及时进行更新，可能导致后续工作的管理和审核出现困难。

（四）结束采购维度

根据资料可知，在项目管理的收尾阶段，应当结束项目采购管理，即完成采购的相关工作。在此阶段，本次 H 市公益创投大赛在项目采购管理的结束采购中存在如下几个值得提升的地方。

1. 缺乏已完成合同的收尾检查工作

R 社工机构在此过程中针对合同收尾工作没有形成专门的制度规定，过于简单化。针对每一个合同，未能单独开展合同收尾工作，把合同正式关闭，并总结采购管理的经验教训。对于正常完成的合同，在合同终止时，未能进行合同收尾。对于因各种因素而提前终止的合同，也未能在合同非正常终止时，开展合同收尾。

2. 缺乏总结经验教训工作

合同收尾的主要工作包括检查已完成工作、结算合同价款、释放担保、总结经验教训。进入合同收尾阶段后，采购经理要与 R 社工机构和社会组织一起，检查服务承包商是否已经完成了合同规定的全部工作，是否已经按要求提交了全部可交付成果。如果发现有遗漏的或不符合要求的，就必须列入尾工清单，要求服务承包商在规定的时间内补做或修补至符合要求。但 R 社工机构在完成合同收尾工作后未编写总结经验教训登记册。

四　优化社工机构公益创投项目采购管理的对策

有效的采购管理是从规划、执行、监控和收尾四个方面进行的，其重点在于采购管理制度的制定工作，这是其他一切采购管理工作的基础。项目管理理论还强调制订清晰的采购管理计划，并通过监督真正落实，这样才能真正实现对采购的有效管理。在 H 市首届公益创投大赛顺利结束的基础上，如何进一步提升社工机构采购管理的能力是值得深思的问题。结合 R 社工机构采购管理的问题，笔者认为，采购管理工作应该侧重于各项采购管理制度的制定，只有清晰地制定了标准，才能实现有效管理。基于此，根据项目采购管理理论在采购管理不同阶段的不同规范要求，可以从如下几个方面尝试改进其管理工作。

（一）在规划阶段建立公开的采购流程

解决 R 社工机构在公益创投项目采购管理中存在的问题的一个重要的

方案是建立公开的采购流程。首先，对于R社工机构来说，建立公开的采购流程可以使得采购程序和决策过程对参与者和利益相关者都是可见的，从而减少不透明性带来的负面影响。这样一来，采购决策就能够更加公正和合理，有助于提高采购结果的可信度和质量。其次，建立公开的采购流程可以促进合理竞争。通过向潜在社会组织公开采购，可以吸引更多的社会组织参与竞争，提高市场竞争力，从而获得更好的采购结果。同时，公开采购流程也可以避免采购过程中的偏袒和不公平现象的发生，确保每家社会组织都有平等竞争的机会。最后，建立公开的采购流程还可以提高采购管理的规范性和效率。公开采购流程可以明确采购的各个环节和责任人，使得采购过程更加有序和规范。同时，公开采购流程也可以促使采购人员充分了解和把握采购政策和法规，并将其运用到采购实践中，从而提高采购管理的效率和质量。

因此，本书建议R社工机构在采购管理中建立公开的采购流程。通过公开采购流程，增加采购透明度，促进合理竞争，提高采购管理的规范性和效率。这样能够有效解决公益创投项目采购管理中存在的问题，提高项目的运作效果和社会组织服务的质量。

（二）在执行阶段完善采购管理制度

在完善采购管理制度方面，第一，R社工机构应该建立公开的采购流程。通过公开招标、发送信息邀请书等方式确定社会组织，确保采购过程公正和透明。同时，采购决策应该遵循科学合理的原则，对投标方进行全面的评估，并确保选择最佳社会组织。第二，建立完善的采购管理制度。制定明确的采购管理规范和流程，明确责任和权限，确保采购工作的高效运作。制度应包括社会组织资质认证、合同管理、严格执行采购程序等内容，以提高采购管理的规范性和效率。第三，加强采购合同管理。确保采购合同的合法性和有效性，明确服务内容、质量标准、交付时间等关键信息。同时，建立健全的合同履约评估机制，及时发现和解决合同履约中的问题，确保供应商按照合同约定提供优质服务。第四，完善采购过程管理。建立健全的采购文档管理制度，确保采购过程完整记录以备查。同时，加强对采购过程的监督和管理，及时发现和解决采购过程中存在的问题，确保采购的规范性和合规性。第五，加强R社工机构人员的采购管理培训。

通过培训，提高其对采购管理的专业认识。

（三）在监控阶段加强与社会组织的关系管理

在社会组织选择方面，采取最合适的选择方法，以确定最适合项目的社会组织。选择的社会组织不合适，会导致项目利益的损失，同时，也丧失了和其他社会组织合作的机会，极大地限制了项目的市场竞争力。

首先，具体说明最常用的三种选择方法。一是直观判断法。此种方法简单快捷，但受限于信息的不对称，具有较强的主观性，科学性不足。二是协商选择法。此种方法是指采购方在同一时间内和多家社会组织轮番谈判和协商，以选择最有利的社会组织。然而受限于选择范围、时间、精力等，在社会组织来源比较单一时可考虑运用这种方法。三是考核选择法。社会组织考核是一个多部门协同，细致又高难度的工作，通常由采购部牵头，其他例如质量管理部、法律法规部等配合，必要的时候还会通过第三方审核机构进行审核。

其次，全面对社会组织进行优劣势分析，在需要社会组织进行整改的时候开展二次评估，在选定社会组织后进行合同签订。这种方法较为严谨细致但是最为耗费人力、物力，更适合生产型企业的主要物料的评估选择。

最后，招标选择法，即招标文件具备后，邀请社会组织参与招标。通过过程澄清和最终决标，选择最有利的社会组织签署合同。这种方法既有利于规范采购行为，也有利于社会组织有序竞争，降低采购成本，加强廉洁文化建设。社会组织的选择直接影响项目的运营和管理效率，对于R社工机构来说，该方法是最为适用的。

（四）在收尾阶段健全合同管理制度

采购合同是公益创投项目采购管理中的重要环节，在确保采购的合法性和履约方面起到了关键作用。

首先，建立标准的采购合同模板是合理管理采购合同的基础。在采购合同中，双方应明确约定相关内容，包括采购物品或服务的详细描述、交付时间、价格、质量要求等。采购合同模板的建立可以提供一个统一的规范，在合同签订过程中降低争议和误解发生的可能性。

其次，采购合同中应明确约定双方的权益和责任。在合同条款中，应明确约定社会组织提供服务的质量要求，以及 R 社工机构支付款项的时间和方式。双方的权益和责任明确，可以减少后期纠纷，并提高采购合同的执行效率。在合同的监督和执行方面，R 社工机构应加强合同的监督与验收工作。定期进行社会组织的服务评估，检查服务的质量和效果是否符合约定。同时，R 社工机构应按时支付款项，确保履约的可信度。如果发现违约行为，R 社工机构应采取相应的措施，如追究责任、终止合同等。

最后，R 社工机构应注重合同的法律效力。采购合同应符合相关法律法规的要求，包括但不限于合同的形式、内容和法律条款等。对于不同类型的采购，应针对性地审查相关法律条款，并与法律顾问进行沟通和协商，以确保采购的合法性和合规性。

综上所述，合理管理采购合同对于公益创投项目的采购管理具有重要意义。通过建立标准模板、明确约定双方权益和责任、加强合同的监督和执行，以及注重合同的法律效力，可以有效地避免采购风险和纠纷的发生，确保采购过程的顺利进行。这些措施对于提高公益创投项目的效果和社会组织服务的质量具有重要参考价值。

第十三章 公益创投项目相关方管理

以往对公益创投项目和相关方管理的研究中,大多数只关注公益创投项目的实践模式、公益创投项目的成效及困境、相关方的分类及管理策略,比如公益创投本土化过程中问题多发、通过公益创投项目促进社工机构健康成长以及相关方分类等,尤其是对相关方的研究一般只在公共管理、工商管理领域。对公益创投项目十大知识领域虽有零星讨论,但是缺乏针对具体领域的细化研究,而项目管理理论旨在以每个领域的每个阶段的要求为标准,规范管理项目,促使管理者在实践中养成规范运行项目的习惯。

本章通过分析 H 市首届公益创投大赛入选项目的实际情况,将利益相关方理论与项目管理理论相结合,以利益相关方理论为标准清晰识别 H 市公益创投项目的相关方,分析 R 社工机构的相关方识别管理状况并有针对性地提出优化相关方管理的长效机制。因此,本章在项目管理理论和利益相关方理论视角下观察公益创投项目相关方管理状况,可以创新项目管理理论和利益相关方理论的应用方式,丰富其应用维度,在一定程度上深化相关方管理的理论研究,为社工机构制定公益创投项目相关方的管理制度与管理方式提供参考,为社工机构开展公益创投项目相关方管理工作提供一套行动指南,为公益创投项目相关方管理提供新的工作视角和思路,对丰富公益创投项目的管理策略具有一定积极作用。

一 项目相关方管理的理论和概念

(一) 项目相关方管理相关研究

通过对文献回顾可知,在相关方研究方面,国内外学者的研究主要集中于相关方的分类、管理规划和管理策略三方面，为本研究分析社工机构管理相关方提供了很好的思路，一些具体的管理策略比如聚焦相关方的针对性管理、提升相关方识别能力等对本研究颇具启发意义。但也可以发现这些分类或策略的提出存在重理论轻实践的问题，将公益创投与相关方结合起来的研究较少，以社会工作视角来分析公益创投项目相关方的研究也较少。第一，公益创投研究多围绕其成效、实践模式等方面进行，缺乏了细化领域的研究，缺少了对公益创投项目相关方管理领域的研究。第二，相关方概念界定标准不统一，致使其主体过于宽泛，对核心项目相关方或关键项目相关方的界定尚不清晰，即主次不分明，在一定程度上削弱了分类结果对现实的指导意义，参考性不强更不便于实际操作。第三，缺乏相关方分类及管理策略研究，一般只是进行概念意义上的逻辑推理与论证，缺乏实证支持和检验，在实际运用中存在可操作性不强问题。第四，公益创投项目研究领域较多，但缺乏社会工作视角下公益创投项目相关方管理领域的研究。

鉴于此，本研究在对比分析国内外学者对公益创投和相关方问题研究的基础上，窄化研究领域，具体到社会工作行业，聚焦于社会工作项目，并以社会工作所追求的"救危解困"这一目标为前提，从社工机构作为公益创投项目的整体运营者、支持者角度，基于项目管理理论和利益相关方理论具体分析相关方管理存在的问题，提出有针对性的策略。

（二）理论基础和概念界定

本研究基于利益相关方理论和项目管理理论对公益创投项目相关方管理中存在的问题进行分析解决。首先，利用利益相关方理论来识别出公益创投项目的所有相关方，并分为主要相关方和次要相关方两类；其次，根据项目管理理论中项目管理五阶段法，将公益创投项目分为五个阶段，客观分析及呈现在每个阶段中相应的相关方识别、管理、规划及控制的状况；再次，基于相关方的识别和分类以及项目管理理论中的相关方管理规范要求，对公益创投项目相关方管理中存在的问题进行分析；最后，根据项目管理理论，针对问题，提出对策（见图13-1）。

1. 利益相关方理论

自斯坦福研究院首次提出"利益相关方"（stakeholder）概念以来，经过

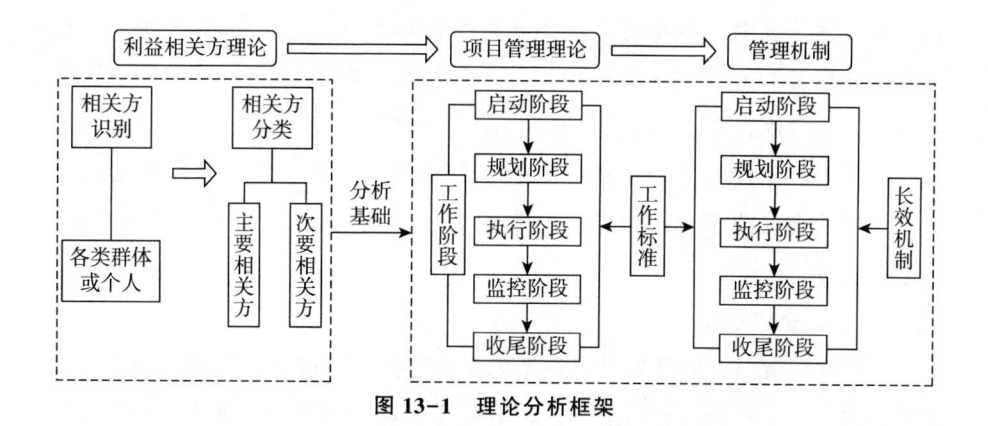

第十三章 公益创投项目相关方管理

图 13-1 理论分析框架

安索夫（An-soff）的开创性研究，以及弗里曼（Freeman）、米切尔（Mitchell）、克拉克森（Clarkson）等国外学者的共同努力，形成了比较完善的利益相关方理论框架体系，并在实际应用中取得了丰硕的成果。[①] 国内学者陈宏辉、贾生华、万建华、李心合、杨瑞龙等在国外研究基础上结合本国国情，对利益相关方理论进行了不断发展和完善，使其逐渐适合中国具体情境。通过分析发现，国内外学者主要围绕利益相关方的界定、发展史及分类，并结合企业情景、国家国情、社会性质等逐步完善和充实利益相关方理论。

"利益相关方"一词自 1963 年出现至今共有 27 种代表性定义，而米切尔和伍德将其分为两大类：一类是以弗里曼为代表的广义利益相关方定义，其核心观点为将影响或被影响的群体全部纳入范畴之中；另一类是以克拉克森为代表的狭义利益相关方定义，其核心观点为为企业创造价值且承担一定风险的才是相关方。国内学者陈宏辉和贾生华结合了广义和狭义观点，既强调专用性投资又强调相互影响性，也具有一定代表性。鉴于研究问题的特性，本研究以广义利益相关方定义为标准来识别 H 市公益创投项目的相关方。

基于这些定义，国外学者开始对其分类进行研究，常用的分类方法有多维细分法和米切尔评分法。而在分类方法选择中，本研究选取的是多维细分法中克拉克森有关利益相关方的分类方法，即主要利益相关方和次要

---

① 贾生华、陈宏辉：《利益相关者的界定方法述评》，《外国经济与管理》2002 年第 5 期。

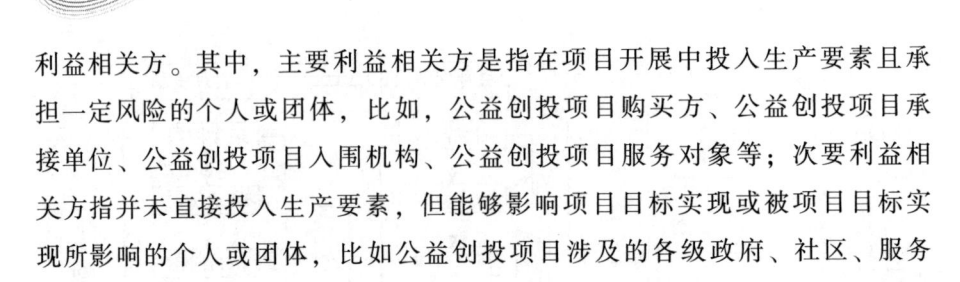

利益相关方。其中，主要利益相关方是指在项目开展中投入生产要素且承担一定风险的个人或团体，比如，公益创投项目购买方、公益创投项目承接单位、公益创投项目入围机构、公益创投项目服务对象等；次要利益相关方指并未直接投入生产要素，但能够影响项目目标实现或被项目目标实现所影响的个人或团体，比如公益创投项目涉及的各级政府、社区、服务对象家人等。

2. 项目管理理论

项目管理就是以项目为对象的系统管理方法，通过一个临时性的专门的柔性组织，在有限的资源约束下，运用系统的观点、方法和理论，对项目进行高效率的计划、组织、指导和控制，以实现从项目的投资决策开始到项目结束全过程的动态管理和项目目标的综合协调与优化。[①] 因此，在一个项目中，清楚识别有哪些部分、哪些阶段，对一个项目的有效管理十分重要。

本研究基于项目管理理论，确定公益创投项目相关方管理是本研究的主题，根据第6版《项目管理知识体系指南（PMBOK指南）》将公益创投项目划分为五个阶段，[②] 具体分析每个阶段的相关方管理工作是否合格，从而找出问题、提出对策，以促进公益创投项目更好地发展。具体分析体现于以下四个方面。

首先，分析相关方识别状况。有效识别相关方是相关方管理的第一步，也是基础性工作。在项目正式实施前需要清晰准确识别相关方群体或个人，在此基础上，在项目实施中也要定期识别相关方，并对其重要性、影响力、权力、知识性等进行分析和记录，以确定不同类型相关方的不同管理策略。因此，需要首先对社工机构的相关方识别状况进行客观分析，了解其在开展公益创投项目时的相关方识别工作开展情况。

其次，分析相关方规划状况。相关方规划是指在识别并分析相关方基础上，对相关方的参与活动进行规划，遵循分类管理的原则，制订不同相关方针对性参与计划，并且，随着项目的开展以及实际情况的需要及时调整计划，以促进相关方的有效互动。因此，在上一步骤基础上，需要对社

---

① 丁锐：《项目管理理论综述》，《合作经济与科技》2009年第7期，第50~51页。
② 美国项目管理协会：《项目管理知识体系指南（PMBOK指南）》（第6版），电子工业出版社，2018，第503~504页。

工机构相关方规划状况进行评估，以了解社工机构是否制订了相关方参与项目的计划。

再次，分析相关方管理状况。相关方管理是指在项目实施中，以满足各相关方的需求与期望为目的，以促进相关方良好交流与互动为方法，处理相关方协作过程中出现的各种问题，从而引导相关方规范参与项目。由于会涉及诸多不确定因素，如果管理不当，可能会给项目带来巨大风险，因此，在项目执行阶段，需要重点分析社工机构对相关方的管理工作，对社工机构的相关方管理状况进行评估，以了解此项目是否制定相关方参与项目的管理方案以及方案是否恰当合理。

最后，分析相关方监督状况。相关方监督是指对相关方的参与活动进行监督，根据实际情况及时调整相关方的参与计划和管理策略，以促使相关方合理参与项目，保证项目开展的效率和质量。在一个项目中，仅有相关方的管理方案还不够，需要不断对相关方的参与活动进行监督，以最大限度防止意外发生。因此，在对相关方的管理工作进行评价中，也需重点关注社工机构的相关方监督状况。

通过运用项目管理理论客观呈现相关方在各个阶段的管理工作之后，需要根据相关方管理机制中每个阶段的工作标准与工作要求（见图13-2），分析社工机构在相关方管理中的不足，剖析其原因，以提出解决对策。

3. 相关方的概念

通过分析可知，国内外对相关方的定义尚未形成统一标准，而鉴于公益创投相关方这一研究对象的特性，在本研究中，笔者采用弗里曼有关利益相关方的广义定义，即利益相关方是指那些能影响企业目标的实现或被企业目标的实现所影响的个人或群体，股东、债权人、雇员、供应商、消费者、政府部门、相关的社会组织和社会团体、周边的社会成员等都归入此范畴，其中，其影响可能是单向影响，也可能是双向影响。[①] 因此，清晰识别相关方并对其重要性和影响力进行分析判断，以确定相关方分类管理策略，对于平衡管理各相关方、提升相关方管理水平至关重要。

---

① Freeman, R. E., *Strategic Management: A Stakeholder Approach* (Cambridge: Cambridge University Press, 1984), pp. 126–153.

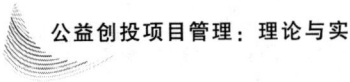

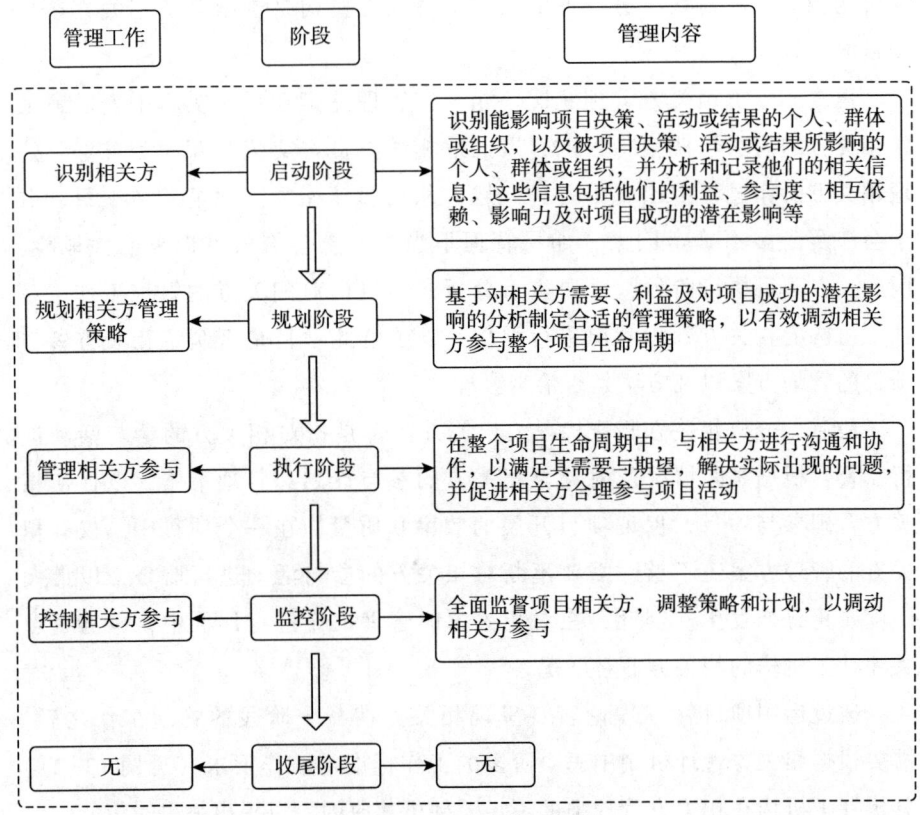

管理工作	阶段	管理内容
识别相关方	启动阶段	识别能影响项目决策、活动或结果的个人、群体或组织,以及被项目决策、活动或结果所影响的个人、群体或组织,并分析和记录他们的相关信息,这些信息包括他们的利益、参与度、相互依赖、影响力及对项目成功的潜在影响等
规划相关方管理策略	规划阶段	基于对相关方需要、利益及对项目成功的潜在影响的分析制定合适的管理策略,以有效调动相关方参与整个项目生命周期
管理相关方参与	执行阶段	在整个项目生命周期中,与相关方进行沟通和协作,以满足其需要与期望,解决实际出现的问题,并促进相关方合理参与项目活动
控制相关方参与	监控阶段	全面监督项目相关方,调整策略和计划,以调动相关方参与
无	收尾阶段	无

图 13-2　相关方管理机制

资料来源：笔者根据《项目管理知识体系指南（PMBOK 指南）》（第 6 版）整理。

4. 相关方管理的概念

相关方管理指企业为处理与利益相关方的关系而特别规划的管理程序，一般而言，对相关方管理要经过辨识相关方、排序相关方、影像相关方、融入相关方和检测相关方五步。[①] 恰当处理与相关方之间的关系可以为企业带来经济效益，建立一套有效的相关方管理系统就意味着企业与相关方间拥有牢固的关系，而这种牢固的关系可以为企业带来很多宝贵的、罕见的且难以效仿的资源，从而取得竞争性优势，并获取一些其他企业难以获取的技巧和能力。

---

① 普拉维恩·帕博迪埃、约翰·卡伦：《商务伦理学》，周岩译，复旦大学出版社，2018，第 63 页。

二　R社工机构公益创投项目相关方管理概述

(一) 公益创投项目相关方界定

1. 管理主体

H市首届创投大赛的一大重点工作是给予社会组织重点孵化培育，而作为公益创投项目的运营方，R社工机构从孵化培育的前中后三个阶段，对社会组织给予党组织建设、战略规划、财务管理、人员管理等全方位辅导，从专业化、规范化、规模化、成熟化多维度提升社会组织的服务能力，对社会组织的发展提出了更高要求。

根据项目管理理论，在公益创投项目正式开展中，R社工机构需要对整个公益创投项目的相关方、风险、沟通等十大知识领域进行细致、全方位的管理。在相关方管理工作中，R社工机构作为活动承办方扮演管理者的角色，需要对其涉及的正向或负向相关方进行识别、规划、管理及控制，比如，R社工机构的全体工作人员、H市民政局、15家社会组织等都属于公益创投项目的相关方，即都是R社工机构的管理对象。

2. 界定标准

公益创投项目比一般的项目更为复杂，在公益创投项目流程中涉及五个阶段：启动阶段、规划阶段、执行阶段、监控阶段和收尾阶段。每个阶段都会涉及众多参与个体和组织，而不同阶段中起到主要作用的主体又会有所不同。比如，启动阶段，民政局、社工机构等组织起到主导作用，民政局需要批准项目立项并批复项目的可行性报告以允许项目成立；执行阶段，社会组织承接项目实施工作，因而社会组织在这一阶段起到主要作用，为主要相关方。并且，在公益创投项目运行的整个过程中，不同参与主体在不同阶段的参与度与作用在不断变化，即便是同一参与主体在不同阶段的影响力、重要性、资源投入度等也会有一定差异，需要不断评估各相关方的需求与期望，以及时调整管理计划。基于此，在识别及管理公益创投项目相关方时需要充分考虑多方面的因素。

根据弗里曼的广义利益相关方定义，本研究将以下都归为公益创投项

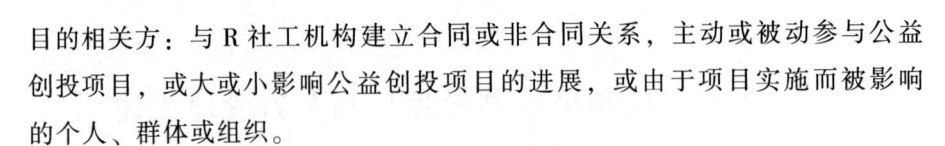

目的相关方：与R社工机构建立合同或非合同关系，主动或被动参与公益创投项目，或大或小影响公益创投项目的进展，或由于项目实施而被影响的个人、群体或组织。

3. 相关方确认

将通过半结构式访谈法所得资料与机构现存资料结合分析，本研究初步筛选出的公益创投项目相关方有：H市民政局、R社工机构、专家团队、社会组织、志愿者、高校教师、其他政府部门、合作机构与合作媒体。利益相关方理论中的克拉克森分类法主要将相关方分为两类，即主要利益相关方和次要利益相关方。本研究有鉴于此，将公益创投项目的相关方群体分为主要利益相关方和次要利益相关方，具体分析如下。

一是主要相关方。根据克拉克森分类法，H市公益创投项目中的主要相关方为R社工机构和H市民政局（见图13-3）。

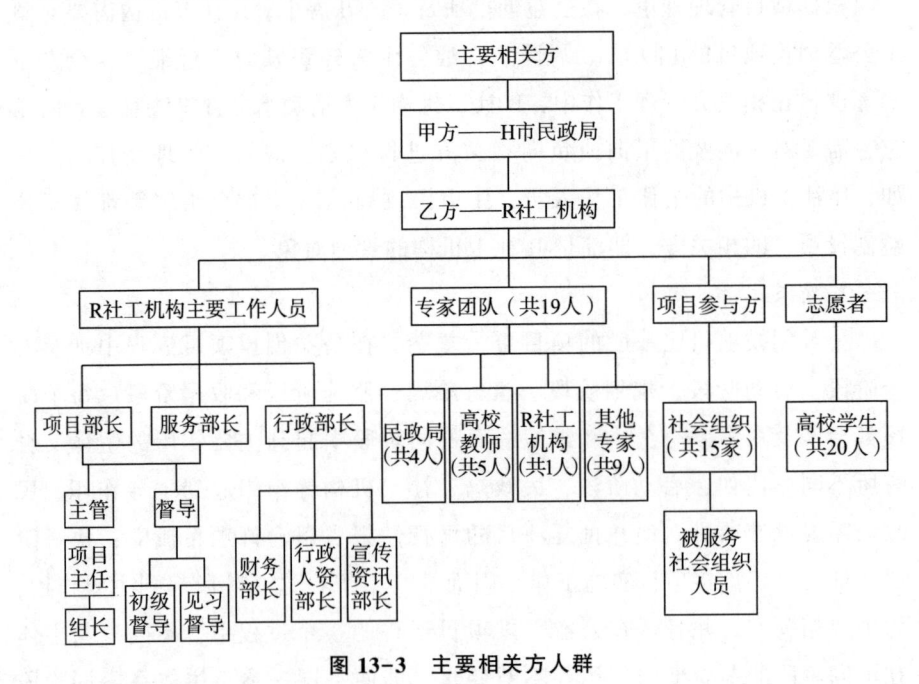

图13-3 主要相关方人群

二是次要相关方。根据克拉克森分类法，H市公益创投项目中的次要相关方为专家团队、其他政府部门、社会组织、志愿者、合作机构及合作媒体等（见图13-4）。

第十三章 公益创投项目相关方管理

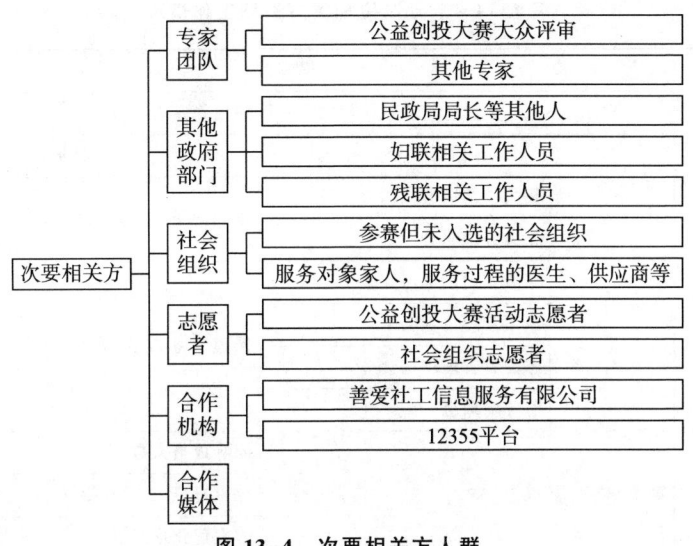

```
                    ┌──────────────┬─── 公益创投大赛大众评审
                    │  专家团队    │
                    │              └─── 其他专家
                    │
                    │              ┌─── 民政局局长等其他人
                    │  其他政府部门 ├─── 妇联相关工作人员
                    │              └─── 残联相关工作人员
                    │
                    │              ┌─── 参赛但未入选的社会组织
    次要相关方 ─────┤  社会组织    │
                    │              └─── 服务对象家人，服务过程的医生、供应商等
                    │
                    │              ┌─── 公益创投大赛活动志愿者
                    │  志愿者      │
                    │              └─── 社会组织志愿者
                    │
                    │              ┌─── 善爱社工信息服务有限公司
                    │  合作机构    │
                    │              └─── 12355平台
                    │
                    └  合作媒体
```

图 13-4　次要相关方人群

（二）公益创投项目相关方管理状况

从启动、规划、执行、监控和收尾的五大阶段来看，在不同阶段会有不同相关方出现或消失，同时，同一相关方在相同或不同阶段会承担不同角色。并且，相关方的需求不同，对公益创投项目的影响程度不同，因此相关方所承担的责任和获得的权利也不尽相同，由此不同阶段的不同的相关方需要采取的管理策略也有所差异。在本章第二节识别公益创投项目相关方的基础上，以项目管理理论中公益创投项目运行管理的五大阶段为标准，具体分析 R 社工机构在不同阶段对相关方识别及管理的客观情况。

1. 启动阶段

公益创投项目启动阶段的主要工作是识别相关方，通过输入项目采购文件、事业环境因素和组织过程资产来输出相关方登记册，即在公益创投项目启动阶段得到的应该是相关方登记册。① 基于此，具体分析 H 市公益创投项目启动阶段相关方识别工作情况（见表 13-1）。

---

① 美国项目管理协会：《项目管理知识体系指南（PMBOK 指南）》（第 6 版），电子工业出版社，2018，第 507~515 页。

表 13-1　启动阶段相关方识别工作情况

		发展阶段	
		启动阶段——识别相关方	
		工作输出	文本性成果
R 社工机构	培训会	相关方培训会	培训记录及新闻稿
		相关方说明会	
		相关方识别学习课程	课程学习 PPT
		档案管理培训会	
		志愿者管理培训会	
		财务培训会	
	确定专家团队成员	团队成员人数	
		评审标准	
		方案优化形式	
	项目初评	确定项目名单	
		申报社会组织资质情况	
		申报项目综合评审意见书	

由表 13-1 可知，在启动阶段，R 社工机构对相关方开展了培训会及说明会，对机构中的工作成员进行了相关方知识专题培训，并初步确定了专家团队成员及入围项目。在此阶段，输出的文本性成果为培训记录、申报项目综合评审意见书、评审标准等。

（1）培训会

第一，相关方培训会及说明会。培训会面向所有参与公益创投项目的社会组织，培训内容为公益创投是什么以及公益创投项目书如何撰写。培训会一经召开便在社会工作领域引起广泛关注，吸引了老年服务、青少年服务、残疾人服务、社区服务等各类社工机构、公益组织。2019 年 7 月 6 日，即公益创投项目正式开展之前，R 社工机构举办了公益创投项目说明会，来自 H 市四区五县的 33 家社会组织参加了会议。

第二，相关方识别学习课程。为了保证公益创投项目正式实施后能对人员有序管理，R 社工机构针对本机构工作人员开展了相关培训课程，课程内容主要包括相关方管理有哪些必要的基础概念、如何分析及应对相关方、相关方分析及管理需要经历哪些步骤三大块，期望通过培训，使员工能掌握有关分析和管理相关方所需的知识、工具、技巧和步骤，对员工制定出能够回应相关方利益的应对策略有所帮助，以为接下来的项目设计环节做好准备。

第三，档案管理培训会。为了促使各家社会组织工作人员了解档案管理知识、学习档案管理经验，R社工机构特邀专家对其进行培训，以规范化管理档案。此次档案管理培训共有档案价值培训、档案与实物培训、档案的标准培训三个部分。

第四，志愿者管理培训会。公益创投项目开展中，无论是承办单位R社工机构，还是中标的社会组织，都会涉及诸多志愿者。因此，R社工机构在项目启动阶段，组织了一场志愿者管理培训会，以促进社会组织对志愿者的规范管理。此次志愿者管理培训会中，H市共有20多名志愿者服务组织负责人参加。

第五，财务培训会。培训主要围绕项目的财务预算进行讲解和分析。项目预算是社会组织的一项重要工作，财务人员参与项目预算，可以更好地对项目进行规范化和政策性指导，确保预算的合理性和规范性，使项目预算切实起到事先规范、事中监控、事后分析的作用。

（2）项目初评及确定专家团队成员

在此期间，R社工机构遴选出了20个入围项目进入复选，对进入复选的项目给出立项意见并优化方案。在对专家团队成员的管理中，敲定了评选专家团队成员人数，明确了各专家所研究领域，确定了专家团队公信力及权威性，对评审标准及方案优化形式也做出了明确规定。

2. 规划阶段

公益创投项目规划阶段的主要工作是规划相关方的管理工作，通过输入项目管理计划、相关方登记册、事业环境因素和组织过程资产来输出相关方管理计划，并根据实际情况更新相关方登记册，即在公益创投项目规划阶段得到的应该是相关方管理计划。[①] 基于此，分析公益创投项目规划阶段相关方规划工作情况（见表13-2）。

---

① 美国项目管理协会：《项目管理知识体系指南（PMBOK指南）》(第6版)，电子工业出版社，2018，第516~522页。

表 13-2　规划阶段相关方规划工作情况

	发展阶段	
	规划阶段——规划相关方管理工作	
	工作输出	文本性成果
R 社工机构	项目管理办法	管理手册
	项目实施指引手册	

由表 13-2 可知，在规划阶段，R 社工机构制定了项目管理办法及项目实施指引手册，输出的文本性成果为管理手册。

（1）项目管理办法

在管理办法中，明确规定本项目的宗旨、服务范围与资助标准、评审规则、项目实施与监管的要求，对主办单位的承办资格、工作要求、主要职责、项目实施主体申报的要求与条件等。但是，我们发现，一方面，由于前期相关方识别不足，制定的管理办法中有关相关方的管理条例不全；另一方面，现有的相关方管理条例中，存在覆盖不全、过于片面的问题，比如，项目实施主体在具体实施项目时应该如何管理未有明确规定。

（2）项目实施指引手册

在实施指引手册中，仅对主要相关方中的主办单位、承办单位以及项目实施主体做了较为详细的规定，而其他次要相关方，比如服务对象家属、租赁方、专家团队等都未提及，仍存在规定片面的问题。在组建的专家团队中，由五人组成核心专家团队，且其学历都是研究生及以上，都承担过 H 市社会组织孵化基地项目，专家团队中其他成员有若干，负责针对性工作。但是，我们通过分析发现，R 社工机构并未对专家团队的需求进行分析并形成文件性资料，同时也并未制订专门针对专家团队的管理计划。

3. 执行阶段

公益创投项目执行阶段的主要工作是管理相关方参与，通过输入相关方登记册、相关方管理计划、变更日志和组织过程资产来输出相关方问题日志和经验教训登记册，并根据实际情况更新相关方登记册和相关方管理计划，即在公益创投项目执行阶段得到的应该是相关方问题日志。[①] 基于

[①] 美国项目管理协会：《项目管理知识体系指南（PMBOK 指南）》（第 6 版），电子工业出版社，2018，第 523~529 页。

此，具体分析公益创投项目执行阶段相关方管理工作情况（见表 13-3）。

表 13-3 执行阶段相关方管理工作情况

	发展阶段	
	执行阶段——管理相关方参与	
	工作输出	文本性成果
R 社工机构	申报项目答辩会	评审意见书
	公益创投大赛评审会	评分表
		最终入围名单
	设计与执行培训会	培训记录
	实地考察	实地考察评分表
		实地考察时间表
		现场评分表
	公益创投项目专题培训会	培训记录
	小组工作法培训会	培训记录

由表 13-3 可知，在执行阶段，R 社工机构开展了申报项目答辩会、公益创投大赛评审会、设计与执行培训会、实地考察、公益创投项目专题培训会、小组工作法培训会等。在此阶段，输出的文本性成果为最终入围名单及培训记录等。

（1）申报项目答辩会

2019 年 8 月开展公益创投项目初评，组织申报项目答辩，举办公益创投大赛活动，优化申报项目方案，与 15 个符合资助条件的项目签订服务协议。答辩会现场，共有 30 家社会组织参加，它们带来的有为老服务项目 15 个、儿童青少年服务项目 8 个、助残服务项目 4 个、济困服务项目 1 个、社区服务项目 2 个。

（2）公益创投大赛评审会

答辩会是为公益创投大赛评审会而举办的，在答辩会结束后便开始举办公益创投大赛评审会。评审会是以深入推进"扶老、助残、救孤、济困"为原则，鼓励和支持社会组织开展项目，促进社会组织提高其承接政府项目的专业能力从而建立社会组织持续性提供高质量社会服务的长效机制。

（3）设计与执行培训会

公益创投项目正式实施一段时间后，R 社工机构发现大部分社会组织对什么是项目、如何整理档案等不甚了解。因此，R 社工机构举办了设计与执行培训会，各社会组织负责人参加了本次培训。

（4）实地考察

通过申报项目答辩会选出 15 家社会组织后，为了更准确地了解各社会组织实际情况以对其进行培训，R 社工机构于 2019 年 8 月组织了一次实地考察。在实地考察前，R 社工机构通过专家讨论确定了评审标准，包括三级指标：硬件设施指标、人力资源指标、制度建设指标。根据指标现场考察，以确定社会组织的得分情况，从而确定社会组织是否具备开展公益创投项目的资格，以及发现社会组织的不足之处以进行改进。

（5）公益创投项目专题培训会

2019 年 9 月 12 日，公益创投大赛入围的 15 个项目正式签约。签约仪式后，R 社工机构对 15 家社会组织开始进行专题培训。活动结束后，各社会组织负责人与项目部负责人就服务开展时间、服务内容以及服务对象的基本情况等进行了深入的沟通与交流，并对接下来的服务计划进行了初步的确认，以期能够给服务对象带去更加专业和贴心的服务。

（6）小组工作法培训会

为进一步推进公益创投项目的有序开展，提升项目实施成效，R 社工机构举办了小组工作法培训会，各社会组织负责人参加了此次培训。通过此次培训，相关负责人对小组工作法有了更加深入的了解。

4. 监控阶段

公益创投项目监控阶段的主要工作是控制相关方参与，通过输入项目管理计划、问题日志、工作绩效数据和项目文件来更新相关方登记册、相关方管理计划和相关方问题日志。① 基于此，具体分析公益创投项目监控阶段相关方控制工作情况（见表 13-4）。

---

① 美国项目管理协会：《项目管理知识体系指南（PMBOK 指南）》（第 6 版），电子工业出版社，2018，第 530~536 页。

表 13-4 监控阶段相关方控制工作情况

	发展阶段	
	监控阶段——控制相关方参与	
	工作输出	文本性成果
R 社工机构	督导服务	督导记录
	社会工作服务管理系统录入辅导	辅导记录
	中期评估培训会	培训记录
	中期评估	中期评估标准
		中期评估方案
		自评报告及附件
		中期评估录音文字版
		中期评估意见反馈记录
	变更申请	变更申请记录

由表 13-4 可知，在监控阶段，R 社工机构开展了督导服务、社会工作服务管理系统录入辅导、中期评估培训会及中期评估等活动。在此阶段，输出的文本性成果为督导记录、辅导记录及中期评估意见反馈记录等。

（1）督导服务

2019 年 8 月，随着公益创投项目正式进入实施阶段，R 社工机构同时组织项目人员培训并开展相关服务，督导团队同步指导各项目服务顺利开展，传递社工服务理论与技术。为了提高服务品质，R 社工机构采取"线上+线下"双重督导的方式，以确保服务成效。

线上督导方面，R 社工机构聘请了五名相关领域专家，每名专家负责督导三个入围项目的负责人及相关工作人员。线下督导方面，H 市民政局委托上海春晖社工师事务所为公益创投项目提供全程督导、评估服务，以提高各社会组织对公益创投项目的规范化和专业化管理水平。

（2）社会工作服务管理系统录入辅导

针对各社会组织在系统录入过程中遇到的问题，R 社工机构组织公益创投项目主体分别进行了两次社会工作服务管理系统录入辅导，以进一步提高项目服务信息化管理水平。项目辅导员按照公益创投项目服务中各项目采用的社会工作方法，将辅导分为个案管理、小组管理两个方面。

(3) 中期评估培训会

为全面评价公益创投项目的服务情况，加强项目服务的质量检测，进一步推进公益创投项目服务规范化进程，R社工机构在中期评估前开展了一场中期评估培训会，其评估原则是通过引入第三方社会组织开展评估工作，按照合同指标及具体要求对15个项目进行中期检视与成效评估。

(4) 中期评估

2019年11月下旬组织开展中期评估，评估专家小组对15家社会组织的工作情况分别进行考核评估。评估现场，专家通过项目汇报、资料查阅以及问答的方式全面了解了各个项目的运行进程与成效。

(5) 变更申请

在项目规划阶段，朝阳便民养老服务中心计划服务100人。但是，其在实际服务中发现，由于人数较多，每个人的服务质量不能很好地达到预期要求，后期评估效果不佳。因此，朝阳便民养老服务中心根据督导意见及项目人员研究，申请将服务人次由100人变更为50人。

5. 收尾阶段

2020年1月，公益创投项目进入收尾阶段，受不可抗力影响，部分项目在约定的服务期限内未能完成，但也在一定时间后保质保量地完成了。

2020年3月27日，公益创投项目末期评估专家小组，对15家社会组织的工作分别进行了考核评估，15个项目组织负责人以视频形式进行了项目汇报。

三 R社工机构公益创投项目相关方管理问题分析

要想有效管理相关方，就必须了解当前相关方管理的不足及其原因，在此基础上才能有针对性地完善以相关方识别为基础的可持续的相关方管理机制。根据项目管理理论的相关方管理机制以及R社工机构相关方管理的经验调查资料，笔者从相关方识别、相关方规划、相关方管理、相关方监控四个方面分析R社工机构的相关方管理不足之处及影响因素。

第十三章　公益创投项目相关方管理

（一）相关方识别维度

1. 相关方认知短缺

由分析可知，正式实施公益创投项目前，R 社工机构开展了相关方培训会、说明会以及相关方识别学习课程，向社会组织具体阐述了相关方是什么、如何分析和应对相关方以及相关方的管理步骤有哪些。虽然通过培训促使各社会组织及其他人员对相关方有了初步了解，但是，通过访谈可知，由于这次培训是一个阶段性、补救性的培训，公益创投项目承办方的团队成员中，只有 R 社工机构主要负责人对相关方能清晰定义，而其余团队成员对于相关方的认识不充分，无法清晰定义相关方到底是什么、无法准确陈述出相关方涉及的群体有哪些、不了解相关方如何分类。

> 我们机构的员工对相关方的认识都不是很充分，因为，当时我们对相关方这个部分没有经过系统分析，在做末期评估的时候发现了这个问题，但是当时已经晚了。（被访者 B）

由此可知，公益创投项目在正式开展前，作为项目运营方及相关方管理者的 R 社工机构，除主负责人之外的其他团队成员未厘清相关方是什么，更不必说对相关方的分类及管理工作。管理大师德鲁克提出，非营利组织和营利组织的一个最重要的区别在于，典型的非营利组织拥有更多至关重要的关系网络。[①] 对于企业来说，员工和顾客是最重要的；而对于非营利组织来说在开展项目时会涉及诸多相关方，这些相关方之间的关系都需要小心处理好。但是，在对相关方无法清晰定义的前提下，想要处理好各个相关方之间的关系便十分困难。因此，想要管理好相关方，第一要务还是要增强关键负责人对相关方的认知能力。

2. 相关方识别不清

公益创投项目涉及不同参与主体，同时也需要不同参与主体协同工作才能促使项目效益最大化，进而实现项目目标，而这些不同参与主体都是

---

① 彼得·德鲁克：《非营利组织的管理》，吴振阳等译，机械工业出版社，2018，第 161~166 页。

公益创投项目的相关方，需要在项目开展前对其清晰识别。通过资料分析可知，在公益创投项目启动阶段，R社工机构对部分相关方开展了多种培训会，尤其是，专门针对机构人员进行相关方的专题培训，针对何谓相关方、何谓相关方管理、如何进行相关方管理以及相关方管理策略进行了详细讲解，以促使机构工作人员初步了解相关方有关知识。除此之外，在启动阶段，R社工机构对风险进行精准识别并制定了对应措施，同时也告知其主要相关方——15家社会组织进行风险识别及风险管理工作。由此可知，R社工机构进行了一定的相关方识别工作，是在识别相关方之后才进行了风险预估工作。

但是，通过具体分析可以发现，R社工机构存在相关方识别不全的问题。在这种情况下，可能会导致服务方无法精准了解各个相关方信息，无法最大化发挥各个相关方的作用。在一个完整的公益创投项目中，一个部分的不良运作会对整个项目的运行产生重大影响，如果没有在事先做好相关方识别并及时做好沟通、计划、管理、监督，反而可能会因项目起到不好的效果。① 比如，R社工机构曾经做过一个家庭适老化改造项目，在此项目中老人的子女是一类重要的相关方群体，项目前期进行得比较顺利，但是在社区推行的时候，由于前期并未识别出子女这一类相关方群体，并未与子女做好沟通工作，出现多数老人十分愿意而其子女不愿意的情况，其子女认为这一改造会影响后期自己在这个家庭的生活，从而使这个项目未顺利推行。

由此可见，缺乏完善的相关方识别方法，无法形成规范的相关方识别机制，会导致相关方识别过程及结果出现诸多问题，多数情况下各个相关方在项目开展中都各自为政，项目目标模糊，从而影响项目进度及项目成败。

3. 相关方登记册缺失

相关方登记册是用来记录已识别以及需要而未识别相关方的所有相关信息的，包括基本信息，如姓名、年龄、性别、职业、联系方式等；评估信息，如主要需求、主要问题、对项目的影响程度等；相关方的分类，如主要/次要相关方、支持/中立/反对相关方、内部/外部相关方等。需要注

---

① 李辰：《项目相关方管理及实证研究——以迁移项目为例》，硕士学位论文，北京邮电大学经济管理学系，2020，第18页。

意的是，相关方识别工作需要在项目启动阶段便做好，同时在后续的规划、执行阶段也需要注意识别并添加新的相关方到登记册。同时，在整个项目的生命周期中，同一个相关方可能会在不同的阶段其重要性、需求等不同，这一点也需要注意。

但是，研究发现，在此次公益创投项目开展的整个过程中都未制定相关方登记册，在项目正式实施前只是对相关方之一——15家社会组织进行了需求与风险评估，同时，在项目正式实施后，对于新出现且能够识别出的相关方并未形成文本性的材料，导致项目后期开展中相关方的管理十分混乱、突发问题较多，最显著的问题便是相关方沟通不到位。缺乏清晰的相关方类别，也就意味着无法制定清晰的相关方管理条例及相关方参与计划，无法对相关方进行全面监督，一些由此而导致的风险无法及时被发现，这都会对公益创投项目的整体运作产生较大影响。

(二) 相关方规划维度

1. 缺少针对性管理制度

在一个公益创投项目中，"人财物"是必不可少的组成部分，同时也是最易发生变化的三大要素，而作为三大要素之一的相关方需要特别小心管理。因此，相关方管理策略的制定与相关方的识别，在整个公益创投项目的运作中占据重要的地位。

在公益创投项目规划阶段，R社工机构制定了比较清晰完善的项目管理办法和项目实施指引手册，其中在安全管理、财务管理、能力建设、宣传管理、档案管理、监督及评估指引等方面做出了明确规定，比如各社会组织在整理档案时要遵循集中管理和专人负责原则，对社会组织的监督内容包括组织架构及人员配备情况、制度建设及项目规范管理情况、项目目的与目标达成情况、资源投入情况、服务开展情况、财务管理情况、服务满意度和项目综合成效情况等。以此为指引，R社工机构为公益创投项目的具体运作提供了较好的行为规范。

R社工机构制定的项目管理办法和项目实施指引手册，只是针对整个公益创投项目的概括性准则，R社工机构应该在其基础上细化内容，对各类相关方如何管理做出明确规定。一般而言，公益创投项目的相关方管理策略是在相关方识别的基础上制作而成的，主要负责对各个相关方提出要求。但是，分析资料可以发现，R社工机构并未制定专门针对各个相关方的管理策略，这对整个项目的运行有着较大的潜在风险，导致后期工作出现了一些问题。

> 由于我们一开始没有制定好完善的相关方管理制度，对后面项目开展造成一些影响。比如，当时有一家社会组织发布公益创投项目有关的新闻稿，但在宣传的时候并未标明，后来被民政局发现并打电话告知我们。这件事发生之后，我们紧急出台了一项有关新闻撰写的新要求，明确规定横幅如何写、新闻稿如何写等。（被访者B）

由此可见，缺乏规范的相关方管理制度，对公益创投项目后期实施会产生较大影响，可能需要花费大量人力、物力资源去处理突发情况。

2. 欠缺沟通管理机制

在相关方的管理计划中，有效的沟通管理机制是成功进行相关方管理的基础，管理计划的不完善伴随着缺乏有效沟通管理机制的问题，没有沟通和混乱的沟通同样都会产生严重影响。比如，在终期评估时，R社工机构聘请专家对社会组织进行评估，这些专家的专业性较高，但是沟通不到位也可能出现一些问题，其中一个典型问题便是评估专家用评估国际性项目的高标准对孵化基地正在成长中的项目进行评估，导致评估分数较低。当出现这种情况后，R社工机构主要负责人及时与专家沟通，专家了解到这些社会组织的实际情况后又重新设定标准、重新打分。因为分数太低，社会组织可能无法通过终期评估，影响社会组织后续开展其他活动的积极性，甚至可能致使社会组织的成长中断。由此可见，良好的沟通对整个项目正常结案至关重要。

> 因为在项目开始前我们没有建立相关方的手册，没有及时地跟相关方进行沟通，所以到后期的时候我们遇到了一些问题，最显著的是沟通问题。比如，我们会遇到与督导相关的一些问题，督导会觉着社会组织做项目不认真。督导认为它们不认真的原因在于标准不同而非服务态度。其实这就是沟通出现了问题，也就是与相关方没有形成良好的沟通。（被访者B）

此外，在公益创投项目开展过程中，社工机构除了等待各相关方告知其项目进展情况外，主动获取各项目进展情况也十分必要，而有效的沟通管理机制将对项目顺利进行产生很大帮助。但是，此次公益创投项目缺乏有效的沟通管理机制，一些相关方由于个人视角的局限，无法以全局性、发展性眼光去看待整个项目，致使在项目的实施方式、关键节点或项目成效上出现了一定偏差，从而影响了整个项目的效果。因此，项目开展不能仅依赖相关方输出的项目进展信息，还需要在可实现的范围内积极有效沟通，主动了解各个相关方的工作进度、方案实施情况等细节。

（三）相关方管理维度

1. 相关方参与计划单调

在公益创投项目执行阶段，需要各个相关方参与其中，这便涉及相关方参与计划的制订问题，相关方参与计划与识别相关方同样重要。在明确识别相关方及制定完善的相关方管理制度后，制订完善的相关方参与计划是后续相关方管理工作顺利进行的重要基础。通过项目管理理论可知，在项目实施阶段需要提前准备相关方问题日志、项目进度计划、相关方登记册等一系列项目文件，使用专家判断、数据收集、分析、决策等方法，最终输出相关方参与计划。

通过资料分析可知，在执行阶段，R社工机构对相关方的参与管理主要体现在两个方面。一方面，在此次公益创投项目开始实施前，制定了清晰的日报表格、周报表格、各项活动具体的时间表格、人财物等的估算方案以及一些风险的预案，培训时R社工机构便要求各社会组织定期提交表格。另一方面，随着项目的开展，R社工机构购买了一个社会工作服务管理系统，并对各相关方进行了如何使用的专门培训。社会工作服务管理系统是一个专门针对社会工作行业进行社会工作服务管理的专业化信息系统，利用大数据、云平台等现代信息技术手段，采用"互联网+社会工作"的形式，把专业的社会工作服务嫁接到现代的互联网技术上。培训之后，R社工机构便开始运用此系统对各社会组织的项目开展情况进行管理，对各社会组织需在社会工作服务管理系统上传的文件做出明确规定，包括服务记录、督导情况和财务明细等。R社工机构通过上传的文件，对各社会组织项目进展情况、各相关方目前状况等做出判断，以灵活调整参与管理计划。

但是，系统完整的相关方参与计划是对相关方参与项目进行管理的规范标准，只有系统完整的相关方参与计划才能以针对性管理制度对相关方的参与行为进行约束，从而最大限度降低风险发生的概率。而 R 社工机构只是从两个方面对相关方的参与进行管理，并未事先制订标准的参与计划，导致项目的抗风险能力降低。

2. 问题日志创建意识淡薄

问题日志是在项目运作中将相关方遇到的问题整理成文本的形式保存下来，并随着项目的开展及时更新补充。制作问题日志不仅可以及时反思相关方管理工作中存在的不足，还可以根据不同相关方遇到的不同问题总结经验，提升专业能力。

通过资料分析可知，R 社工机构在公益创投项目开展中，设有专人负责关注及解决相关方在相处中产生的有关问题，对于相关方工作中或相处中遇到的各种问题会及时处理，同时会定期召开评估会议对阶段性工作进行汇总、反思。虽然评估会的内容涉及方方面面，但缺乏问题导向，且不论是评估会还是相关方问题处理，R 社工机构都未设置专人负责整理记录，未以文本性资料的形式将其进行保存。

> 开展项目时并没有形成问题日志的意识，一般是遇到问题便解决问题，没有形成文本性材料。（被访者 A）

> 我们当时没有设置专人去记录问题，因为机构就那些人员，资金来源、政府购买的项目也都有限，专门去统计的都是理想化的。（被访者 D）

同时，在管理相关方维度，社工机构需基于问题日志或实践经验编写经验教训登记册。经验教训登记册是用于记录在项目中所获知识的文件，它适用于当前项目，并被列入经验教训知识库。[①] 通过编写经验教训登记册有助于及时总结经验、反思成长，以提升服务质量。但是，笔者经了解发

---

① 美国项目管理协会：《项目管理知识体系指南（PMBOK 指南）》(第 6 版)，电子工业出版社，2018，第 729 页。

现，R社工机构对其不甚了了，致使开展项目时未有编写经验教训登记册的意识，未对相关方形成系统性管理工作。

（四）相关方监控维度

1. 相关方监督机制欠缺

R社工机构在项目正式实施前，招聘并组成了督导专家团队，分别为各社会组织配备一名督导，并采取"线上+线下"双重督导的方式，对项目实施进度和资金使用进度进行定期检查并随时答疑解惑。线上督导方面，R社工机构以三家社会组织为一组，每组配备一名线上督导，充分利用互联网技术，将微信作为主要依托平台，以建立微信群的方式，在微信群内定期或不定期开展线上督导。线下督导方面，由H市民政局委托专家团队对社会组织进行实地调查，以了解项目开展状况。同时，在"线上+线下"双重督导基础上，为了更加方便管理以及随时了解项目进展情况，R社工机构将社会工作服务管理系统也作为监督社会组织服务的主要方式。随着项目的开展，R社工机构组织开展中期评估和末期评估，以大型评估会的方式对社会组织工作状况进行评估总结，从而发现其服务工作的不足之处，并提供相应建议促使社会组织提升服务质量。

但是，R社工机构在此次公益创投项目的常规变更工作以及异常情况的计划变更和管理中，存在监督工作不到位和监督机制不健全的问题，这影响了整个项目的顺利开展。在公益创投项目的运作过程中，仅对服务提供者或任何一方进行监督显然是片面的，实施过程中缺乏有效沟通必然会影响后期工作成效，甚至可能导致项目无法按照原计划进行产出。因此，确保对整个公益创投项目及所有相关方进行全过程和全方位的系统监督显得尤为重要。

2. 相关方调控标准模糊

在相关方监督工作中，对相关方之间互动进行监督是必不可少的一部分，同时相关方之间的互动监督也是督导跟进工作中的重要环节。但是，通过分析资料可知，此次公益创投项目开展中，R社工机构在项目前期并未意识到这一工作的重要性，因此也就未做相关监督工作，从而导致后期项目正式实施后开始出现各种问题，而这些问题主要由R社工机构主要负责人解决，出现了力不从心的情况，所以慢慢便产生了越来越多的问题。R社工机构会采取一定措施促进相关方的参与，因为一般而言，项目能开展就说明这个项目有实施的条件，所以对于一些参与度低的相关方或者关系出现矛盾的相关方要及时了解原因、及时调解，其目的主要是保证项目顺利实施。比如，随着项目的开展，一些社会组织中的人员会出现参与积极性降低的情况，当 R 社工机构了解相关情况后，便会开展相关工作以重新调动其参与积极性。但是 R 社工机构对相关方调控的工作一般较为主观，没有明确的制度，也没有形成文本性的实施记录。

> 相关方之间有矛盾时我们会及时调解，目的或者说标准就是保证项目顺利实施，但是如何调控并未形成文本性材料。同时，我们对参与度低的相关方会采取一定措施促进其参与。因为，一般而言，项目能开展就说明这个项目有实施的条件，即使在项目具体实施中有一些参与度低的相关方影响也不是很大。比如，项目实施方即使参与度低也会参与，因为有合约控制着。（被访者 A）

以上问题产生的原因可以总结为三点。第一，监督工作不到位，R 社工机构人员并未认识到相关方互动监督的重要性；第二，专业人员缺乏，一方面机构人员本身缺乏相关专业知识，另一方面机构缺少负责解决相关方互动问题的专业人员，这两个方面共同导致了 R 社工机构问题多发而无法解决的局面；第三，缺乏规范性参与调控标准，R 社工机构并未形成规范的调控标准，这也成为项目后期运作中问题多发的根本原因。

四 优化社工机构公益创投项目相关方管理的对策

从项目管理理论可以看出，相关方的管理机制是由识别、规划、管理和监控四个层面组成的，其重点在于相关方的识别工作，这是其他一切相关方管理工作的基础。项目管理理论中对相关方的管理同样还强调制订清晰的管理计划，并通过监督真正落实，这样才能真正实现对相关方的有效管理。在公益创投项目顺利结束的基础上，如何通过构建相关方管理机制来进一步提升社工机构管理相关方的能力是值得深思的部分。结合 R 社工机构相关方管理的问题，笔者认为，相关方管理工作应该侧重于相关方的识别，只有清晰识别才能有效管理。基于此，在遵循"增强优势，补齐短板"的原则下，根据项目管理理论在相关方管理不同阶段的不同规范要求，可以从四个方面尝试构建相关方管理机制，一是提升识别相关方能力，二是完善规划相关方能力，三是增强管理相关方能力，四是提高监控相关方能力（见图13-5）。

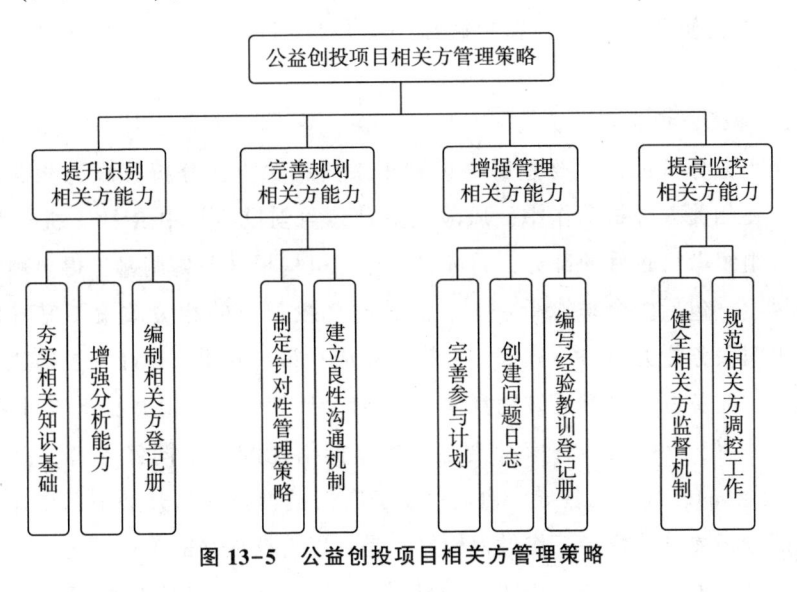

图13-5 公益创投项目相关方管理策略

（一）提升识别相关方能力

1. 夯实相关知识基础

相关方的识别是整个公益创投项目相关方管理的基础，只有这一工作做好，后续管理、监控等工作才能有效进行，因此，精准识别相关方是社工机构需要首先提升的能力。

丰富的知识储备是精准识别相关方的基础，机构社工首先要保证自身对相关方有清楚的认识，能准确表达出相关方的含义、特征等基础知识。对于此，一方面，机构相关负责人可以通过安排相关专业课程、邀请专家开展讲座等方式对机构社工进行培训；另一方面，职工自身需要有自觉学习的意识，在日常生活中有意识地去学习有关相关方的知识。在长期积累之下，逐步丰富机构社工有关相关方的专业知识库。

具备一定的相关方知识后，社工机构便可以考虑提升职工的相关方识别能力。相关方识别是一项专业性较强的工作，在实际项目开展中一般需要会集多个专家采取头脑风暴法来识别项目涉及的相关方。因此，社工机构在提升职工相关方识别能力时，需要邀请专业人员来对职工进行培训，或者选取几位重要职工外出学习。在培训期间，社工机构可以定期召开交流会，以使培训职工分享学习心得并交流学习中遇到的问题，从而促使职工在各种思想碰撞中更加深刻地认识相关方识别的知识与技巧。

2. 增强分析能力

相关方分析过程主要是解释识别出来的相关方，分析其成为相关方的原因。在相关方分析工作中，风险预案是公益创投项目中R社工机构及15家社会组织做得较好的部分。首先，R社工机构根据前期调研，得出项目开展的风险，包括资金来源单一、实施公益创投项目的相关政策不完善以及社会组织服务能力参差不齐等，并提出相应对策；其次，R社工机构通过开展培训、配备督导等方式鼓励督促15家社会组织预估风险并提出应对措施；最后，R社工机构根据各家社会组织的不同情况配备不同督导者，以"线上+线下"的方式开展督导。由此可知，在公益创投项目开展前，R社工机构对部分相关方的督导工作做得较好，是可以持续加强的可行部分。

但是，由于此次公益创投项目涉及的相关方诸多，且R社工机构在启动阶段也并未对相关方识别全面，因此，在相关方的分析工作方面还有些不足之处。对此，R社工机构可以从两个方面来进行加强。一方面，提升需求和期望分析的能力。公益创投项目的目标是解决服务对象的问题，满足服务对象的需求，因此，社工机构首先需要了解不同相关方的需求，并详细列出其需求清单，据此制定服务策略。在进行培训时，需要注意相关方的需求和期望并非一成不变，社工机构需要根据服务的进程和周围环境的变化来不断评估相关方需求和期望的变化，并及时改进自身的服务策略。另一方面，提升重要性和影响力分析能力（见图13-6）。公益创投项目虽然涉及诸多相关方，但并非每个相关方都会对项目服务质量产生重要影响，虽然对每个相关方的需求进行详尽分析是最理想的状态，但是在实际工作中由于各种条件的限制很难做到如此。因此，服务提供者需要提升自身分析不同相关方重要性和影响力的能力，以此来提升服务质量。

图 13-6　重要性和影响力分析

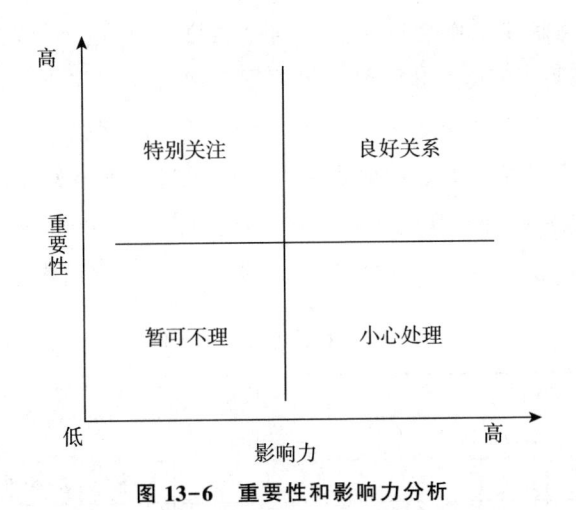

资料来源：项目臭皮匠《项目百子柜——一本社工写给同行者的工具书》，中国社会出版社，2017，第 93~100 页。

根据重要性和影响力分析图，可以将所识别出的相关方进行详细分析。首先，对于重要性高但是影响力低的相关方需要特别关注，它们一般是项目的受益群体，对待这类群体需要注意避免忽视它们的声音，确保它们的利益受到保护；其次，对于重要性高且影响力高的相关方需要保持良好关系，确保它们对项目提供足够的支持；再次，对于重要性低且影响力低的相关方可以暂时不理，只在必要时对它们进行检测即可；最后，对于重要性低但影响力高的相关方需要小心处理，谨慎制定管理策略。

3. 编制相关方登记册

相关方登记册能够非常直观地呈现各个相关方的信息，有助于相关方的分类管理。编制相关方登记册前，可以在机构内部进行一次头脑风暴，以更加全面地识别出项目的相关方有哪些。识别出之后，在遵循全面性、准确性与客观性原则的基础上，开始编制并丰富相关方登记册。首先，相关方的基本信息，比如姓名、年龄、性别、目前工作、联系电话等，可以通过询问相关方的方式来登记；其次，对于相关方的评估信息，比如相关方的需求、相关方的期望等，可以采取"自评+他评"的方式，其中，自评是指由询问相关方本人得出的信息，他评是指由内部专家评估得出的信息，这里需要注意的是，评估信息一定要准确，以保证后续工作的顺利开展；最后，对于相关方的信息分类，可以通过专家综合评估的方式来确定。

由于相关方识别工作会贯穿公益创投项目全过程，因此，相关方登记册需要专人管理、专人负责登记。相关方登记册编制完成后，需要按照要求逐一登记相关方信息，随着项目的进行发现新的相关方并及时补充。在启动阶段初步完成相关方登记册之后，可以制定一个相关方登记图（见表13-5），它可以清晰地展现受项目影响和对项目产生影响的相关方，同时也可以通过头脑风暴法对识别出的相关方进行排序，使之结构化。

表 13-5　相关方登记图示例

主体	信息							
	身份信息			评估信息			分类信息	
	姓名	身份	角色	需求	期望	影响力	内部/外部	主要/次要
购买方								
承办方								
社会组织								
供应商								
社会媒体								

除了表 13-5 所列信息，还可以视具体情况补充其他信息，比如，相关方的联系电话、相关方在项目中的职位等，都是可以补充进去的重要信息。当相关方登记册与相关方登记图完成后，可以十分直观地检查是否遗漏一些其他相关方，以便做好补充工作。

（二）完善规划相关方能力

1. 制定针对性管理策略

社工机构需要在项目开展前制定清晰的相关方管理策略，策略制定中要改变过去一纸协议管到底的做法，[1] 不同相关方需要有不同的管理策略，最后汇总成一个完善的相关方管理制度。

在制定相关方管理制度时可以遵从以下步骤。首先，需要制定相关方的选择标准，即把好"入门关"，通过制定审核标准可以在选择相关方时将一部分不合适的相关方去掉。其次，需要对不同相关方的重要性和影响力

---

[1] 高颿：《浅析企业相关方安全管理》，《安全与健康》2020 年第 12 期。

等因素进行分析,以区别出主要和次要相关方,然后据此来制定不同的管理标准。最后,在各个相关方的管理策略制定完成后,要确保其实施,并在项目开展中根据实际情况不断调整完善。

其中,在分析及排列不同相关方的重要性时,可以采取权力和利益矩阵图、权力影响矩阵图等方式。比如,从权力、利益等维度(见图13-7)分别对每个相关方的每个维度按照高(H)、中(M)、低(L)来评级,然后按照所得"高(H)"级别的数量做出综合排序。

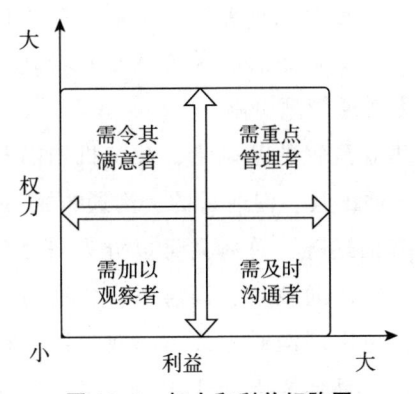

图 13-7 权力和利益矩阵图

资料来源:汪小金《项目管理方法论》(第 3 版),中国电力出版社,2020,第 225~233 页。

得出相关方重要性的排列顺序后,便需要开始制定相应管理策略及实施策略。在整个相关方管理制度中,需要注意的一点是要明确责任,即各个相关方的责任应具体、清晰。对于此,可以实行相关方负责制,即根据管理制度对不同的相关方指派不同的人员跟进,根据相关方的不同,可以指定第一责任人或第二责任人。第一责任人是由服务提供方根据相关方的重要性和影响力来确认委派的,一般第一责任人与其负责的相关方在相对应的管理层级上是相同的。[①] 当第一责任人负责的相关方体系较大时,项目负责人可以根据实际情况委派第二责任人,其工作是由第一责任人分配的。基于此,不同的相关方由不同的专业人士负责,及时沟通,将不同相关方过去常用的服务方式结合,使不同相关方的服务模式得以有效衔接,以提供高质量服务。

---

① 李道重:《实现"理解相关方的需求和期望"的实践探索》,《质量与标准化》2016 年第 10 期。

2. 建立良性沟通机制

建立良性沟通机制的前提是用发展的眼光看待各相关方，让各相关方看到自己的主体价值。在建立系统化的长效沟通机制方面，社工机构需要充分发挥积极行动者的作用，对此应遵循以下步骤建立沟通机制。首先，社工机构应组织一次线下见面会，为公益创投项目相关方面对面讲解有关沟通机制的问题，促使它们了解良性沟通机制的建立能够促使各相关方在工作时减少误解、减少摩擦，提高工作效率；其次，社工机构与各相关方协商沟通，形成相关方沟通机制的雏形；最后，社工机构需要将沟通机制的雏形发给各相关方，广泛征集各相关方的意见与建议进行修改完善，最终形成规范化的相关方沟通管理机制。

在确定沟通机制建立流程的基础上，社工机构需开始建立良性沟通机制，其内容一般包括沟通工具、沟通目的、沟通方式方法、沟通关键技巧、统一且易于理解的语言描述等，总体共可以分为三个部分。一是建立沟通规范，在沟通规范中明确沟通技巧、沟通语言、沟通工具等，尤其是制定明确的沟通流程，以避免出现沟通方式不同或沟通流程不清而使相关方之间产生信息差的情况。二是形成多元化沟通途径，对此可以从正式和非正式渠道两个方面切入，正式渠道包括定期开展周会、月会、座谈会等，非正式渠道包括电子邮件、QQ、微信、电话等。三是确立双向沟通原则，即相关方之间的沟通必须双向进行，确保每一个信息的传递都是自上而下后自下而上或自左而右后自右而左的渐进过程。建立完成且正式实施沟通机制后，社工机构需要充分发挥其组织协调功能，以保证该机制健康运行。需要注意的是，社工机构要以始为终，保证相关方的所有沟通会议开始前都有明确目标，沟通过程中也要保证按照目标推进，沟通后要及时检查目标的达成情况。

（三）增强管理相关方能力

1. 完善参与计划

公益创投项目运行的五个阶段中，执行阶段是最核心的部分。在这一阶段，各个相关方都会有各自需要完成的事情。比如，在公益创投项目中，社会组织服务对象在这一阶段需要配合社会组织活动的开展以解决自己的问题，社会组织在这一阶段需要解决社会组织服务对象的大部分问题，而 R 社工机构需要提供稳定的资金和专业技术支持等。在这种情况下，R 社工机构一般会将大部分精力放在项目的实际运作上，而忽视相关方在其中发挥的作用。因此，为了满足各相关方多样化的需求以及对其进行针对性管理，需要制订一份相关方参与过程的计划，并随着项目的开展定期审查和更新该计划。

基于在识别阶段识别出的相关方，可先建立一个相关方参与评估矩阵，以此对各相关方当前参与水平与期望参与水平进行比较。一般而言，相关方参与水平分为五种（见表13-6）：不知晓型，对项目本身及项目运行产生的实际或潜在影响不了解；抵制型，对项目本身及项目运行产生的实际或潜在影响不了解，但抵制由于项目运行而引发的改变或产生的成果；中立型，对项目本身及项目运行产生的实际或潜在影响了解，但持有中立态度，既不支持也不反对；支持型，对项目本身及项目运行产生的实际或潜在影响了解，并且支持项目引发的改变或产生成果；领导型，对项目本身及项目运行产生的实际或潜在影响了解，并且希望通过积极参与促使项目成功。

表13-6　相关方参与管理计划

相关方	参与水平				
	不知晓型	抵制型	中立型	支持型	领导型
相关方1	C			D	
相关方2			C	D	
相关方3				DC	

在表13-6中，C 代表各相关方当前参与水平，D 代表各相关方期望参与水平，其中 D 是需要社工机构工作团队或专家团队评估得到的。在得出 C 与 D 的结果后，社工机构便需要针对各相关方当前参与水平与期望参与水平之间的差距开展针对性沟通服务，以保证各相关方能有效参与项目。在客观分析各相关方参与水平基础上，便可根据参与水平的不同制订针对性参与管理计划（见表13-7）。

表13-7　相关方参与管理计划

工作态度	影响力		
	影响力大	影响力中等	影响力小
态度积极	继续取得支持	继续取得支持	继续取得支持并设法提高影响力

续表

工作态度	影响力		
	影响力大	影响力中等	影响力小
态度中立	做转变工作，争取支持	做转变工作，争取支持	适当做转变工作或忽略不管
态度消极	做转变工作。转变不成，则削弱影响力	做转变工作。转变不成，则削弱影响力	防止影响力扩大或忽略不管

资料来源：汪小金《项目管理方法论》（第3版），中国电力出版社，2020，第235~241页。

需要注意，表13-7中的相关方参与管理计划比较笼统，需要进一步细化为具体的相关方引导措施。例如，应该在什么时间以什么方式与相关方做什么沟通、应该如何让相关方了解项目情况、应该如何满足相关方的利益需求、应该如何扩大或削弱相关方的影响等。通常，相关方参与管理计划基本内容可以不变，但相关方引导措施应做动态调整，以提高项目运行的效率。

2. 创建问题日志

问题日志是一种记录项目开展中各相关方遇到的问题的项目文件，通过创建问题日志可以帮助相关方管理者有效跟进和管理各相关方，确保各相关方的问题得到解决和跟进。[1] 相关方之间问题的解决可以调节各相关方之间的关系，解决之后对问题进行记录逐渐形成问题日志有助于机构社工总结经验、提升问题解决能力，以更为专业的方式协调各相关方之间的关系。但是，研究发现，R社工机构在开展项目时缺乏创建问题日志的意识，这也是后期工作中出现各种问题的可能原因。因此，问题日志在公益创投项目运行中占据十分重要的地位。

当公益创投项目正式进入运行阶段后，社工机构就需要开始创建问题日志。首先，问题日志的内容应该包括问题记录者、问题发生时间、问题描述、解决措施等详细信息（见表13-8），每次出现新的问题都需要及时补充，直到公益创投项目结项为止。其次，当问题日志创建完成后，需要定期召开会议对出现的问题进行讨论，会议召开时间可以是一周一次或者半月一次，视具体情况而定，在会议上尽量给参会相关方提供发言的机会，

---

[1] 美国项目管理协会：《项目管理知识体系指南（PMBOK指南）》（第6版），电子工业出版社，2018，第96页。

促使各相关方表达自己的想法。最后,项目结项后,问题日志应该和其他资料一样妥善保存,以便以后作为典型案例进行学习。

表 13-8 问题日志示例

文件要素	描述
问题记录者	记录该问题的人
创建日期	创建该问题日志的日期
问题编号	分配问题编号,此编号为问题日志中记录问题的识别号,建议在项目中使用连续编号对问题进行记录
问题类型	事先设定适合本机构的问题类型,当出现问题后对其归类
问题提出者	由相关方本人提出的问题,还是由社工机构人员提出的
问题发生时间	问题初发时间
问题描述	对问题的完整描述记录
问题优先级	对问题进行优先级排序,优先级是指对项目整体进度影响的高低 H=高度影响(非常重要,如果此问题不解决,项目无法顺利推进) M=中度影响(对项目有重要影响,但不影响其他工作的推进) L=低度影响(可给予关注及解决,但对项目影响不大)
解决措施	记录解决问题需要的措施
问题解决负责人	主要负责解决问题之人
问题解决目标日期	事先设定一个解决问题的日期,注意时限的选择要最大限度减少对项目整体运行的影响
问题状态	记录时问题的状态如何 New——初建立 In Progress——正在处理 Under Review——已处理,审核中 Completed——处理完毕
最终解决情况	最终的解决情况如何
问题最终解决日期	问题真正解决的时间
备注	其他与问题相关的信息或材料

3. 编写经验教训登记册

基于问题日志的内容或其他实践经验,可以编写一份经验教训登记册记录项目开展中遇到的挑战和问题经验、良好实践经验及其他相关信息。通过编写和及时更新登记册,可以将经验教训向本社工机构中其他工作人员或其他社工机构传递,以避免重复犯错,提升社工机构的服务质量。经验教训可以以提升服务质量为导向,也可以以项目顺利开展为导向,包括有关风险、问题、质量等任何不足及取得的杰出成绩。一般而言，经验教训登记册由编号、分类、触发源、经验教训、责任方和说明六部分组成（见表13-9）。

表13-9 经验教训登记册示例

文件要素	描述
编号	输入一个唯一的经验教训编号，编号一般连续无间断
分类	记录经验教训的类别，如过程、技术、环境、涉及的相关方、阶段等
触发源	描述背景、事件或引发的问题以及获得效益的条件
经验教训	可以在其他项目或组织中传递的、清晰描述的经验教训
责任方	识别有助于实施任何变更、确保经验教训被传递的人
说明	清晰说明有关经验教训的其他相关信息

资料来源：辛西娅·斯奈德·迪奥尼西奥《活用PMBOK指南：项目管理实战工具》（第3版），赵弘、刘露明译，电子工业出版社，2018，第174~176页。

除了上述必需内容，在经验教训登记册中还可以增加识别出有经验教训的人的信息，特别是当识别经验教训的人和负责使用经验教训的人不同的时候。同时，也可以增加一个复选框，用来记录这些经验教训是否对社工机构的项目实施成效、机构人员能力提升以及项目顺利实施等产生影响，以及是否都可以直接采纳。需要注意的是，经验教训登记册要确保可以在行动中使用，而非只是简单记录经验。

（四）提高监控相关方能力

1. 健全相关方监督机制

公益创投项目良好运行的一个关键要素是完善的相关方监督机制，科学完善的监督体系是公益创投项目高效运行的基础，加强监督管理是保证公益创投项目执行力有效推行的重要手段。因此，社工机构要健全规章制度，明确组织架构，强化监督能力，以提升社工机构运行公益创投项目的执行力。R社工机构在开展项目前，聘请了专门的督导专家团队，对各社会组织的工作定期进行线上和线下督导，并购买社会工作服务管理系统，督促各社会组织定期上传工作进度、财务计划、变更请求等，对公益创投项目开展中社会组织的相关监督工作做得较好，但也存在需要继续优化的部分。

在强化、完善原有优秀工作的基础上，还可以继续探索其他监督方式，以健全监督体系。首先，建立社工机构工作职责架构图，明确各主体职责。建立完善的社工机构治理架构，以文本性规范对各职责的工作范围、工作义务、工作边界等做出明确规定。其次，建立独立完善的内部监督体系。在完善组织架构基础上，建立健全社工机构内部监督体系，实行专人负责制，即由专门部门对公益创投项目运行状况及相关方工作情况进行监督，及时记录、及时汇报、及时反思总结，以尽量避免突发状况的发生。最后，充分利用互联网信息技术独特优势，运用信息系统对各员工工作状况进行监督。在新媒体技术等高科技快速发展的今天，运用信息手段对相关方状况进行监督成为监督工作的关键要素，利用微信群进行交流、公众号进行宣传、网页进行信息获取等可以极大地提高监督的效率和效果，节省大量资源。

2. 规范相关方调控工作

在相关方管理的监控阶段，需要对各个相关方之间的互动进行监督，基于监督所了解的信息来对相关方之间的互动进行管理与调控。由分析可知，R社工机构对相关方进行的调控工作缺乏规范性。针对此，笔者建议可以从两方面改进。一方面，重点提升机构人员的专业能力。采用"机构内培训+机构外引进"的方式提升机构人员专业能力，机构内部通过组织主题学习、专家讲座、培训等方式提升机构人员解决相关方互动问题的能力，同时机构可以招募相关专业人员来专门负责相关方互动问题解决的工作。另一方面，建立规范化调控准则。准则的内容应该明确规定开展调控工作时应遵循的原则、应运用的专业方法、应遵循的专业伦理等内容，并对建立文本性调控记录进行明确规定。注意，此准则需要纳入机构已有规范之中，由专人负责监督以保证落地。

第十四章　项目管理视角下公益创投项目优化与质量提升

一　项目管理逐步融入公益创投项目

公益创投项目是现代社会中非常重要的一种创新和发展方式，通过融合公益和投资的理念，有助于实现社会和经济的双赢。然而，公益创投项目的管理是一个复杂而庞大的任务，需要有效的项目管理来确保项目的顺利推进和成功实施。因此，项目管理逐步融入对公益创投项目的管理中，成为创投机构和投资人必备的能力。项目管理不仅在建设工程和企业管理中广泛应用，如今也逐渐深入公益创投中，公益创投项目是现如今公益事业的重要组成部分。项目管理在公益创投项目中发挥着重要的作用，对于项目的有效实施和达成既定目标具有重要意义。在整个项目管理中，项目进度管理居于重要位置。

首先，项目管理提供了全面的项目规划和组织框架。公益创投项目通常从确定目标和明确目标开始。项目管理可以通过制订详细的项目计划、确定项目范围和资源需求，以及制定清晰的时间表和里程碑来帮助组织者更好地规划和组织项目。此外，项目管理还可以帮助建立项目团队和明确团队成员的角色和责任，确保项目的顺利进行和资源的合理分配。

其次，项目管理提供了有效的项目监督和控制机制。在公益创投项目中，监控项目的进展和控制项目的风险是至关重要的。项目管理通过制订项目计划和设置绩效指标，帮助监控项目的实际进展与预期目标的差距，并及时采取调整措施。此外，项目管理还可以帮助识别和评估项目风险，并制订相应的风险管理计划，以降低项目风险对项目进展和成果的影响。

第十四章　项目管理视角下公益创投项目优化与质量提升

再次，项目管理提供了有效的项目沟通和协调机制。公益创投项目往往涉及多个利益相关方，包括创投机构、投资人、项目团队、受益群体等。项目管理可以通过建立有效的沟通渠道和机制，确保利益相关方之间的信息流畅和沟通透明。此外，项目管理还可以协调不同团队成员和利益相关方之间的工作，协调资源的分配和利用，以达到项目目标和利益最大化。

最后，项目管理提供了有效的项目评估和总结机制。公益创投项目的成功与否需要通过合理的评估和总结来衡量。项目管理可以通过制定评估指标和收集相关数据，对项目的进展和成果进行评估和分析。此外，项目管理还可以总结项目的经验教训和成功经验，为未来的公益创投项目提供借鉴和指导，提高项目管理的成功率和效果。

综上所述，项目管理逐步融入对公益创投项目的管理中，对于保障项目的顺利推进、控制项目的风险、协调利益相关方、评估项目的成功与否都起到了重要的作用。公益创投的承办方应该重视项目管理的意义，并不断学习和提升项目管理的能力和水平，以更好地实现公益创投项目的目标和价值。通过有效的项目管理，公益创投项目能更好地促进社会的发展和进步。

二　社会资本引入公益创投项目管理

近年来，随着服务型政府的创建和公共服务社会化的推进，公益创投正在各地政府的主导下大力推行，[①] 扶持公益性组织的成长与发展日益受到各级政府的重视。在政府购买的众多服务类型中，公益创投的发展是最迅速也是最充分的，有利于激发社会组织的活力，并加速治理方式的转变。从社会资本视角来看，公益创投可以看作一种全新的社会资本投资方式，其发展取得了可观的成绩，但在过程管理等方面仍存在一定的问题，使得社会组织自身的发展出现瓶颈，严重制约了公益创投的发展。因此，将社会资本理论引入公益创投研究，探索如何完善公益创投过程管理，具有重要的理论意义与现实意义。

---

① 崔光胜、耿静：《公益创投：政府购买社会服务的新载体——以湖北省公益创投实践为例》，《湖北社会科学》2015年第1期。

(一) 社会资本与公益创投

作为一个相对流行的概念,社会资本被国内外诸多学者关注并研究。早在 1980 年,社会资本概念被法国社会学家布迪厄首创,他把社会资本定义为"实际或潜在资源的集合,这些资源与由相互默认或成人的关系所组成的持久网络有关,而且这些关系或多或少是制度化的"[1]。而首次把社会资本概念引入政治学领域的人是美国学者罗伯特·D. 帕特南,他将信任、规范以及网络定义为社会资本的核心要素,同时他对社会资本核心内容的描述是最具权威,并为大多数学者所认同的,他认为:"社会资本是实际的或潜在的资源的集合体,那些资源是与对某种持久的网络的占有密不可分的,这一网络是大家共同熟悉的、得到公认的,而且是一种体制化关系的网络。"[2]

公益创投过程管理大致包括项目征集、项目申报、项目运行等部分,社会资本在公益创投过程管理中的每个环节都发挥着重要作用,贯穿过程管理的始终。其作用主要体现在以下方面:首先,在信息获取方面,社会资本有利于公益创投过程中社会组织及时、广泛、准确地收集相关信息;其次,在项目洽谈方面,社会资本所起到的作用不可忽视,完善的社会关系网络可以促进政社合作。最后,在项目落地和后续服务方面,社会资本能够发挥保障合作和约束投机的作用。而且,良好的公益创投过程管理对增加本地的社会资本具有较大作用,能够构建社会网络、培育公民信任,充分提升当地社会资本的存量。

(二) 完善公益创投过程管理对策

第一,改变政府角色定位,提高社会组织的主体地位。在我国,政府主导下的公益创投本质上是通过政社间的协同式合作为公众提供服务的新模式,以满足大众对公共服务日益增长的需求。在实际的公益创投活动中,政府起到的作用体现在资金的提供、制度的安排和能力的培训等方面,社会组织则是提供公共服务的直接主体。因此,政府与社会组织间需要尽快

---

[1] 郭雪、陈良新:《社会资本概念研究及其意义》,《成功(教育)》2013 年第 11 期。
[2] 罗伯特·D. 帕特南:《使民主运转起来》,王列、赖海榕译,江西人民出版社,2001,第 125 页。

建立一种平等协商、资源共享的合作伙伴关系。同时，政府与社会组织需要在角色转型方面加快脚步，二者间建立良好的工作伙伴关系，运用企业谈判的规范形式，形成高效且低投入的追求目标，担负起为社会公众服务的责任，赢得最大化的社会资本，进而促进公益创投深入实施。

第二，打造专业化项目管理团队，加强项目管理能力建设。项目管理是一项庞杂的事务，需要由具备一定专业水平的专职人员来管理，例如，负责采购的人员要在整合阶段负责投标的过程管理与合同的谈判，行政部门的人员需要在操作阶段负责控制及审计，而负责终止合同的人员要在结束阶段使用专业的知识来解决相关争议，同时采取强制性行动。此外，优秀的团队文化也是项目团队必须具备的，因此，要从多方面入手建设团队文化，影响团队成员，调动成员及时上报并解决问题的工作积极性，从而增强团队的项目管理能力，能够对复杂的项目过程实施高效管理。

第三，提升社会公众认同度，动员社会各方力量。在公益创投中，建立完善的社会支持网络的关键在于提升社会公众的认同度与信任度，使社会资本最大化。首先，要加大政府倡导与支持力度，政府需健全并完善有关的政策规定，运用政策手段，比如，税收减免、政策优惠和专项奖励等，切实提高企业对公益创投的认同度，并积极投身于创投项目；同时，尽快做到公益组织与政府、企业的高效对接，形成互动合作、互利共赢的公益创投新机制，共同促进公益组织发展。其次，大力做好宣传方面的工作，调动社会各方的积极性。公益创投的有效运作与社会各界的普遍关注和大力支持密不可分，因此，要发挥各级政府在为公益组织与社会公众、企业搭建合作和交流平台方面的积极作用，共同营造公众关注的良好氛围，从而更好地动员社会各方力量参与公益创投。

（三）提升企业社会责任

企业履行社会责任不仅为企业带来了收益，还引发了"涟漪效应"。客户层面履行社会责任的活动促进了客户推荐、帮助、反馈等顾客公民行为；社会层面履行社会责任的活动提高了企业的知名度，提升了企业的声誉。一是形象提升。企业履行社会责任可以提升自身形象和声誉，从社会公众的角度来说，企业通过承担社会责任扩大了知名度，建立了良好的声誉和形象，获得了公众对企业形象的认同。二是项目回馈。企业积极组织公益活动，除了提升企业声誉及形象，更重要的是带来了社会网络中的优质社会关系资本，通过身份识别，与政府职能部门、非营利组织等外部利益相关者广泛互动，获取优质资源和项目，这些特有的异质性资源成为企业的持续性竞争优势，能够促进企业形成一个良性的、螺旋上升的循环，真正实现企业的可持续发展。三是营销转化。企业社会责任已经成为企业的一种有效营销手段和品牌形象塑造的重要战略工具。善因营销是企业承担社会责任的一种策略，它将企业对公益事件的捐款与消费者对企业产品的购买联系在一起，既完成了社会责任的担当，又实现了销售量的增加。

而社工机构在积极践行社会责任时，往往缺乏资金支持，如在公益创投项目中筹集资金不足。对于社工机构在公益创投项目中面临的资金不足问题，引进社会资本是一种重要的解决途径。企业社会责任可以作为社工机构与企业合作引进社会资本的重要角度，双方各取所需，实现共赢。对此，可以从以下几方面考虑。

第一，定位企业社会责任。企业社会责任是企业应对社会和环境所承担的义务和责任。社工机构可以与企业合作，将企业的社会责任与公益创投项目紧密结合，通过企业的投资和资金支持来解决项目资金不足的问题。

第二，吸引企业捐赠支持。社工机构可以通过与企业合作，吸引企业捐赠支持公益创投项目。企业既可以向公益创投项目提供直接的资金捐赠，也可以提供必要的设备、场地或专业技术支持来降低项目成本。

第三，建立战略合作伙伴关系。社工机构可以与企业建立战略合作伙伴关系，共同开展公益创投项目。通过与企业的合作，社工机构可以实现资源共享、成本分担和风险共担，为项目的资金需求提供稳定的支持。

第四，开展企业社会共创项目。社工机构可以与企业合作开展企业社会共创项目。通过共同开发和实施具有社会影响力的项目，社工机构可以得到企业的经济资助和资源支持，进一步解决项目资金不足的问题。

第五，引导企业社会投资。社工机构可以引导企业将一部分资金投入公益创投项目中，实现企业社会投资的价值最大化。通过寻找具有社会影响力和商业潜力的项目，吸引企业投资，为公益创投项目提供稳定的资金支持。

在引进社会资本以解决公益创投项目资金不足问题时，社工机构需要注意以下要点：一是确定合作目标和共同价值观，社工机构需要与企业建立共同的目标和价值观,建立起双方的互信和合作基础;二是开展有效的沟通和协作,社工机构需要与企业进行有效的沟通和协作,明确双方的预期和责任,共同制定合作方案,并及时进行沟通和反馈;三是提供透明有效的利益回报机制,社工机构需要与企业建立透明的项目利益回报机制,确保企业在投资项目中获得合理的回报和广泛的社会认同;四是持续评估和反馈,社工机构需要与企业建立持续的评估和反馈机制,及时了解项目的进展和资金使用情况,并向企业提供相关的数据和报告。

通过以上措施,社工机构可以从企业社会责任的角度出发,建立与企业的合作关系,引进社会资本,解决公益创投项目资金不足的问题,并共同实现项目的社会价值和商业效益。

笔者在整理和分析 R 社工机构公益创投项目资料的过程中发现,公益创投项目创投资金投入不足、创投主体筹集资金的渠道有限等问题,参考国内相关研究发现可以通过引入社会资本的方式,为公益创投项目注入新鲜活力。发动多元社会力量参与,促进社会资本价值的整合,一方面发挥网络主体的功能,实现良性互动;另一方面,将企业、基金会吸引进来,拓宽投资主体。由于笔者时间、精力、能力有限,并未对社会资本机制进行深入研究,这一想法还未付诸实践,希望在之后的学习中可以细致探究如何在公益创投项目中发挥社会资本的功能,提升社会组织的能力。

三 数字赋能助力社工机构管理项目成本

(一) 社工机构通过数字赋能进行项目管理的做法

社工机构可以通过数字赋能的方式管理公益创投项目成本,实现更高效、透明和可持续的成本管理。以下是一些具体的做法。

一是使用数字化工具。社工机构可以使用成本管理软件或平台来跟踪项目的成本。这些工具可以提供实时的成本数据和报告,帮助管理人员及时了解项目的成本情况,进行精确的成本控制。

二是建立成本数据库。社工机构可以建立一个数据库,记录和管理项目的成本信息。该数据库可以包括项目预算、成本分类、支出记录、成本核算等内容，以便于管理和分析项目的成本。

三是实施电子支付和报销制度。社工机构可以推行电子支付和报销制度，通过在线支付和电子报销流程，减少手工操作，提高工作效率，减少成本管理的错误和延误。

四是数据分析和预测。利用数据分析工具，社工机构可以对项目成本进行深入分析和预测。通过挖掘历史数据和趋势，提前预测可能出现的成本波动，并采取相应的控制措施。

五是加强数字素养培训。为了充分发挥数字赋能的作用，社工机构需要提高员工的数字素养，为员工提供培训和学习机会，使员工掌握数字化工具的使用技能，并理解数字化对成本管理的重要性。

六是建立管理指标和绩效评估体系。社工机构可以建立一套成本管理的关键指标和绩效评估体系，通过这些指标和体系监测和评估项目成本的表现，并对管理人员进行激励和奖励，推动成本管理的有效实施。

七是与合作伙伴共享数据和信息。社工机构可以与合作伙伴建立信息互通的机制，共享项目的成本数据和信息。这样可以更好地实现合作和资源共享，提高成本管理的协同效应。

通过数字赋能，社工机构可以更加有效地管理公益创投项目的成本，实现成本控制、数据分析和预测、数字化协作等目标，提高项目管理的效率和质量，为公益创投项目的可持续发展做出贡献。

需要指出的是，项目管理理论起源并发展于西方，国外的相关理论研究和实践探索经验都比较丰富，但在本土化运用方面还需结合实际情况加以分析。虽然目前国内开展的公益创投项目较多，但是运用这两个理论具体分析公益创投项目相关方管理状况的研究尚不多见。同时，受限于笔者个人经验、个人水平及其他因素，本书存在一些不足之处。首先，本书集中于在理论层面进行探索与分析，而对项目管理理论和生命周期成本管理理论介入公益创投项目成本管理的具体实务有待进一步研究。其次，笔者相关实践经验仍需丰富，可多增加一些有关公益创投项目中社会资本的研究。最后，笔者发现，数字化、信息化是当前成本管理的发展趋势，合理利用新技术能使项目人员从烦琐的工作中脱离出来，将更多精力放在成本预算管理、成本控制等工作上，提高项目整体的效益，但笔者未对此进行深入分析。对此，未来可以深入对这一方面的研究，让有能力且项目可行性和创新性较高、预期社会效益良好的公益性社会组织获得更多的资助资金，有效解决社会公共服务需求问题。

R社工机构的成功经验也能够为其他公益性社会组织获得公益创投资助提供参考，进而推进我国公益事业的发展。项目管理是从全局观出发，系统地去解决项目全生命周期存在的问题。在公益创投中使用项目管理方式对于机构运作有益，R社工机构的实践探索为如何构建一种有效的社会组织发展路径提供了新的视点。社会组织需要做的是，运用项目管理的理念，以可持续生存为基点，打造公益项目品牌，拓展社会资本，策略性运作公益创投项目。

（二）数字化协同社工机构在公益创投项目中的运用

作为支持型社会组织的社工机构在公益创投项目中与数字化相结合的工作内容包括以下五个方面。

第一，机构数据管理与分析。社工机构可以使用数字化工具来管理和分析数据。社工机构可以建立数据库来记录受益人信息、服务记录、社会问题等相关数据，并利用数据分析工具对数据进行分析，以便更好地了解社会问题的趋势和服务对象的需求，为项目的开展和决策提供支持。

第二，信息沟通。社工机构可以使用社交媒体和在线平台来宣传自己的工作和项目，提供信息给受益人和利益相关者，并与他们进行互动和交流。通过网络和移动应用程序，社工机构与受益人能够更方便地进行沟通，为其提供支持和咨询，并解答受益人的问题。

第三，远程支持和服务。数字化技术可以使社工机构开展远程支持和服务，特别是在一些医疗、教育和辅导领域。例如，通过视频会议、在线咨询和远程监测等方式，社会工作者可以远程提供心理支持、教育指导和医疗咨询等服务。

第四，社交创新和社区参与。数字化工具可以促进社交创新和社区参与，通过在线平台和应用程序，社工机构可以建立社区网络和社交平台，鼓励居民参与社区活动和讨论，提供信息和资源，增强社区凝聚力并提高参与度。

第五，统计和报告。数字化工具可以帮助社工机构更方便地统计数据和生成报告。通过数字化的工作流程和数据收集工具，社会工作者可以更快速地收集和整理数据，生成包含分析结果和建议的报告，为决策者提供相关数据支持。

总之，数字化对于社会工作的发展具有重要的推动作用，它不仅能够提高工作效率和数据管理能力，还能够促进信息交流和沟通、远程支持和服务、社区参与等方面的发展，但数字化工具的使用也需要充分考虑信息安全和隐私保护等问题。

四　支持型社会组织参与公益创投项目管理

（一）什么是支持型社会组织参与公益创投

支持型社会组织是指致力于为特定社会群体或个人提供支持和帮助的组织。这些组织的目标通常是提高社会群体的生活质量、提供社会福利和促进社会公正。支持型社会组织包括非营利组织、慈善机构、志愿者组织、社区服务机构等。

支持型社会组织的工作领域多种多样，涵盖教育、健康、儿童保护、老年人护理、残疾人支持、庇护所和救援服务、妇女权益、社会融合等。它们通过提供信息、资源、培训、咨询、辅导和社交支持等方式来帮助社会群体或个人应对各种困难和挑战。支持型社会组织的重要作用是建立社会网络、促进社会联系与交流，为社会群体提供支持和庇护。它们能够发挥桥梁的作用，协调和整合社区资源，提供相应的服务和援助，以促进社会公益、社会和谐和社会发展。

在我国，支持型社会组织大致可依据社会组织属性分为三类，分别为政府力量主导型（以枢纽型社会组织为代表）、社会力量主导型（以恩派公益组织发展中心为代表）、基金会力量主导型（以爱德社会组织培育中心为代表）。①

以本次参与 H 市公益创投大赛中的社会组织来看，既有政府力量主导

---

① 丁惠平：《支持型社会组织的分类与比较研究——从结构与行动的角度看》，《学术研究》2017 年第 2 期。

型,也有社会力量主导型,其中,R社工机构虽然本身并不是半官方或准官方性质的社会组织,却在项目实施过程中协调了各方资源,并作为地方政府基层管理代言人,发挥了桥梁、纽带的作用。从组织架构来看,政府力量主导型中的枢纽型社会组织是政府在不同社会活动和公共服务领域的主管者和代理者,享有管理和指导其他同类型社会组织的权限,基于各行各业社会组织的庞杂与无序,而政府又没有足够的行政能力和精力来进行多头管理,便将这一职能委托给枢纽型社会组织,借助其在本专业领域的龙头地位,为之配备相应的人力、物力,合理授予一定的公共资源分配权力,使之具备政府权威部门代言人的资格和权力[①],从H市公益创投项目的运行模式来看,R社工机构的角色与行为符合政府力量主导型中的枢纽型社会组织的定义。

在H市公益创投项目管理中,也有着社会力量主导型社会组织的参与。社会力量主导型社会组织是指由个人、企业、社会团体等社会力量主导创办和管理的非营利组织。这类组织通常以民间组织、民间社团、社会企业等形式存在,目的是通过自发的社会行动和创新性的实践来解决社会问题,推动社会的发展和进步,其有着民间性、自发性、演进性以及公益导向的特点。恩派公益组织发展中心是孵化社会组织的公益机构,其所孵化的社会组织有着典型的社会力量主导型社会组织的特点。在H市公益创投项目中,15个子项目的承接方,第一,在运营过程中,其资金来源是多样的;第二,其往往通过自发性的社会行动来回应社会需求,满足社会期望。综上所述,15个子项目的承接方,本身是社会力量主导型的社会组织,且在H市公益创投项目中,也扮演着社会力量主导型社会组织的角色。

(二) 支持型社会组织为什么要参与公益创投

支持型社会组织在社会中发挥着至关重要的作用,其本身具有以下优势。第一,提供社会福利服务。支持型社会组织通过提供社会福利服务,满足了社会中贫困人口、残障人士等特殊群体的基本需求,它们通过提供食品、医疗、住房、教育等资源和服务,提高了社会的公平性和公正性。

[①] 丁惠平:《支持型社会组织的分类与比较研究——从结构与行动的角度看》,《学术研究》2017年第2期。

第二，弥补政府的不足。支持型社会组织在政府无法全面覆盖的领域发挥作用，弥补了政府服务体系的不足，它们在救灾救助、社会援助、文化活动等方面的服务，填补了政府服务体系的空白。第三，具备灵活性和创新性，由于支持型社会组织通常是由民间力量自发组织的，它们具有较大的灵活性和创新性，能够更快捷地调整自己的服务内容和方式，以适应社会需求的变化。由于不受政府的直接领导和限制，它们能够采用更加创新的方式解决社会问题。第四，动员公众参与。支持型社会组织通过广泛吸引和动员公众参与，形成了强大的社会力量，它们通过组织志愿者、筹集捐款、开展公益活动等方式，让更多人参与到社会公益事业中，形成了社会共识和社会行动力。第五，推动社会变革和发展。支持型社会组织通过提供多元化的服务，推动社会的变革和发展，它们通过教育、培训、技能提升等服务，帮助弱势群体脱贫致富，改善生活条件，促进社会经济的可持续发展。综上所述，支持型社会组织在社会发展中具有不可替代的作用，它们利用自身提供社会福利服务、弥补政府的不足、具备灵活性和创新性、动员公众参与及推动社会变革和发展等优势，积极参与和推动社会的进步与发展。

而对于支持型社会组织为什么要进入公益创投之中，应当分两个方面进行讨论，一是枢纽型社会组织为什么要参与公益创投，二是社会力量主导型社会组织为什么要参与公益创投。

首先，枢纽型社会组织在公益创投中，可以在以下几方面发挥自己的特性，从而服务于公益创投。第一，在市场连接和信息整合方面，枢纽型社会组织通常具备广泛的社会资源和合作伙伴网络，能够通过建立桥梁，连接不同的投资者、创业者和项目，促进信息的流通和整合。在公益创投中，它们能够帮助投资者了解潜在的投资机会，同时也能够帮助创业者寻找合适的投资者和资金来源。枢纽型社会组织具备专业的评估和尽职调查能力，能够对公益创投项目进行全面、客观的评估和分析，它们可以帮助投资者降低风险，提供有关项目潜力、可行性和影响力的专业意见。第二，在项目孵化和支持方面，枢纽型社会组织能够为公益创投提供项目孵化和支持服务，帮助创业者从初始的创意阶段发展到项目实施阶段。它们可以提供战略指导、商业模式设计、市场开发等方面的支持，帮助项目更好地提高社会影响力和实现可持续发展。第三，在资源整合和共享方面，枢纽型社会组织能够整合不同的资源,包括资金、技术、专业知识等,为公益创投项目提供有力的支持,它们还能够促进资源的共享和合作,通过合作确保资源的合理分配和最大化利用,从而提高项目的可持续性和成功率。第四,在知识传播和影响力扩大方面,枢纽型社会组织通常具备广泛的影响力和较高的社会认可度,它们通过宣传和传播公益创投的理念和实践,能够扩大公众对公益创投的认知和理解。同时,它们也能够帮助项目获得更多的社会支持和资源,进一步提高项目的影响力并增强项目的可持续性。而在 H 市公益创投项目中,R 社工机构是枢纽型社会组织,在项目实施过程中,R 社工机构与其他在 R 社工机构牵头下组成的专家团队的评估、督导、路演及宣传工作,发挥了枢纽型社会组织在公益创投中应有的作用。总体来说,枢纽型社会组织在公益创投中扮演着市场连接者、评估和尽职调查者、项目孵化者、资源整合者和知识传播者等多重角色,对公益创投生态系统的发展和项目的成功起到了重要的推动作用。

其次,社会力量主导型社会组织在参与公益创投的过程中,由于其本身特性,也可发挥重要的作用。第一,由于社会力量主导型社会组织往往在公益领域有着不俗的社会认可度和影响力以及较高的声誉,所以它们的参与可以为公益创投大赛增添信任和可靠性,吸引更多的社会组织关注和参与,同时,它们可以借助自身的社会影响力,为获奖项目提供更广泛的宣传和推广,进一步推动项目的发展和落地。第二,这些社会组织在特定的公益领域通常具备深入的行业洞察力和专业知识。它们深入了解该领域的问题和挑战,能够在参赛过程中,在自身的领域内,利用它们的专业性和经验,更好地完善和优化自己的项目,提高项目的成功率和社会影响力。第三,社会力量主导型社会组织通常与政府部门和企业有着紧密的合作关系。它们可以通过参与公益创投,与政府和企业搭建合作的桥梁,促进各方的资源共享和优势互补,这种合作机会可以为参赛者提供更广阔的发展空间、拓展合作伙伴关系和市场,并为项目的实施和推广提供更为稳固的基础。在 H 市公益创投项目中,15 个子项目的承接机构,以社会力量主导型社会组织的角色出现,各社会组织在自身的运营中,对自己的定位基于对服务对象的选择有所不同,专注于公益服务的某一细分领域,并且在该领域有着自身的专业理解。综上所述,社会力量主导型社会组织参与公益创投大赛具有社会认可度和影响力优势、行业洞察力和专业知识优势,以及与政府和企业的合作关系优势。这些优势可以为参赛者提供全方位的支持和帮助，提升项目的成功率和社会影响力。同时，它们也对推动公益创投生态系统的发展和促进社会变革产生积极的作用。

（三）支持型社会组织怎样参与公益创投

支持型社会组织通常可以通过以下方式参与公益创投项目。第一，提供创业培训和咨询。支持型社会组织可以为创业者提供创业培训和咨询服务，它们可以提供专业的培训课程，帮助创业者提升创业技能和知识，包括商业计划书的编写、项目管理、财务管理等。第二，提供创业资金支持。支持型社会组织可以通过提供创业资金支持，帮助公益创业者实现项目落地和发展，它们可以提供创业贷款、股权投资、奖金和赞助等方式的资金支持，帮助创业者解决资金不足的问题。第三，提供项目评估和监测。支持型社会组织可以对公益创业项目进行评估和监测，它们可以根据项目的预期目标和指标制定评估标准，对项目进行定期监测和评估，给予创业者反馈和建议，确保项目达到预期的社会效益。第四，搭建合作网络和资源平台。支持型社会组织可以帮助创业者搭建合作网络和资源平台，提供合作伙伴和资源支持，它们可以与政府、企业、高校和其他社会组织建立合作关系，帮助创业者寻找合作机会，获取所需的资源和支持。第五，推广和宣传创业项目。支持型社会组织可以通过各种渠道和平台，推广和宣传公益创业项目。它们可以利用社交媒体、报纸、公益活动等，提高项目的知名度和影响力，为创业者争取更多的支持和资源。总之，支持型社会组织在公益创投中起到了培训、资金支持、评估和监测、合作推广的作用。它们通过提供创业培训和咨询、提供创业资金支持、搭建合作网络和资源平台，帮助创业者实现项目目标并产生社会影响。

（四）作为支持型社会组织的社工机构参与公益创投的优势

通过参与公益创投项目，社工机构可以与其他公益组织、企业、政府等相关方进行合作，实现资源的共享和整合。这有助于形成更大的影响力和获得更好的社会效益。参与公益创投项目可以提升社工机构的影响力和知名度。获得项目的支持和认可可以增强社工机构在社会中发挥的作用，吸引更多的资源和合作伙伴。社工机构参与公益创投项目能够为其带来资金、创新、资源整合和影响力等方面的提升,促进其更好地完成社会使命。

社工机构作为支持型社会组织在公益创投项目中发挥着重要的作用。第一,需求评估和项目设计。社工机构能够对社会问题进行深入调研和需求评估,帮助公益创投项目确定目标受益群体以及它们的具体需求。它们能够设计出更能满足社会需求、更有针对性的项目方案。第二,资源整合和筹款支持。社工机构对社区和慈善资源有更多的了解,能够帮助公益创投项目进行资源整合和筹款。它们可以联系各种社会资源,如资金、物资和志愿者等,为项目提供支持。第三,项目监督和评估。社工机构能够对公益创投项目进行监督和评估,确保项目的有效实施和取得预期的社会影响。它们可以提供专业的监测机制和评估方法,帮助项目进行数据收集和分析,评估项目的成效和可持续性。第四,能力培训和技术支持。社工机构可以为公益创投项目提供必要的能力培训和技术支持,提高项目团队的专业能力和管理水平。它们可以分享先进的社会工作理念和方法,帮助项目团队更好地实施项目并解决遇到的问题。第五,社区参与和倡导。社工机构能够促进社区居民的参与和合作,使项目更加符合社区的实际需要。它们可以与社区居民和利益相关方进行对话和合作,倡导社会公正和责任,推动社会变革和发展。总之,作为支持型社会组织,社工机构在公益创投项目中发挥着桥梁和纽带的作用,连接着各方的资源和需求,有助于促进社会问题的解决和社会可持续发展。

(五) 社工机构与其他社会组织相比的生命力

根据民政部的定义,社工机构是指在遵循社会工作专业伦理指引的基础上,坚持"助人自助"的原则,依托社会工作者综合运用社会工作专业知识、方法和技巧来提供各项服务活动的民办非企业单位。组织架构成熟、项目服务专业、有一定资源链接能力的社工机构符合支持型社会组织的基本特征。相较于其他类型的社会组织,社工机构有以下的特点。

第一,社会导向。社工机构的核心使命是为社会公众提供服务和支持,关注弱势群体的需求,提高社会福利和公正性。它们以社会利益为导向,注重公共利益的最大化。

第二,专业性。社工机构的价值观是基于社会工作专业背景和伦理原则的核心指导,价值观包括但不限于社会正义、尊重人的尊严和价值、客观和公正、自我决策和自我决定以及社会变革和社会发展。社工机构相信通过积极推动社会变革和发展，可以解决个体和社会面临的问题，并促进实现更好的公共利益和社会进步。

第三，综合性。社工机构涉及的服务和支持领域非常广泛，包括但不限于社会保障、心理健康、社区发展、儿童保护、老年照护等。它们提供多维度的支持，关注个体和社会的全面发展和改善。

第四，社区连接。社工机构通常在社区中具有较强的存在感和影响力。它们与社区居民和利益相关方建立了紧密的联系，了解社区的需求和资源，能够更好地发挥社区的参与和协作能力。

综上所述，社工机构作为支持型社会组织的一种形式，具有社会导向、专业性和综合性等的特点。社工机构通过专业服务和资源链接等优势，为社会问题的解决和社会发展的促进做出了重要贡献。这使得它们在承接公益创投项目时能够借助自身的专业知识、社区影响力和综合服务能力，更好地为项目的成功实施提供支持和创造条件。

参考文献

白思俊主编《现代项目管理：升级版》（第 2 版）上册，机械工业出版社，2019。

彼得·德鲁克：《非营利组织的管理》，吴振阳译，机械工业出版社，2018。

毕彭钰、姚宇：《近十年国内公益创投研究综述》，《改革与开放》2018 年第 9 期。

毕星、翟丽主编《项目管理》，复旦大学出版社，2000。

蔡剑桥：《论项目管理与质量管理在项目组织中的整合》，《中南大学学报》（社会科学版）2010 年第 6 期。

曹蓉、吕林芳、卢洁：《公益创投研究综述》，《劳动保障世界》2019 年第 17 期。

陈佳卿：《社会工作机构参与公益创投的实务研究》，硕士学位论文，贵州大学社会工作系，2021。

陈美冰：《中国非营利组织的保障型公益项目运作与管理机制研究——以国际小母牛组织中国项目为例》，硕士学位论文，武汉科技大学管理学系，2011。

陈仙歌：《职业能力导向下的社会工作人才培训模式探讨》，《中国成人教育》2014 年第 18 期。

陈向明：《质的研究方法与社会科学研究》，教育科学出版社，2000。

陈雅丽：《粤港澳大湾区公益创投模式的比较研究》，《社会科学家》2022 年第 1 期。

崔光胜、耿静：《公益创投：政府购买社会服务的新载体——以湖北省公益创投实践为例》，《湖北社会科学》2015 年第 1 期。

邓国胜：《中国公益项目评估的兴起及其问题》，《学会》2009 年第 11 期。

邓新竹：《事业单位成本管理中存在的问题及对策研究》，《行政事业资产与财务》2021年第24期。

丁惠平：《支持型社会组织的分类与比较研究——从结构与行动的角度看》，《学术研究》2017年第2期。

丁荣贵、赵树宽主编《项目管理》，上海财经大学出版社，2017。

丁锐：《项目管理理论综述》，《合作经济与科技》2009年第7期。

董明伟主编《社会工作项目管理》，中国商务出版社，2022。

冯冬梅：《我国非营利组织的项目管理问题探讨》，《中山大学学报论丛》2007年第4期。

冯元：《我国公益创投发展模式与路径探讨》，《商业时代》2014年第17期。

冯元、岳耀蒙：《我国公益创投发展的基本模式、意义与路径》，《南京航空航天大学学报》（社会科学版）2013年第4期。

弗雷德里克·赫茨伯格、伯纳德·莫斯纳、巴巴拉·斯奈德曼：《赫茨伯格的双因素理论》（修订版），张湛译，中国人民大学出版社，2016。

高飏：《浅析企业相关方安全管理》，《安全与健康》2020年第12期。

顾江霞：《社会工作本土化过程中的督导关系分析——基于东莞H镇督导项目实践的经验》，《社会福利》（理论版）2012年第8期。

郭雪、陈良新：《社会资本概念研究及其意义》，《成功（教育）》2013年第11期。

国际项目管理协会：《个人项目管理能力基准：项目管理、项目集群管理和项目组合管理》（第4版），中国电力出版社，2019。

韩寒：《公益创投开启企业公益新路径》，《社团管理研究》2009年第9期。

韩蕾、葛洲：《社会工作公益创投模式研究》，《党政论坛》2017年第6期。

郝创、赵军彦、王娜：《基于公益项目管理与监督模式的探索与研究》，《现代商业》2018年第34期。

何清华、杨德磊：《项目管理》（第2版），同济大学出版社，2019。

何志宇：《公益创投项目的评估管理》，《中国社会工作》2017年第7期。

胡振华、聂艳晖：《项目管理发展的历程、特点及对策》，《中南工业大学学报》（社会科学版）2002年第3期。

贾生华、陈宏辉：《利益相关者的界定方法述评》，《外国经济与管理》2002年第5期。

简杜莹、陈虹霖：《社会工作机构的激励机制的困境及优化路径分析——基于双因素理论的视角》，《长治学院学报》2020 年第 5 期。

姜继红、王永奎：《创新政府购买社会组织服务项目管理制度——青岛市李沧区委托第三方实施公益创投项目中期评估》，《中国社会组织》2014 年第 13 期。

金罗兰：《我国非营利组织与项目管理》，《北京工商大学学报》（社会科学版）2005 年第 6 期。

康笑雨、刘蓓琳、李茜：《公益项目信息管理现状及对策》，《经济研究导刊》2022 年第 28 期。

拉斯·J. 马蒂内利、德拉甘·Z. 米洛舍维奇：《项目管理工具箱》（第 2 版），陈丽兰、王丽珍译，电子工业出版社，2017。

李辰：《项目相关方管理及实证研究——以迁移项目为例》，硕士学位论文，北京邮电大学经济管理学系，2020。

李道重：《实现"理解相关方的需求和期望"的实践探索》，《质量与标准化》2016 年第 10 期。

李敏：《社会工作介入公益创投项目的路径探析》，《新西部》（理论版）2015 年第 23 期。

李涛主编《公共部门人力资源开发与管理》，中央民族大学出版社，2019。

李维安、姜广省、卢建词：《捐赠者会在意慈善组织的公益项目吗——基于理性选择理论的实证研究》，《南开管理评论》2017 年第 4 期。

李学会：《公益创投：政府购买社会组织公共服务的实践与探索》，《社会工作》2013 年第 3 期。

李学会、周伦：《论政府购买社会组织服务与社会管理创新》，《北京城市学院学报》2012 年第 2 期。

李阳、龙治铭：《国外公益创投及社会企业研究述评》，《中国物价》2015 年第 1 期。

李昀鋆：《社工流失困境下的社会工作服务机构激励机制研究——基于双因素理论视角》，《学会》2014 年第 11 期。

李正东：《社会工作从业人员职业认同及其影响因素研究》，《华东理工大学学报》（社会科学版）2018 年第 2 期。

李志强、原珂：《类共同体模式：社区公益创投组织分类治理及推进路径》，《湖湘论坛》2021 年第 6 期。

林顺利：《论政府购买公共服务背景下社会工作机构能力建设的五个基本问题》，《社会工作》2014年第3期。

刘丽娟、王恩见：《双重治理逻辑下政府购买社会工作服务项目的运作困境及对策》，《社会建设》2021年第3期。

刘维：《何谓公益创投》，《中国社会工作》2017年第7期。

刘文瑞：《民办社工机构社工人才流失问题的分析与思考——基于北京深圳成都三地的调查》，《中国社会科学院研究生院学报》2016年第1期。

刘新玲、吴丛珊：《公益创投的含义、性质与构成要素》，《福建行政学院学报》2011年第4期。

刘鑫：《公益创投项目管理研究：理论与案例》，硕士学位论文，苏州大学社会工作系，2015。

刘学彬：《资助主体、运行机制及监督评估——广州、南京公益创投模式比较研究》，《四川行政学院学报》2019年第5期。

刘艺：《我国公益慈善项目的运作路径及其管理》，硕士学位论文，南京大学社会工作系，2013。

罗布·德兰斯菲尔德著《商务伦理学》，周岩译，复旦大学出版社，2018。

马骏：《非营利性组织的公益项目管理研究》，硕士学位论文，武汉工程大学管理学系，2016。

冒颖异：《公益创投项目运作过程中社工遭遇的伦理冲突》，《法制与社会》2018年第12期。

美国项目管理协会：《项目管理知识体系指南（PMBOK指南）》（第6版），电子工业出版社，2018。

苗大雷、周贝：《行政吸纳项目：公益创投的运行机制及成效分析——基于"花样年华"公益创投大赛的案例研究》，《新视野》2022年第5期。

彭茜：《试论当今中国社会转型时期的伦理道德——以"归真堂活取熊胆"事件为视角》，《商情》2012年第15期。

荣贵扬：《公益创投背景下"枢纽型"社会组织项目管理问题研究——以EP组织为例》，硕士学位论文，天津理工大学社会学系，2021。

沈建明主编《项目风险管理》（第3版），机械工业出版社，2018。

施从美：《公益创投：来自欧洲的社会组织管理创新及启示》，《国外社会科学》2016年第6期。

宋程成：《从公益创投到创造性治理——基于江南县实践的制度分析》，《公共管理学报》2021年第1期。

宋雪莹、李炜煜：《社会资本视角下公益创投过程管理存在的问题及对策》，《开封教育学院学报》2019年第4期。

孙逍、曹雪：《公益创投研究综述》，《中国管理信息化》2018年第5期。

唐斌尧编著《社会工作人力资源管理》，中国社会出版社，2011。

唐德龙、张丽：《基于过程视角的非公募基金会项目管理模式研究——以上海真爱梦想公益基金会为分析对象》，《北京科技大学学报》（社会科学版）2014年第2期。

唐立、费梅苹：《薪酬激励抑或情感支持：社会工作者流失之因探究》，《青年研究》2020年第2期。

屠梅曾主编《项目管理》，上海人民出版社，2006。

万军、李筱婧：《公益创投撬动公益事业新时代》，《中国党政干部论坛》2010年第5期。

汪鸿波：《政府购买公共服务背景下社会工作机构的发展》，《社会工作》2013年第5期。

汪小金：《项目管理方法论》（第3版），中国电力出版社，2020。

汪忠、朱昶阳、曾德明、肖敏、黄圆：《从福利经济学视角看公益创投对社会福利的影响》，《财经理论与实践》2011年第1期。

王静：《建立成本管理制度，完善高校科研经费管理》，《科技信息（科学教研）》2008年第13期。

王令玉：《项目管理模式下社会组织发展探析——以上海Z协会为例》，硕士学位论文，华东理工大学社会学系，2010。

王肖文：《装配式住宅供应链整合管理研究》，博士学位论文，北京交通大学管理科学与工程学系，2016。

吴新叶：《政府主导下的大城市公益创投：运转困境及其解决》，《上海行政学院学报》2017年第3期。

吴雨童：《中国扶贫基金会及其公益项目运行效率研究——基于财务视角》，硕士学位论文，新疆财经大学会计学系，2022。

鲜玉芳：《政府主导模式下公益创投项目质量控制研究——以"益+"融合项目为例》，硕士学位论文，南京师范大学社会学系，2020。

项目臭皮匠：《项目百子柜——一本社工写给同行者的工具书》，中国社会出版社，2017。

辛西娅·斯奈德·迪奥尼西奥：《活用PMBOK指南：项目管理实战工具》（第3版），赵弘、刘露明译，电子工业出版社，2018。

徐潘阳：《项目风险管理理论及方法研究》，《企业改革与管理》2016年第22期。

许宝君：《社区居民自治项目的运作机制及绩效检视——基于湖北四届公益创投（项目）的分析》，《求实》2020年第1期。

许丽娜、魏范青：《公益创投项目运作的实践与思考——以江苏省L市为例》，《湖北行政学院学报》2020年第3期。

许小玲：《"扎根"与"生根"：公益创投本土实践的反思与前瞻》，《社会工作》2015年第4期。

严玲、张思睿、郑童：《合同治理、信任的动态关系与项目管理绩效——建设项目情境下缔约全过程的整合分析视角》，《管理评论》2022年第4期。

姚玉玲、马万里主编《项目管理》，中国计量出版社，2005。

阴成林主编《项目时间管理》，清华大学出版社，2014。

袁小良、徐雯：《社会服务机构中社会工作者激励因素研究》，《社会建设》2016年第4期。

岳金柱：《"公益创投"：社会组织培育发展的创新模式》，《社团管理研究》2010年第4期。

张军文：《公益创投与社会组织发展》，《中国社会组织》2017年第2期。

赵旭、吴清薇：《社区公益微创投的存在与发展逻辑探析》，《现代商贸工业》2018年第31期。

郑光：《公益创投项目市场化运作模式研究——基于EX项目实践的分析》，硕士学位论文，湖北师范大学社会学系，2018。

郑钦：《公益创投：政府购买公共服务的新模式——以浙江宁波为例》，《领导科学》2017年第32期。

支慧：《公益创投项目转为政府购买公共服务项目实例研究——以"能量驿站—单亲母子增能项目"为例》，硕士学位论文，苏州大学社会工作系，2013。

中国（双法）项目管理研究委员会：《中国项目管理知识体系（C-PMBOK 2006）》（修订版），电子工业出版社，2008。

《高举中国特色社会主义伟大旗帜，为全面建设社会主义现代化国家而团结奋斗——在中国共产党第二十次全国代表大会上的报告》，中国政府网，2022年10月25日，http://www.gov.cn/xinwen/2022-10/25/content_5721685.htm，最后访问日期：2023年4月17日。

《政府工作报告——2023年3月5日在第十四届全国人民代表大会第一次会议上》，中国政府网，http://www.gov.cn/zhuanti/2023lhzfgzbg/index.htm，最后访问日期：2023年4月17日。

周静：《大型公益项目的风险管理与监控》，《法制与社会》2017年第25期。

周俊、杨鑫源：《从资助到赋能：公益创投如何回归本源——基于新力公益创投的个案研究》，《广西师范大学学报》（哲学社会科学版）2022年第2期。

周如南、王蓝、伍碧怡、丘铭然、梅叶清：《公益创投的本土实践与模式创新——基于广州、佛山和中山三地的比较研究》，《经济社会体制比较》2017年第5期。

朱启超、陈英武、匡兴华：《现代技术项目风险管理研究的理论热点与展望》，《科学管理研究》2005年第2期。

朱照南、马季：《公益创投的美国经验》，《中国社会组织》2016年第2期。

Cummings, A. M., et al. *Strategies for Foundations: When, Why and How to Use Venture Philanthropy* (Brussels: European Venture Philanthropy Association, 2010).

Letts, C. W., Ryan, W. P., Grossman, A., "Virtuous Capital: What Foundations Can Learn from Venture Capitalists." *Harvard Business Review* 75 (1997).

Cummings, M. A., Hehenberger, L., "A Guide to Venture Philanthropy: For Venture Capital and Private Equity Investors." *European Venture Philanthropy Association* 6 (2011).

Wolfgang, H., "Venture Philanthropy: Approach, Features, and Challenges." *Trusts & Trustees* 19 (2013).

Metry, A. A., Wallin, L. E., "LCA-A Tool for Marketing Clean Products."

Journal of CleanTechnology and Environmental Science 32（1991）.

Sastre-Castillo, M. A., Peris-Ortiz, M., Danvila-Del Valle, I., "What Is Different about the Profile of the Social Entrepreneur?" *Nonprofit Management and Leadership* 4（2015）.

Peter, F., *Managing the Nonprofit Organization; Practices and Principles*（Oxford：Butter worth Heinemana. Ltd.，1990）.

PMI, *A Guide to the Project Management Body of Knowledge*（*PMBOK Guide-Seventh Edition*）（Agile Practice Guide Bundle，2021）.

Edward Freeman, R., *Strategic Management: A Stakeholder Approach*（Cambridge：Cambridge University Press，1984）.

Scarlata, M., Alemany, L., "Deal Structuring in Philanthropic Venture Capital Investments：Financing Instrument Valuation and Covenants." *Journal of Business Ethics*（2010）.

后　记

　　基层社会治理一直是笔者关注和研究的主要领域。5年前，呼和浩特市民政局"三社联动"工作小组与呼和浩特市睿联凯舟社会工作发展中心联合课题组发布合作研究系列成果，连续出版了《"三社联动"社区实务模式——以呼和浩特市为例》《"三社联动"政策下的地方社区实践——以呼和浩特市为例》《社区评估实务模式——资源与需求评估》三本书。本书是这个系列的最终篇章，得到了2018年第八批"草原英才"工程"'三社联动'下社区社会工作创新研究人才团队"的支持（内蒙古大学双一流经费支持的研究成果）。通过精诚合作，我们形成了一支重实务、重行动研究的团队。参加上述图书撰写的团队成员有吕霄红、刘强、杨志民、齐全平、邰秉英等，因为他们辛勤地投入，这些著作才得以顺利完成，在此对编写者们严谨踏实的治学态度表示感谢。

　　自从进入呼和浩特市基层社区治理这一富有生命力的研究领域后，我们的研究灵感都来自在这块有着浓厚多元文化内涵和治理智慧的田野中的实践。多年来，我们坚持深入社区，进行资源需求评估，形成项目清单，推动了"三社联动"核心团队的建立，以需求为导向，培育和发展社会组织，推动地方的政府部门有效开展公益创投，形成"政社、校社、企社、社社"的多方合作平台，带动社会各界力量参与内蒙古自治区社会治理创新，同时也推出了"知行合一"的系列行动研究成果。

　　我们聚焦于呼和浩特市这座富有活力的城市，走出象牙塔，走进社区，打通居民服务的"最后一公里"。呼和浩特市睿联凯舟社会工作发展中心的专家团队承担了丛书的全部组织工作，中心专家刘强、余炘伦在主编的各丛书中发挥各自的专业优势，在写作思路和框架上，多次开会讨论，最终成稿；中心主任吕霄燕、副总干事王孟然与作者、出版社等相关方进行了大量、高效的沟通；要特别提出的是，参与本书编纂的内蒙古大学民族学与社会学学院的社会工作专业研究生团队，他们不仅出色地完成了项目的督导工作，还承担了不少资料收集整理及辅助性的工作，为研究和内容的撰写提供了巨大的便利。研究生团队成员有傅剑超、黄惠泽、武雪芳、刘竞、孟占连、张彪、王雅倩等。

本书的出版首先要感谢呼和浩特市民政局各级领导和社区管理者的大力支持和积极配合。顾东辉教授为本书作序，作为中国社会工作学会副会长、中国社会工作教育协会副会长，复旦大学社会发展与公共政策学院教授、博士研究生导师，复旦大学MSW教育中心主任，复旦大学文科科研处处长，他是较早从事国内社会工作教学和研究的学者，在社会治理创新发展领域成果卓著，对本书寄予厚望。同样要感谢的还有内蒙古发展研究中心原党委书记蔡常青，他在基层社会治理领域潜心研究多年，多次获得自治区奖励，是一位严谨治学与人文情怀兼备的学者，他的帮助为本书添上了浓墨重彩的一笔。我们还十分感谢社会科学文献出版社的鼎力相助，本书编辑胡庆英付出了大量的心血，对她的感谢难以言表。

最后，本书是我们对内蒙古自治区一座城市的基层治理的实践探索，也是第一次尝试对本土社区治理实务进行系统研究，诚挚地希望大家提出中肯的批评与建议。

吕霄红

内蒙古大学民族学与社会学学院

2024年5月22日

图书在版编目(CIP)数据

公益创投项目管理：理论与实务 / 吕霄红，刘强主编.--北京：社会科学文献出版社，2024.12.
(内蒙古大学社会服务与社会治理现代化丛书).--ISBN 978-7-5228-4540-1

Ⅰ.F832.48

中国国家版本馆 CIP 数据核字第 2024KN4990 号

内蒙古大学社会服务与社会治理现代化丛书
公益创投项目管理：理论与实务

主　　编 / 吕霄红　刘　强

出 版 人 / 冀祥德
责任编辑 / 胡庆英
文稿编辑 / 王　敏
责任印制 / 王京美

出　　版 / 社会科学文献出版社·群学分社（010）59367002
　　　　　　地址：北京市北三环中路甲 29 号院华龙大厦　邮编：100029
　　　　　　网址：www.ssap.com.cn
发　　行 / 社会科学文献出版社（010）59367028
印　　装 / 三河市龙林印务有限公司

规　　格 / 开　本：787mm×1092mm　1/16
　　　　　　印　张：20　字　数：325 千字
版　　次 / 2024 年 12 月第 1 版　2024 年 12 月第 1 次印刷
书　　号 / ISBN 978-7-5228-4540-1
定　　价 / 128.00 元

读者服务电话：4008918866

版权所有 翻印必究